# 河和之契 大河奔流——孙雨田书法艺术专题展示卷

River Harmony and Flow—Thematic Exhibition Volume of Sun Yu-tian Calligraphy Art

主编 孙冬宁

山东城市出版传媒集团·济南出版社

千百年来，奔腾不息的黄河同长江一起，哺育着中华民族，孕育了中华文明。

九曲黄河，奔腾向前，以百折不挠的磅礴气势塑造了中华民族自强不息的民族品格，是中华民族坚定文化自信的重要根基。

——节选自 2019 年 9 月 18 日习近平总书记在黄河流域生态保护和高质量发展座谈会上的讲话

山东手造

RIVER HARMONY · 2021 INTANGIBLE CULTURAL HERITAGE EXHIBITION
ALONG THE YELLOW RIVER BASIN AND THE GRAND CANAL
2021黄河流域、大运河沿线
非物质文化遗产 交流展示周

# 河和之契：黄河流域、大运河沿线非物质文化遗产交流展示周组织委员会

| 顾　　问 |

项兆伦　文化和旅游部原副部长

| 组织委员会 |

**主　　任：** 王　磊　山东省文化和旅游厅党组书记、厅长
**副 主 任：** 付俊海　山东省文化和旅游厅二级巡视员
**秘 书 长：** 刘朋鑫　山东省文化和旅游厅非物质文化遗产处处长
**委　　员：** 蒋士秋　山东省文化和旅游厅非物质文化遗产处副处长
王　尚　山东省文化和旅游厅非物质文化遗产处二级调研员
赵新天　山东省文化馆馆长、省非物质文化遗产保护中心主任
**办公室主任：** 王　芹　山东省文化馆副馆长、省非物质文化遗产保护中心副主任

| 策展专家委员会 |

**主　　任：** 刘魁立　中国社会科学院荣誉学部委员、国家非物质文化遗产展览展示研究中心专家委员会主任
**副 主 任：** 马盛德　文化和旅游部非物质文化遗产司原巡视员、国家非物质文化遗产展示保护基地专家委员会主任
叶　涛　中国民俗学会会长
张士闪　山东大学非物质文化遗产研究院院长
**秘 书 长：** 孙冬宁　文化和旅游部恭王府博物馆学术委员会副主任、国家非物质文化遗产展览展示研究中心执行主任
**副秘书长：** 李春园　中国民俗学会副秘书长
邬建安　中央美术学院实验艺术学院副院长
张　卫　南通大学艺术学院院长
**委　　员：** 杨佩璋　清华大学美术学院驻湖北荆州传统工艺工作站站长
关立新　北京服装学院美术学院院长
张　旗　北京联合大学艺术学院、非物质文化遗产学院院长
陈荟洁　中国传统工艺振兴计划协同创新中心副秘书长
赵金龙　湖北省非遗研究中心（武汉纺织大学）常务副主任
王　钟　文化和旅游部艺术发展中心研究员
赵海翔　中央民族大学美术学院教授
王文灏　山东大学艺术学院副院长
荆　雷　山东艺术学院副院长
赵　屹　山东工艺美院研究生处处长
待　锦　青岛大学美术学院副院长
耿　佳　济南大学旅游文化创意研究院副院长
**总策展人：** 孙冬宁（兼）
**学术秘书：** 黎珏吟　国家非物质文化遗产展览展示研究中心学术研究部主任
沈华耀　国家非物质文化遗产展览展示研究中心田野调研部主任

河和之契 大河奔流——孙雨田书法艺术专题展示卷
River Harmony and Flow—Thematic Exhibition Volume of Sun Yu-tian Calligraphy Art
黄河流域、大运河沿线非物质文化遗产交流展示周优秀策展案例
Excellent Curatorial Case of Intangible Cultural Heritage Exhibition Along The Yellow River Basin and The Grand Canal
河和之契

黄河流域、大运河沿线非物质文化遗产交流展示周优秀策展案例
《河和之契 大河奔流——孙雨田书法艺术专题展示卷》

## | 编辑委员会 |

顾　　问：项兆伦　刘魁立

出 品 人：崔　刚

主　　编：孙冬宁

副 主 编：沈华菊

编　　辑：杨淇名　范丽艳　宋志强

河和之契 大河奔流——孙雨田书法艺术展暨学术研讨会

## | 组织机构 |

主办单位：山东省文化和旅游厅

承办单位：济南市文化和旅游局

国家非物质文化遗产展览展示研究中心齐鲁（邹城）展示基地

协办单位：邹城市人民政府

临清市人民政府

执行单位：济南市文化馆（济南市非物质文化遗产保护中心）

邹城市文化和旅游局

临清市文化和旅游局

支持单位：山东非物质文化遗产研究中心

山东省齐风鲁颂文旅发展研究院

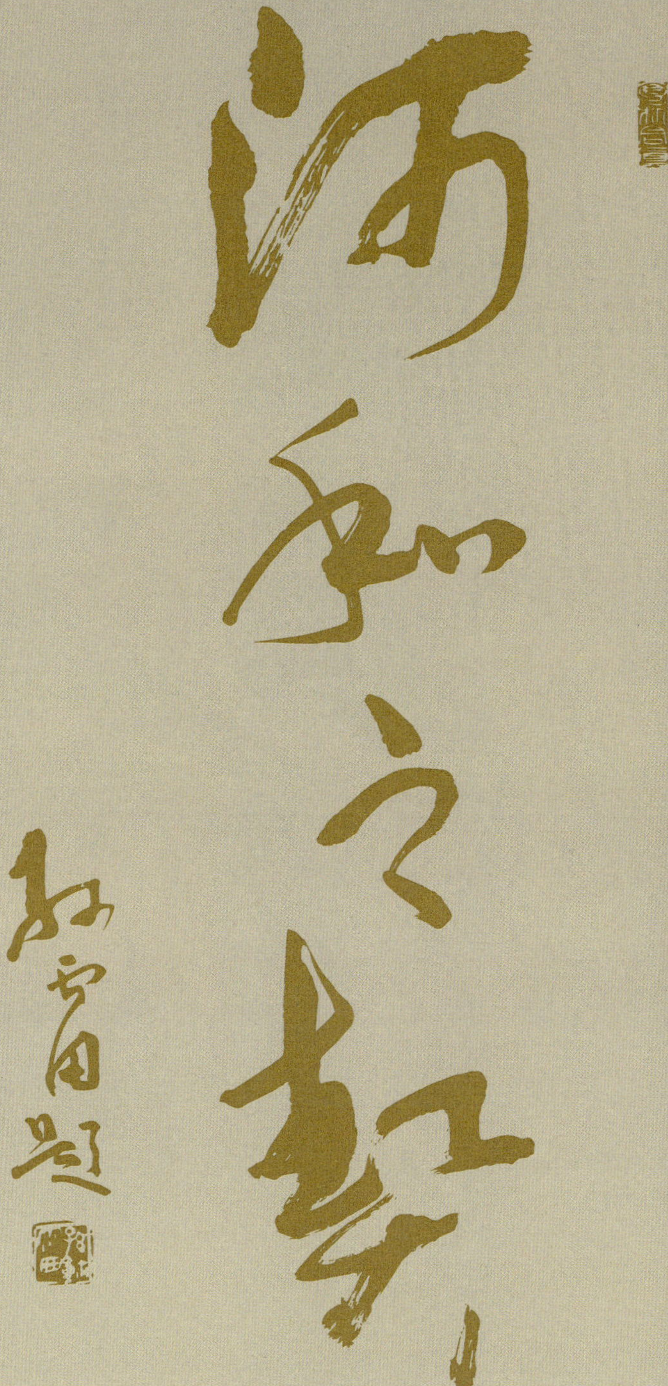

临清火龙展演现场

黄河
文明的赓续
黄河流域振兴传统工艺集萃展

展厅现场主装置——双龙戏珠

2022 年 3 月 4 日，河和之契 大河奔流——孙雨田书法艺术展嘉宾合影

# 序 言

为深入贯彻落实习近平总书记在“深入推动黄河流域生态保护和高质量发展座谈会”上的重要讲话精神，进一步落实山东省文化和旅游厅《关于推进黄河流域、大运河沿线非物质文化遗产保护传承弘扬的意见》，由文化和旅游部非物质文化遗产司指导，山东省文化和旅游厅主办，国家非物质文化遗产展览展示研究中心总策展的“河和之契：2021 黄河流域、大运河沿线非物质文化遗产交流展示周”在泰山脚下成功举办，充分展示了黄河流域、大运河沿线非物质文化遗产项目的独特艺术魅力，展现了中华优秀传统文化最深沉的精神追求和生生不息、延续不止的历史文脉，引发了强烈的社会反响。

由著名书画家孙雨田教授为“河和之契：2021 黄河流域、大运河沿线非物质文化遗产交流展示周”整体视觉品牌形象专门创作的一系列书法艺术作品，无不植根于展览空间需求、艺术审美取向与文化理想共筑的情境之中，为“河和之契”品牌形象的提升起到了画龙点睛的作用。一系列书法作品通过对展览“情境”与“书法”作品的学术链接，重构了书法文化生态的多重表现形式，着力打造了一场别开生面的情境书法大戏，构筑了“河和之契”语境下“情境书法”的恢宏大观，以诗词、书法艺术的形式更好地弘扬了中华优秀传统文化，以实际行动践行了习近平总书记关于保护、传承、弘扬黄河文化的要求，为深入挖掘黄河流域、大运河沿线文化蕴含的时代价值，推动非遗交流互鉴、融合发展，形成文化区域生态链，做出了良好的开端。

为持续打造“河和之契”黄河流域、大运河沿线非遗交流展示平台，放大品牌活动的独创性、唯一性和区域性价值，本次“河和之契 大河奔流——孙雨田书法艺术展”的策展和举办，正是基于以书法艺术作品为媒介，以孙雨田教授一系列精彩的策展主题与诗词书法作品为主要内容，由黄河流域、大运河沿线非遗展示空间之情境出发，或酣畅淋漓，或点景抒情，情景交融，意韵隽永，展现出书法艺术活泼的视觉意味与延伸的文化意韵。书法作品因展览情境而得以生动，展览情境因书法作品而增加内涵，以富有创造性的鲜活生命力，诠释了文化与艺术的共振，成就了黄河与大运河在泰山相汇的“河和之契，江山无恙”，使观众在参观过程中得到轻松、愉悦的文化享受。而作为书法作品，则必然性地解脱出书法自身的小天地，突出了书法展的社会性，体现了书法与社会公众的亲和与展览场景的融合，总体又呈现出书法艺术创作与非遗策展理念的结合。

“河和之契 大河奔流——孙雨田书法艺术展”的成功举办，将是书法作品风貌与具体情境契合交融的一次独特展现，是当代书坛最新创作与实践的一次重要展示。本次策展着重聚焦于书法艺术的适用维度和当代书法文化生态，是对书法的形式与应用、内容与空间、意境与环境、书法本体价值与社会价值关系的一次积极探索！展览将突显传统书法融入当代生活的审美价值，表现书法不断发展的艺术生命力，进一步唤起公众理解、欣赏和热爱书法的热情，提倡书法艺术的创造精神。

是为序！

国家非物质文化遗产展览展示研究中心

农历壬寅·小年 2022 年 1 月 25 日

## 孙雨田

孙雨田，1948 年生于济宁。当代著名中国画家、书法家。文化和旅游部中国艺术科技研究所研究员，国家一级美术师。《中国书画研究》主编，中央美术学院客座教授，中国社会科学院研究生院导师，中国美术家协会会员，山东省中国画学会顾问。

孙雨田先生多年来潜心于中国人物画创作与研究，兼作花鸟画、山水画及书法艺术的实践与探索。其作品曾参加第六届、第十届、第十一届全国美展及 2018 年中国美术馆举办的“能量——改革开放 40 年山东美术发展成果展”，并多次荣获“全国美术作品展山东省展一等奖”“山东美术创作荣誉奖”“全国画院作品展优秀奖”。其《孙雨田中国人物画艺术》《蒲松龄》《七彩绫》《案头画范：孙雨田画猴》《中国画技法丛书》《孙雨田——恭王府艺术系列展》《中国高等美术院校教学范本精选——孙雨田作品》《黄河主题诗词歌赋民谣民谚卷——孙雨田书法艺术》《中国书法——隶书大典·孙雨田》等书画集册由人民美术出版社等单位出版发行。2014 年在北京恭王府成功举办“孙雨田中国画展暨学术研讨会”。2022 年在济南成功举办“河和之契 大河奔流——孙雨田书法艺术展暨学术研讨会”。

# 孙雨田艺术简介

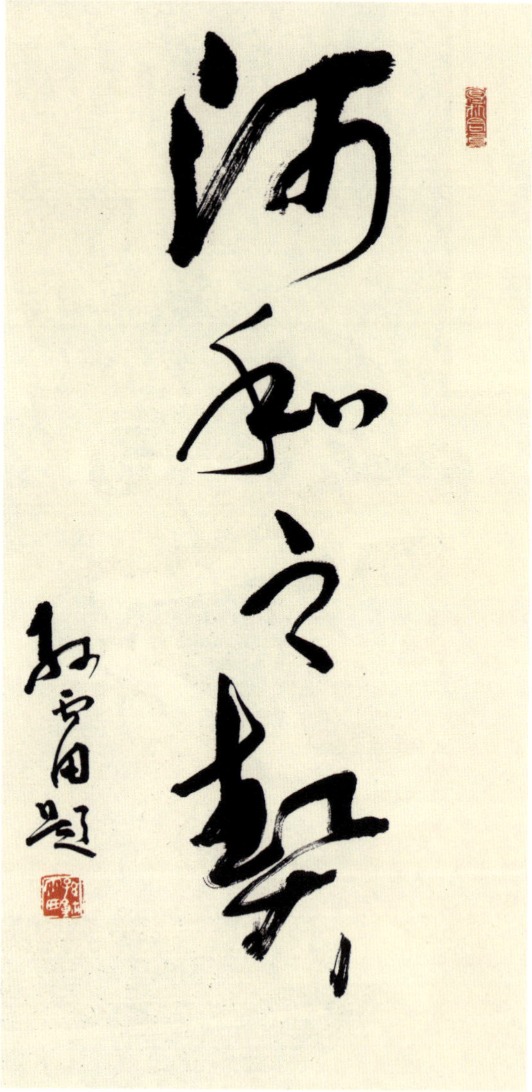

作者／孙雨田

尺寸／34cmx70cm

河和之契
河和之契

黄河

黄河上下亿万之久，纵横千里之长。生炎黄而育华夏，成国祚之根基。其文化积厚流光，源远流长。

“河出图，洛出书，圣人则之。”（《易·系辞上》）河图洛书出于黄河，“人更三圣，世历三古”，而创《易经》，成为黄河流域最早孕育出的文化思想，因出黄河与洛水间而称“河洛文化”，是为中华民族的大道之源、文化之根，也是重要的黄河文化符号代表之一。

黄河文化以河洛文化为核心，向东形成以孔孟儒家思想为代表的齐鲁文化，向西形成以大一统思想为代表的关中文化，于河套地区形成草原农耕相互交融的河套文化，于湟河流域形成东西文化交流融合的河湟文化，最终汇于大黄河流域文化生态，延续至今。

# 黄河

## 文明的赓续

山东省黄河流域振兴传统工艺集萃展

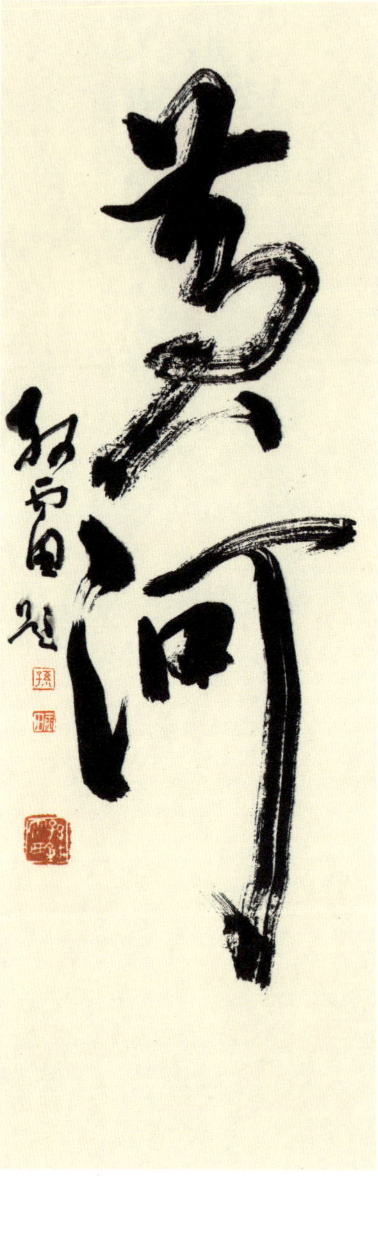

作者／孙雨田
尺寸／23cmx69cm

黄河
黄河

# 金石可镂
# 千锤百炼

金，《说文解字》云：“金，五色金也。黄为之长。久埋不生衣，百炼不轻，从革不违。西方之行，生于土。”《汉官仪》卷上：“金取坚刚，百炼不耗。”因此，金代表坚固，坚守。“千锤百炼，金石可镂”，意指只要通过千锤百炼，经过锲而不舍地用刀刻，就连金属和石头这样坚硬的东西也可以雕刻成花饰。意寓黄河文化中中华民族千百年坚持不懈的精神，以及在这种精神的感染之下，全国各地人们通过精巧技艺创造的非物质文化遗产。

# 金

作者／孙雨田
尺寸／23cmx35cm

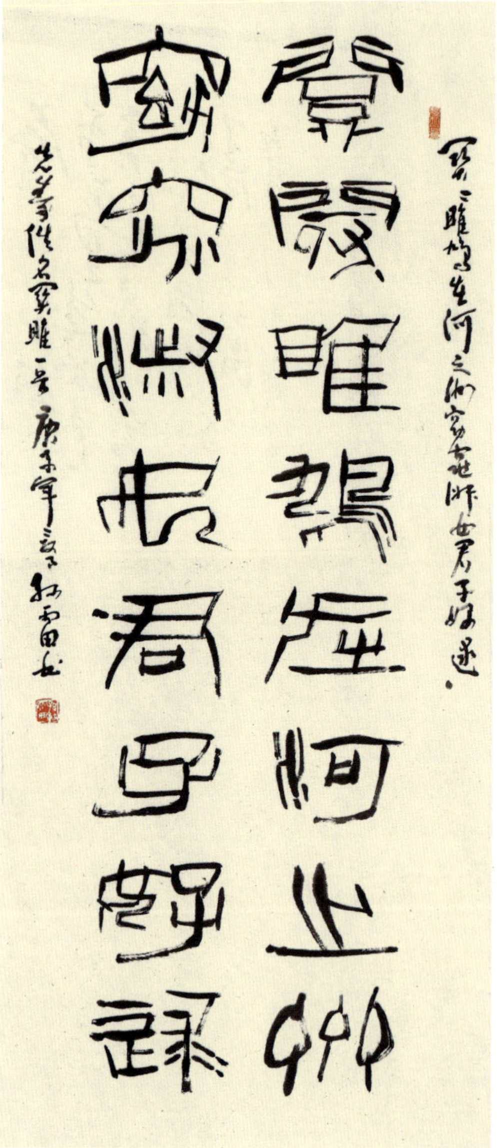


作者／孙雨田　尺寸／60cm×138cm
出处／《诗经》先秦·佚名

关关雎鸠，在河之洲。
窈窕淑女，君子好逑。

金

春分
立夏
雨水
清明
小滿
谷雨
芒種

二十四节气书法作品

作者／孙雨田
尺寸／18cmx24cm

# 立春

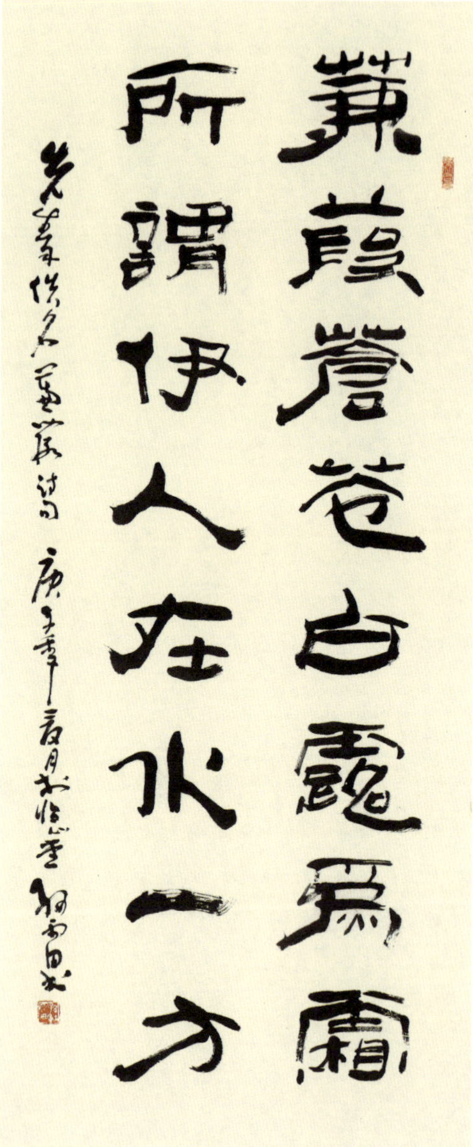


作者／孙雨田　尺寸／58cm×138cm

出处／《诗经》先秦·佚名

蒹葭苍苍，白露为霜。
所谓伊人，在水一方。

# 金

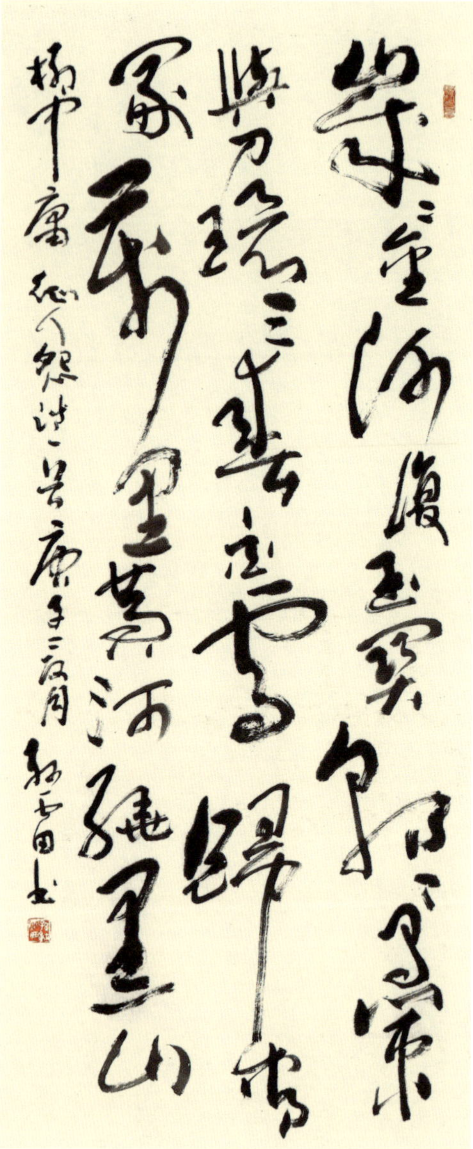

作者／孙雨田　尺寸／58cm×138cm

出处／《征人怨》唐·柳中庸

岁岁金河复玉关，朝朝马策与刀环。
三春白雪归青冢，万里黄河绕黑山。

金

作者／孙雨田
尺寸／18cmx24cm

# 雨水

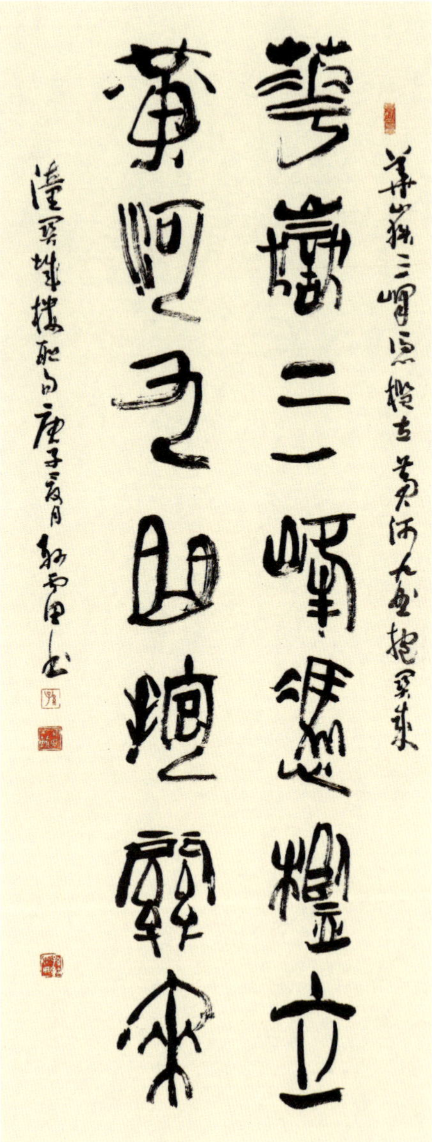

作者／孙雨田 尺寸／53cmx138cm
出处／潼关城楼联

华岳三峰凭槛立，
黄河九曲抱关来。

# 金

作者／孙雨田
尺寸／18cm×24cm

# 惊蛰

# 金

作者／孙雨田
尺寸／18cmx24cm

# 春分

# 劫劫长存
# 生生不息

木，代表树木、花草，代表生发、勃勃生机。“劫劫长存，生生不息”，选自宋代冯取洽的《沁园春·二月二日寿玉林》，原句为“劫劫长存，生生不息，宁极深根秋又春”，指树木的生长变化，也寓指变化和新生事物的发生。此处寓意黄河文化传续百年，劫劫长存，也表示非遗传承生生不息。

# 木

作者／孙雨田
尺寸／23cmx35cm

作者／孙雨田　尺寸／35cmx138cm

出处／《将进酒》唐·李白

黄河之水天上来，
奔流到海不复回。

木

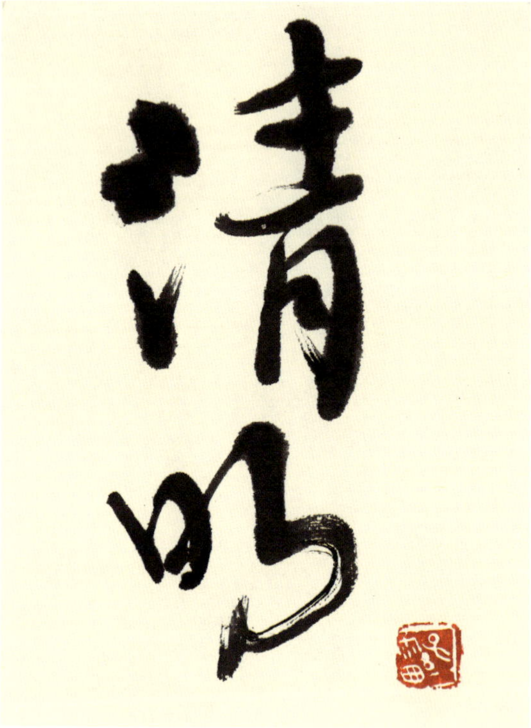

作者／孙雨田
尺寸／18cmx24cm

# 清明

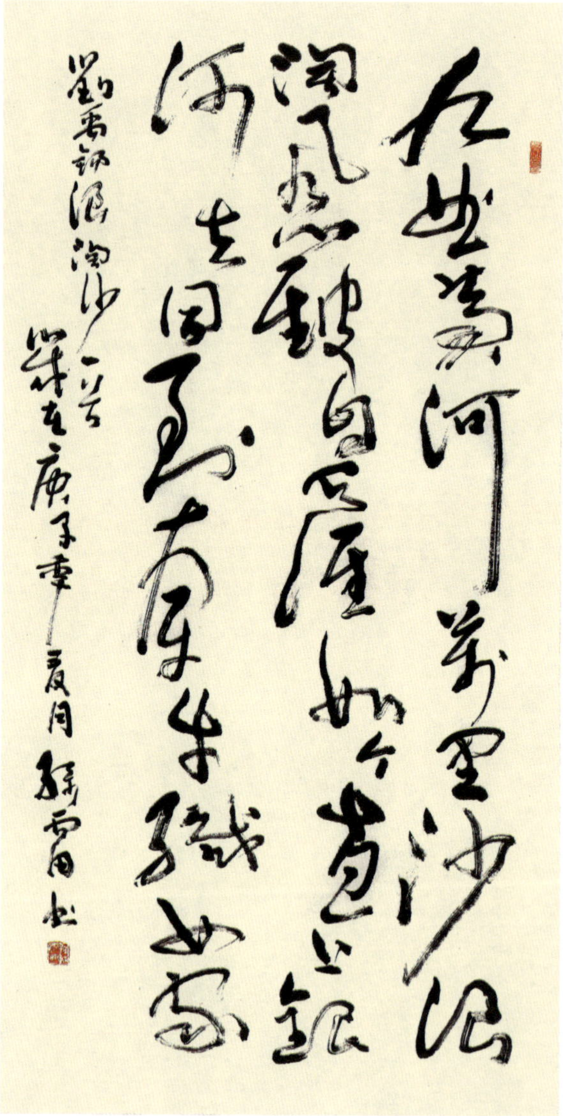


作者／孙雨田　尺寸／70cmx138cm
出处／《浪淘沙》唐・刘禹锡

九曲黄河万里沙，浪淘风簸自天涯。
如今直上银河去，同到牵牛织女家。

# 木

作者／孙雨田
尺寸／18cmx24cm

# 谷雨

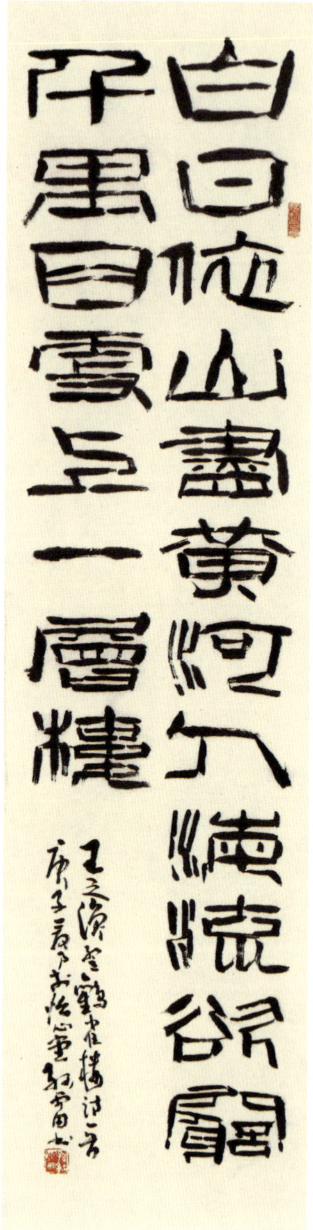


作者／孙雨田　尺寸／35cm×138cm
出处／《登鹳雀楼》唐·王之涣

白日依山尽，黄河入海流。
欲穷千里目，更上一层楼。

# 木

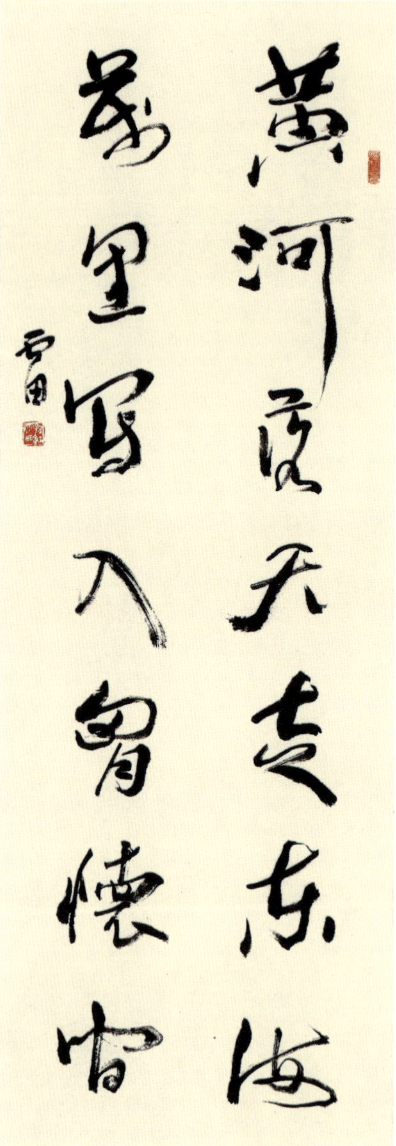


作者／孙雨田　尺寸／48cmx138cm
出处／《赠裴十四》唐·李白

黄河落天走东海，
万里写入胸怀间。

# 木

# 万里奔腾
# 源远流长

水，代表流动性，周流不息。“万里奔腾，源远流长”是形容黄河水奔腾万里，穿梭于万千河山之中，以黄河之水灌溉的土地、哺育的中华儿女，创造了无数源远流长的优秀文化。

水

作者／孙雨田
尺寸／23cmx35cm

水

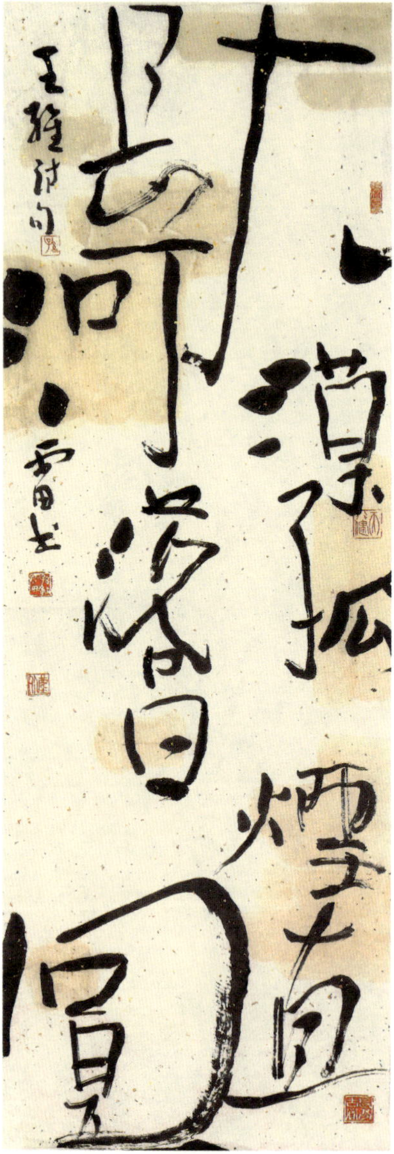


作者／孙雨田　尺寸／47cmx138cm
出处／《使至塞上》唐・王维

大漠孤烟直，
长河落日圆。

水

作者／孙雨田
尺寸／18cm×24cm

# 立夏

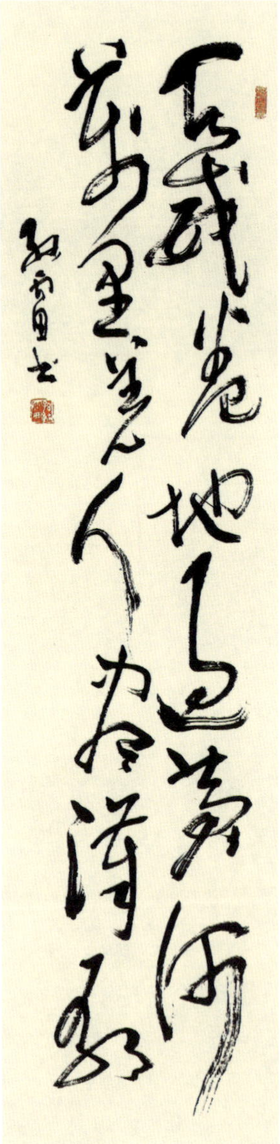

作者／孙雨田　尺寸／35cmx138cm

出处／《凯歌》北宋·沈括

天威卷地过黄河，
万里羌人尽汉歌。

水

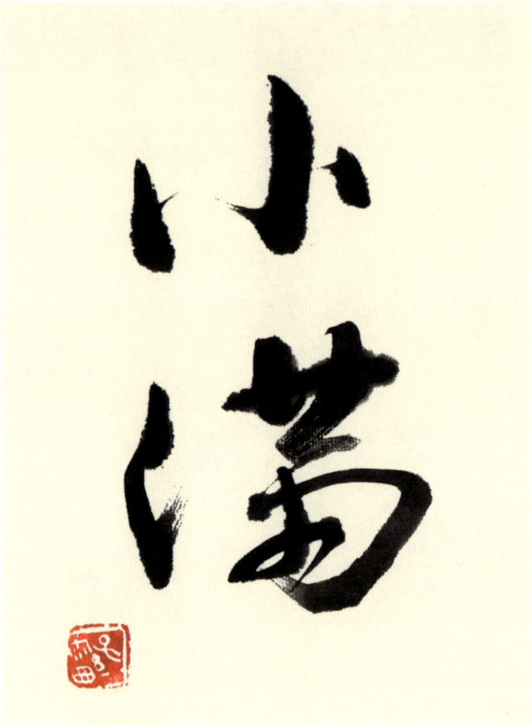

作者／孙雨田

尺寸／18cmx24cm

# 小满

作者／孙雨田　尺寸／35cm×138cm

出处／《水调歌头》金末元初·元好问

黄河九天上，
人鬼瞰重关。

水

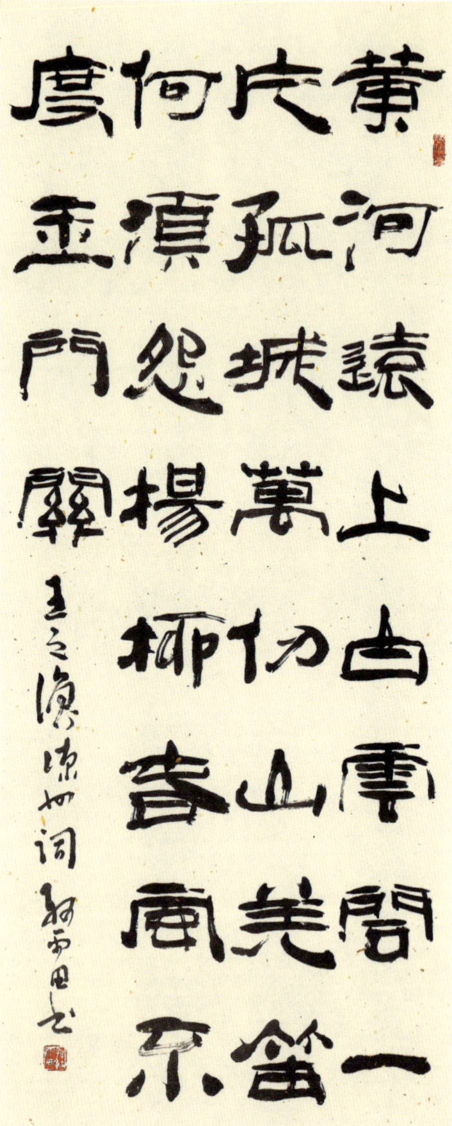
黄河远上白云间
一片孤城万仞山
羌笛何须怨杨柳
春风不度玉门关
王之涣凉州词 孙雨田书

作者／孙雨田　尺寸／70cmx138cm

出处／《凉州词》唐・王之涣

黄河远上白云间，一片孤城万仞山。
羌笛何须怨杨柳，春风不度玉门关。

# 薪火相传
# 文脉相承

火，代表能量，向上。“薪火相传”取自《庄子·养生主》：“指穷于为薪，火传也，不知其尽也。”原意为柴烧尽，火种仍可留传。古时候比喻形骸有尽而精神不灭，后人用来比喻学问和技艺代代相传。讲好“黄河故事”，延续历史文脉，“薪火相传，文脉相承”，一是指对黄河文化的传承延续，二是指对非物质文化遗产的传承发展。

火

作者／孙雨田

尺寸／23cmx35cm

作者／孙雨田　尺寸／35cmx138cm
出处／《条山苍》唐·韩愈

条山苍，河水黄。
浪波沄沄去，松柏在山冈。

# 史

作者／孙雨田
尺寸／18cmx24cm

# 芒种

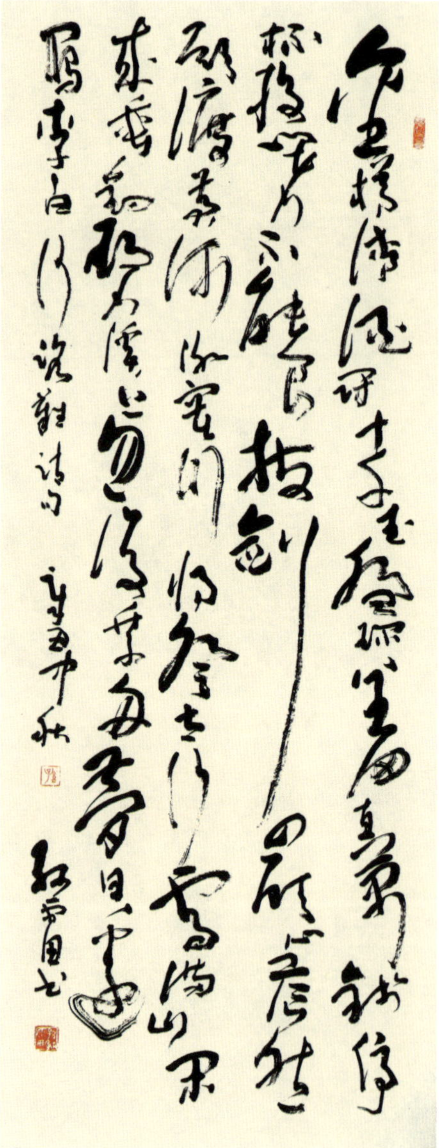

作者／孙雨田　尺寸／56cm×138cm

出处／《行路难》唐·李白

金樽清酒斗十千，玉盘珍羞直万钱。
停杯投箸不能食，拔剑四顾心茫然。
欲渡黄河冰塞川，将登太行雪满山。
闲来垂钓碧溪上，忽复乘舟梦日边。

# 火

作者／孙雨田
尺寸／18cmx24cm

# 夏至

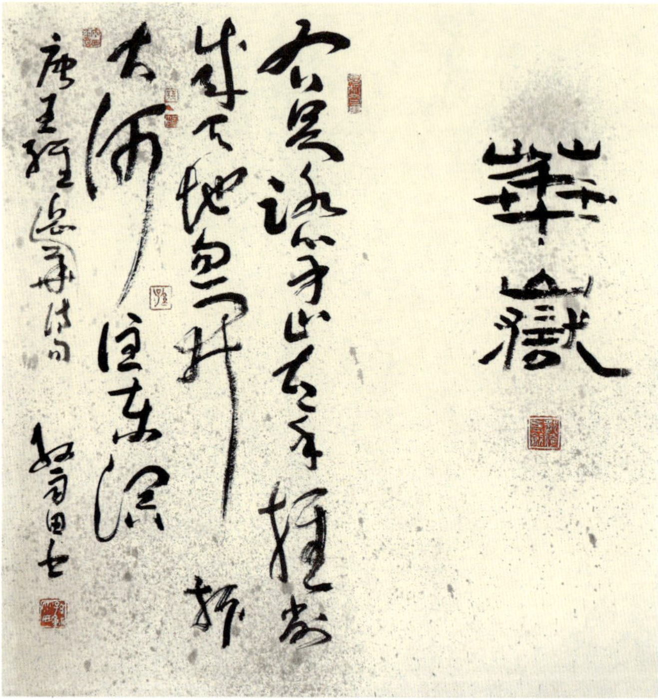


作者／孙雨田　尺寸／67cmx67cm

出处／《华岳》唐・王维

右足踏方止，左手推削成。
天地忽开拆，大河注东溟。

# 火

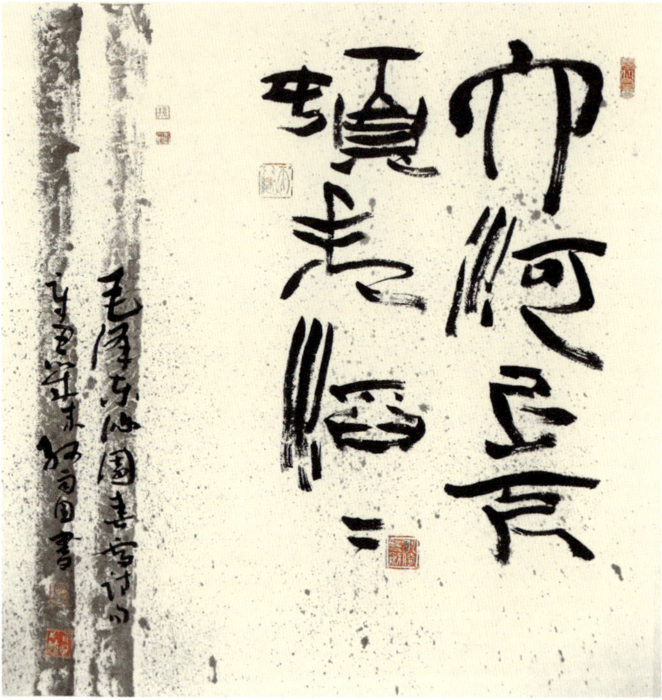

作者／孙雨田　尺寸／67cmx67cm
出处／《沁园春·雪》毛泽东

大河上下，
顿失滔滔。

# 史

# 一方水土<br>育一方人

土，代表土地。中国人自古讲究“靠山吃山，靠水吃水”，万里黄河灌溉之下的中国土地上养育了自强不息、蓬勃发展的中华民族。一方水土育一方人，黄河母亲滋养了中华儿女魂，让生活在这片土地上的民族安居乐业。

土

作者／孙雨田

尺寸／23cmx35cm

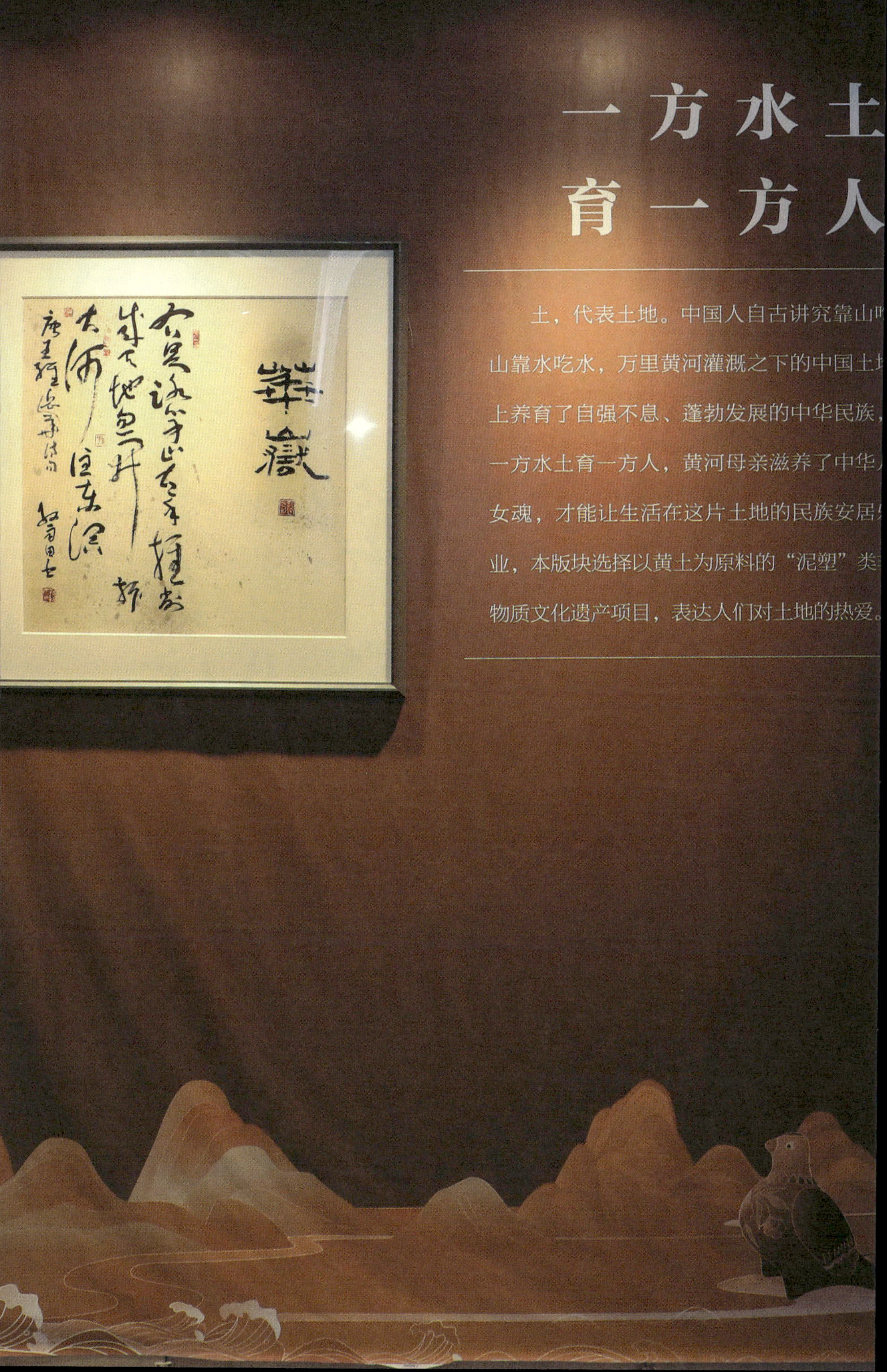
一方水土
育一方人
土，代表土地。中国人自古讲究靠山
山靠水吃水，万里黄河灌溉之下的中国土
上养育了自强不息、蓬勃发展的中华民族，
一方水土育一方人，黄河母亲滋养了中华
女魂，才能让生活在这片土地的民族安居
业，本版块选择以黄土为原料的“泥塑”类
物质文化遗产项目，表达人们对土地的热爱。

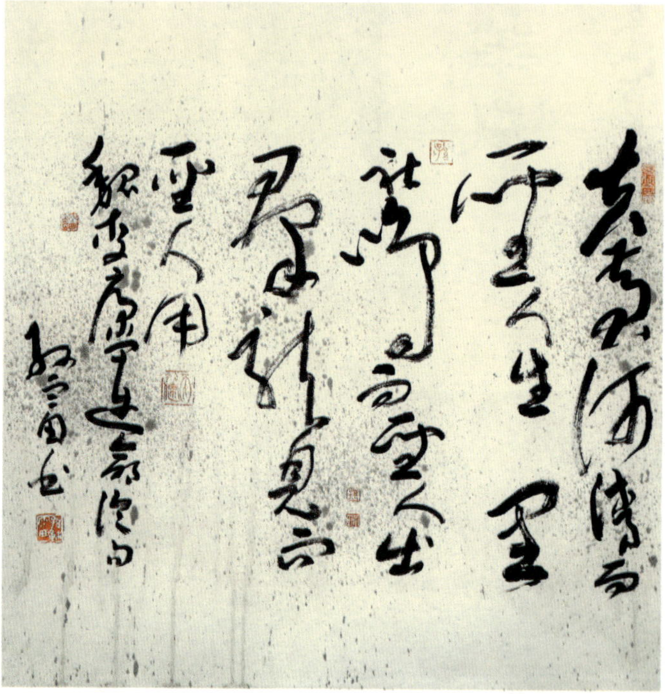

作者／孙雨田　尺寸／67cmx67cm
出处／《运命论》魏·李康

夫黄河清而圣人生，
里社鸣而圣人出，
群龙见而圣人用。

# 土

作者／孙雨田

尺寸／18cmx24cm

小暑

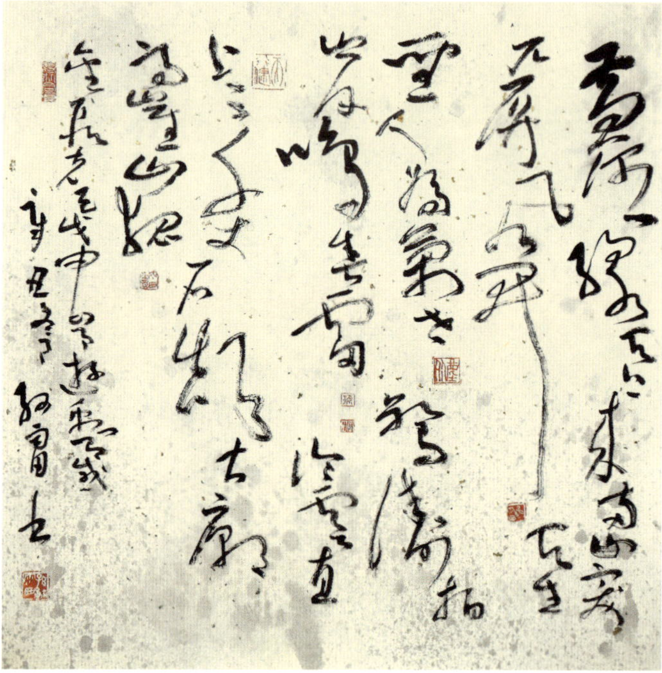

作者 / 孙雨田　尺寸 / 65cmx65cm
出处 / 《戊申四月游禹门有感》金·段克己

黄河一线天上来，两山突兀屏风开。
天生圣人为万世，惊涛拍岸鸣春雷。
冷云直上三千丈，石颠古庙高崔巍。

# 土

作者／孙雨田
尺寸／18cmx24cm

# 大暑

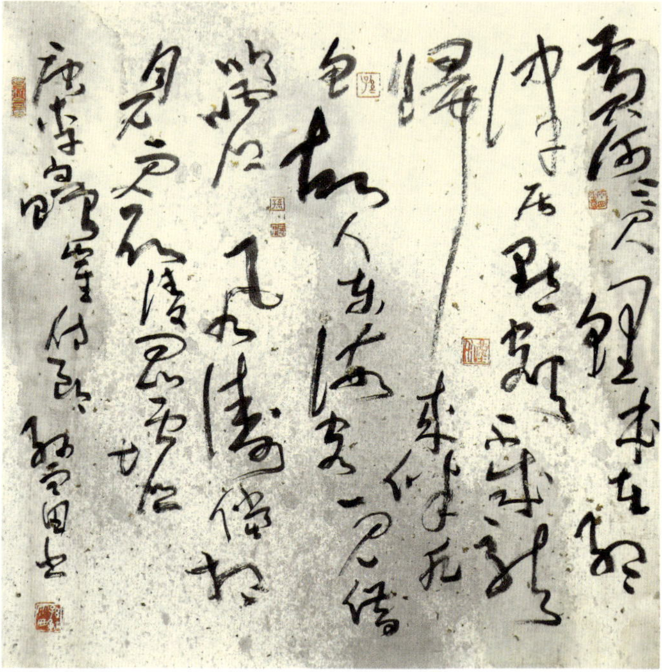

作者／孙雨田　尺寸／67cmx67cm
出处／《赠崔侍郎》唐·李白

黄河二尺鲤，本在孟津居。
点额不成龙，归来伴凡鱼。
故人东海客，一见借吹嘘。
风涛倘相见，更欲凌昆墟。

# 土

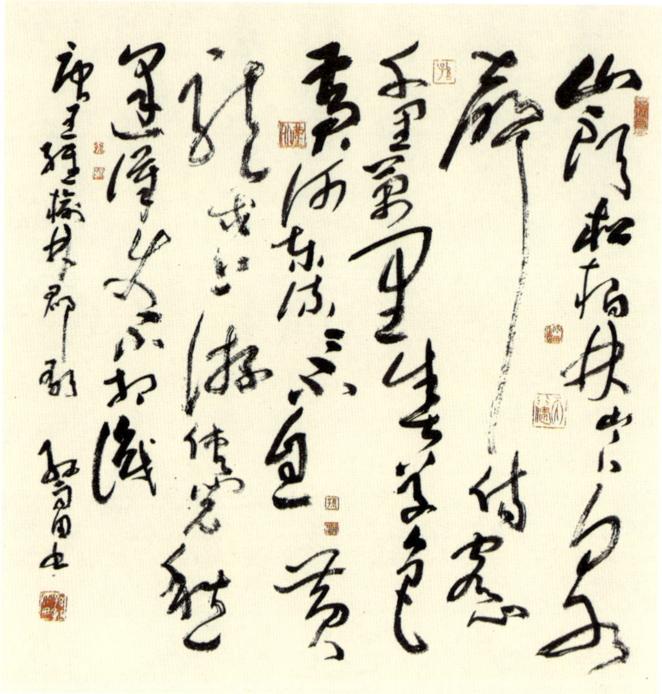

作者／孙雨田　尺寸／67cmx67cm

出处／《榆林郡歌》唐・王维

山头松柏林，山下泉声伤客心。
千里万里春草色，黄河东流流不息。
黄龙戍上游侠儿，愁逢汉使不相识。

# 上

流动的文化
大运河
省大运河沿线省级文化生态保护区成果展
风近邹鲁 礼乐中华

台儿庄

中国大运河历经2500多个春秋，沟通了中国五大水系，沉淀了兴衰更迭的家国记忆，汇聚了世代运河儿女的勤劳和智慧，是流动着中华文明的大运河。在漫长的历史岁月中，一代代的运河人从没有停下开凿、疏浚、修缮、治理的脚步。

大运河是流动的文化，贯通了中国南北，促进了南北经济文化的交流，也通过陆上丝绸之路和海上丝绸之路加强了中外经济文化的交流。作为文化纽带的象征，运河水不仅承载了南来北往的船只，更加快了南北文化的融合，激活了运河文化的创造力和想象力，体现了中国人尊重自然、顺应自然、保护自然、利用自然的伟大创新创造精神。

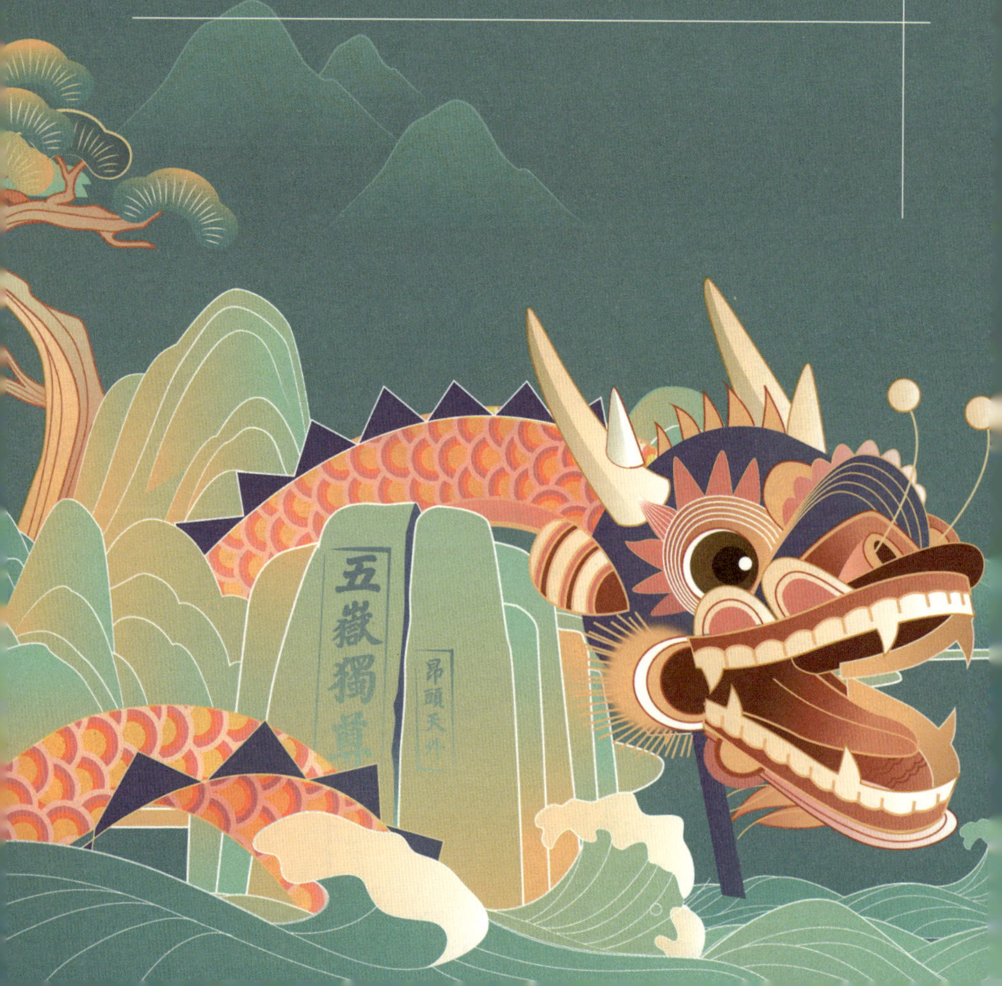

# 大运河

## 流动的文化

山东省大运河沿线省级文化生态保护区成果展

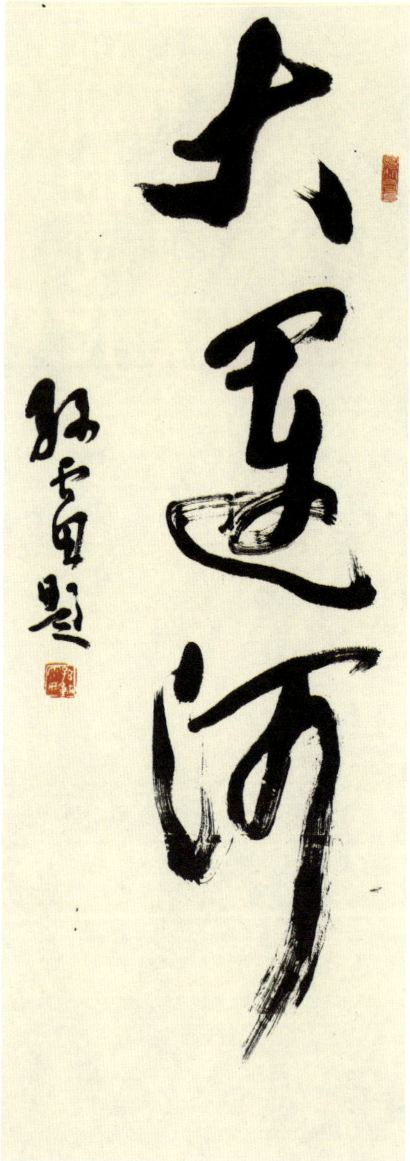


作者／孙雨田

尺寸／35cmx95cm

大运河
流动的文化
省大运河沿线省级文化生态保护区成果展
大运河

印染技艺
泥沟青花布
茶

儿庄运河文化生态保护实验区
京杭大运河,文化传承之河。
人工的造化,历史的积淀,使大运河成为中华民族的精神家园。流淌千年的大运河至今还为世人享用。作为大运河江北地区唯一东西走向的古航道——“台儿庄”被誉为“天下第一庄”、“运河文化活化石”、“中华古水城”、“中国首座二战纪念城市”
台儿庄,河湖相连,桥水相依,拥有江南的风韵,是运河水乡。
台儿庄,抗战大捷、铁道飞虎,拥有民族的记忆,是英雄之城。
台儿庄,商贾迤逦,能工巧匠,拥有城市的繁华,是技艺重镇。
台儿庄,历史悠长,文化厚重,拥有古城的魅力,是文化名城。
这,足以让你爱上台儿庄。

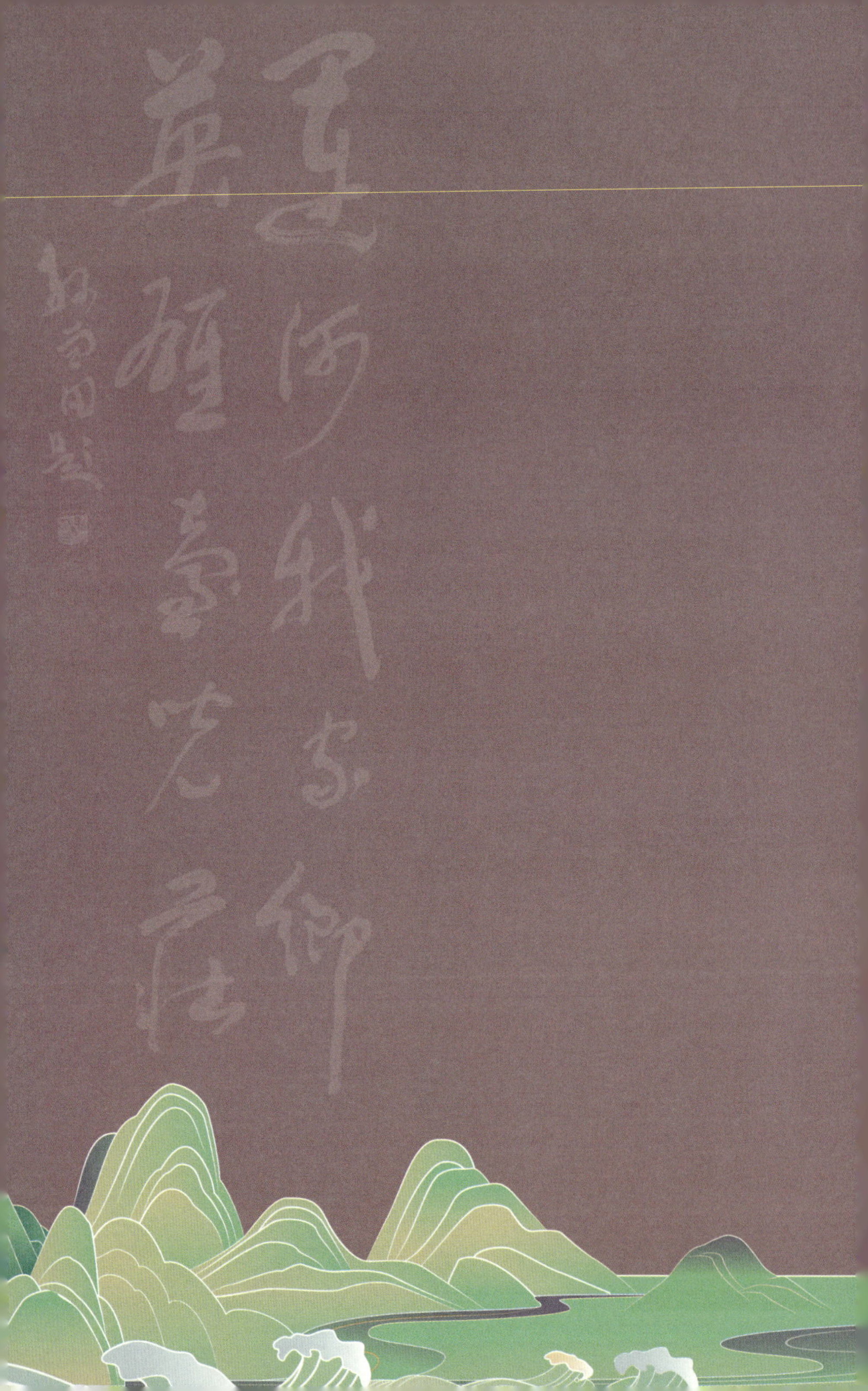

台儿庄运河文化生态保护实验区

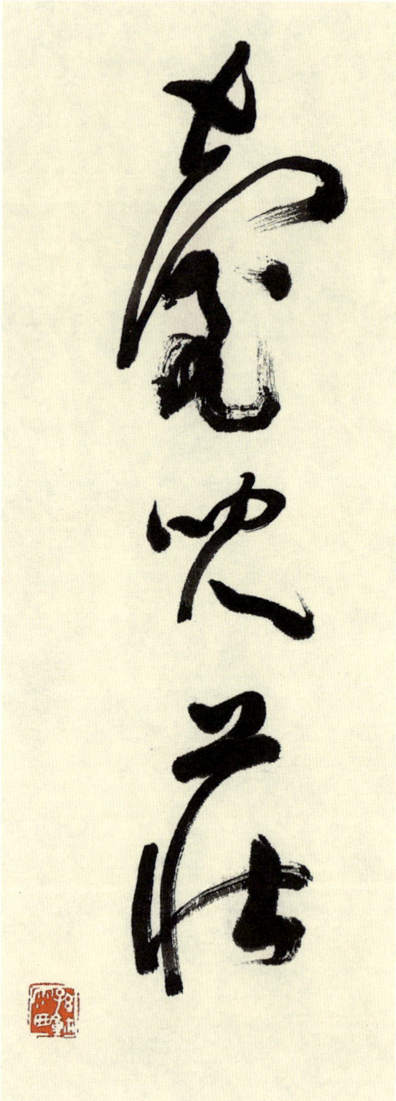

作者／孙雨田
尺寸／23cmx70cm

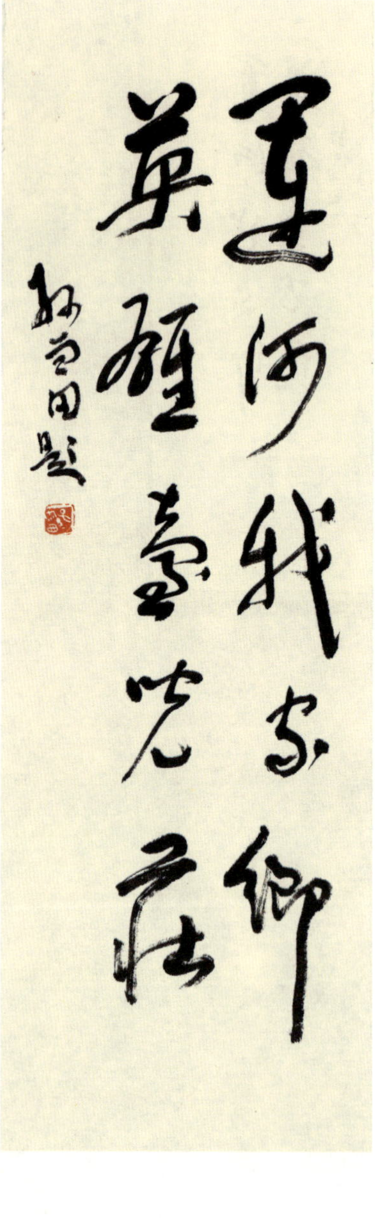

作者／孙雨田
尺寸／23cmx70cm

运河我家乡，
英雄台儿庄。

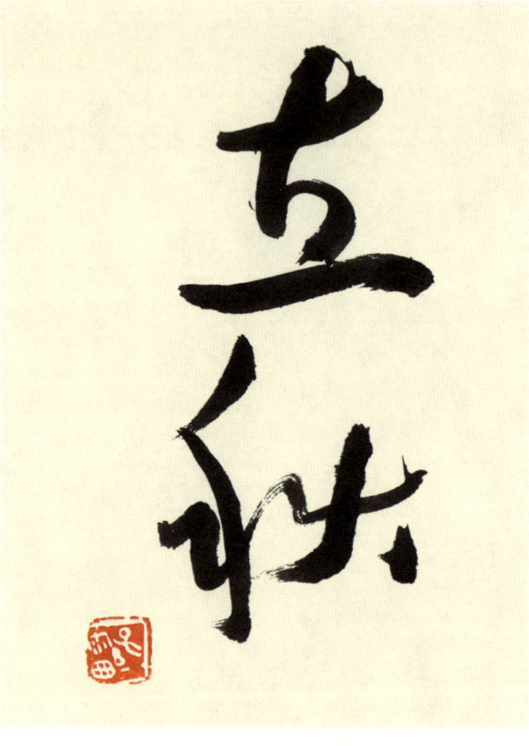


作者／孙雨田
尺寸／18cm×24cm

# 立秋

# 處世之法

作者／孙雨田
尺寸／18cm×24cm

处
暑

作者／孙雨田
尺寸／18cmx24cm

# 白露

作者／孙雨田
尺寸／18cm×24cm

# 秋分

清运河文化生态保护实验区
临清
上海
宁波

水而起、因运河而兴的古城。自隋炀帝开凿永济渠，临清便成为
运河城镇。及至元代开凿会通河，明永乐年间重新开凿和疏通会通
城而过，物畅其流，临清得以空前发展、崛起。历元、明、清三
商贾云集，贤达荟萃，“十里人家两岸分，层楼高栋入青云。官
鼓鸣锣处处闻”——运河的传奇造就了临清六百年的繁华。

# 临清

临清运河文化生态保护实验区

作者／孙雨田

尺寸／23cm×35cm

临清
临清运河文化生态保护实验区
北京
天津
石家庄
临清
济南
郑州
开封
商丘
淮安
扬州
镇江
合肥
南京
上海
杭州
宁波

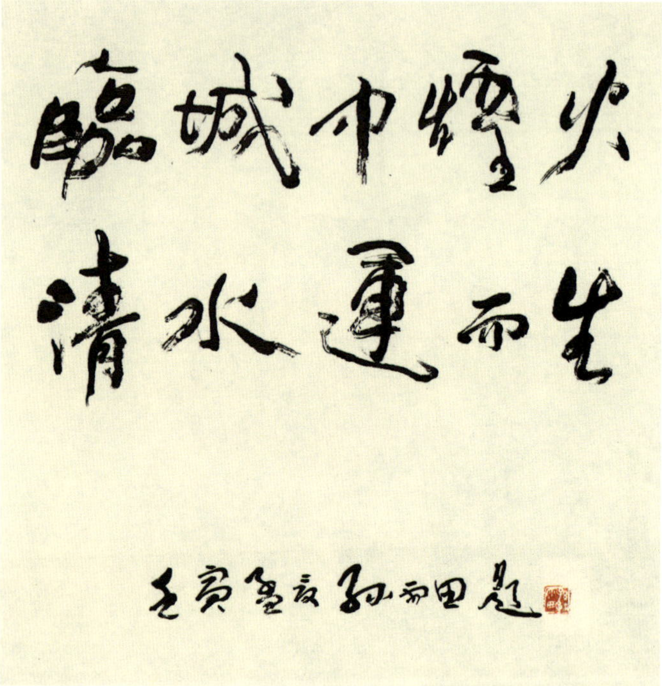


作者／孙雨田
尺寸／70cmx77cm

临城中烟火，
清水运而生。

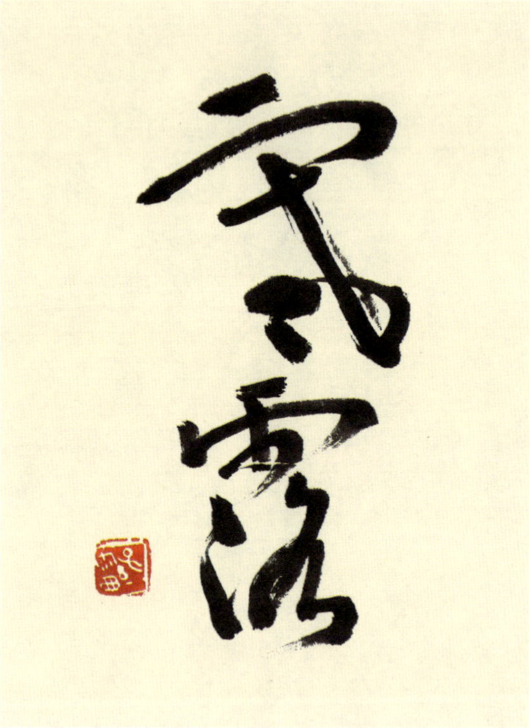

作者／孙雨田
尺寸／18cmx24cm

# 寒露

# 临清

作者／孙雨田
尺寸／18cmx24cm

# 霜降

風近鄒魯禮
風近鄒魯禮樂中華
山东号称齐鲁之邦，物华
里奔腾入海，被誉为“活看的
“五岳独尊”的世界自然文化
济济邹鲁，礼义唯恭。邹
国名，其中，鲁即鲁国。邹，
认。公元前614元邾文公迁都于
鲁两国的中等诸侯国 家。由
自战国时起，人们将邹、鲁连
代名词，产生了广泛而深远的
邹鲁文化是历代邹鲁民众
全国重点文物保护单位19处；
名录项目70项、县级非遗名录
通过在曲阜市、邹城市、
年”奋斗目标和中华民族伟大
孔子

中華
地灵。孕育了中华五千年文化的母亲河黄河从这
重要人类遗产”的京杭大运河从这里蜿蜒流过，
这里巍然屹立。
是齐鲁文化的核心组成部分。邹、鲁原为先秦时期
邾娄，相传为颛顼后裔所建，周朝建立后得到承
东邹城东南部），是先秦时期山东境内仅次于齐、
派创始人“圣人”孔子、“亚圣”孟子的出生地，
孔孟之乡，也使其成为文教昌盛、礼仪文明之地的
文化和精神文化的总和，其中世界文化遗产1处、
名录项目8项、省级非遗名录项目25项、市级非遗
非遗线索7000多条。
设邹鲁文化生态保护实验区，为实现“两个一百
梦提供不竭精神动力和强大文化保障。
孟子

中華禮樂會鄰近風

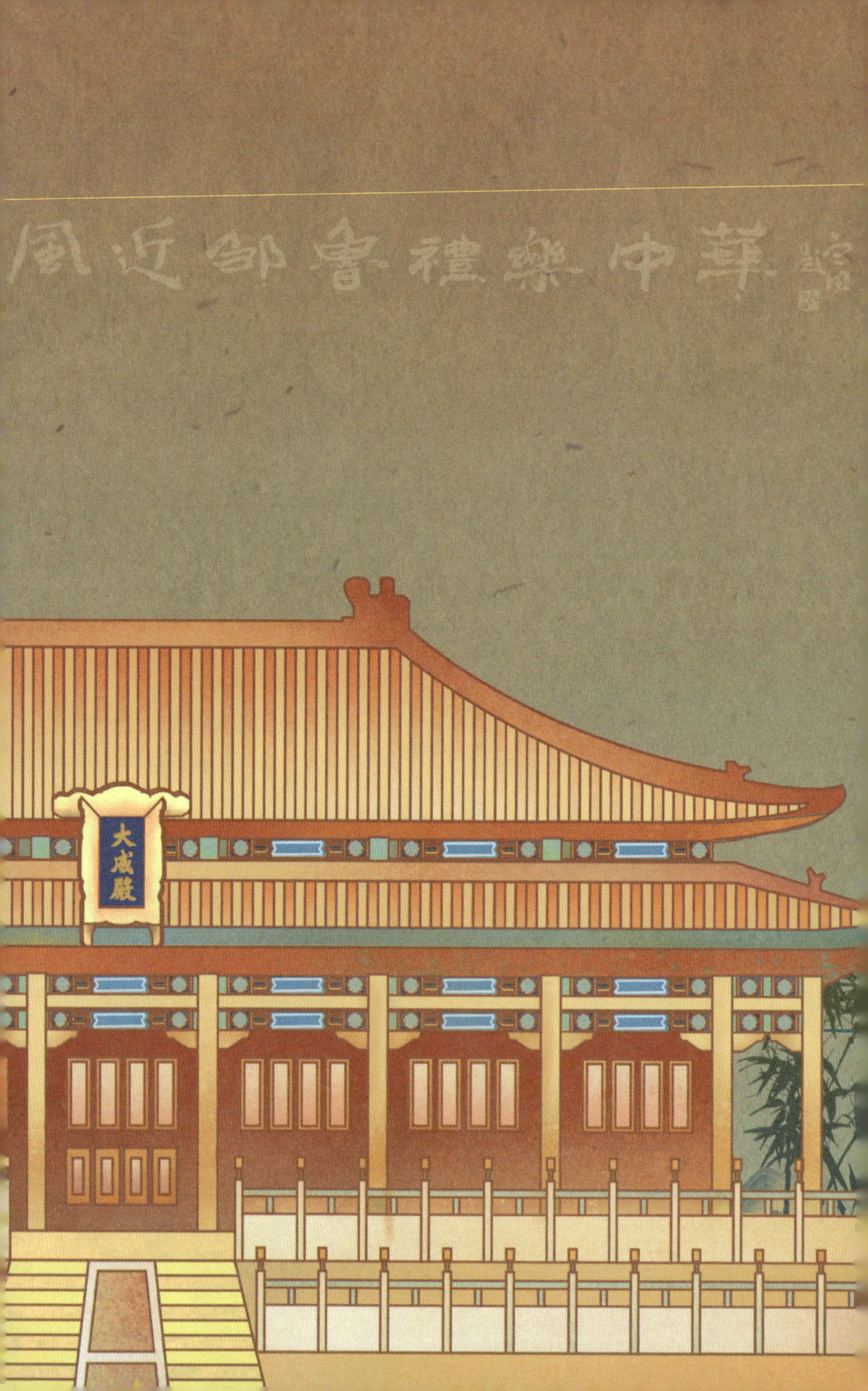

大成殿

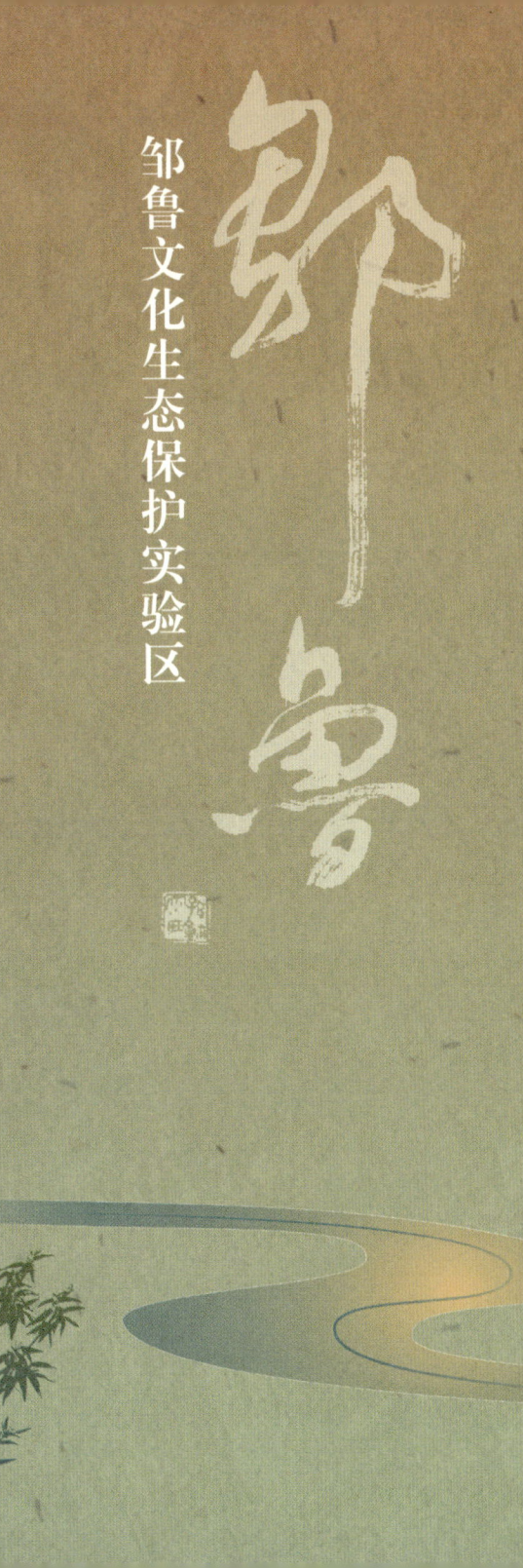

# 邹鲁

邹鲁文化生态保护实验区

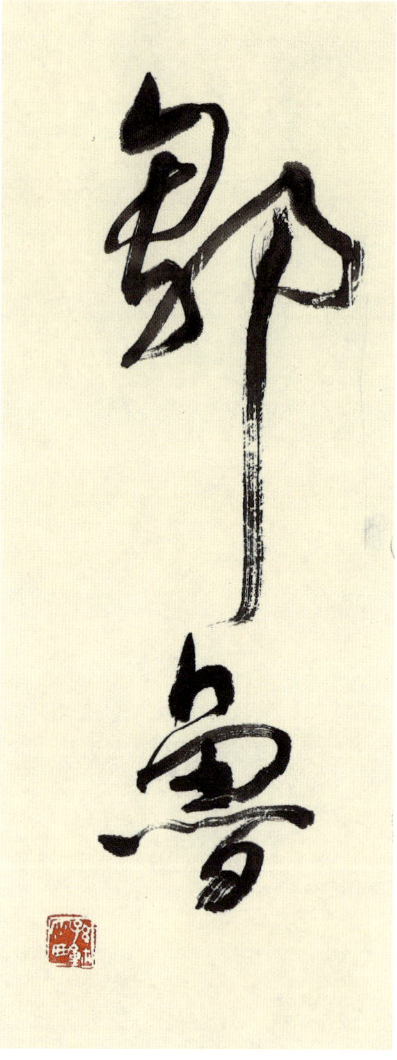

作者／孙雨田
尺寸／23cmx70cm

風近邹魯禮樂中華
山东号称齐鲁之邦，物华天宝，
里奔腾入海，被誉为“活着的、流
“五岳独尊”的世界自然文化遗产泰
济济邹鲁，礼义唯恭。邹鲁文
国名，其中，鲁即鲁国。邹，又称
认。公元前614元邾文公迁都于绎（
鲁两国的中等诸侯国 家。由于是
自战国时起，人们将邹、鲁连称，
代名词，产生了广泛而深远的影响。
邹鲁文化是历代邹鲁民众创造
全国重点文物保护单位19处；国家
名录项目70项、县级非遗名录项目
通过在曲阜市、邹城市、泗水
年”奋斗目标和中华民族伟大复兴
孔子

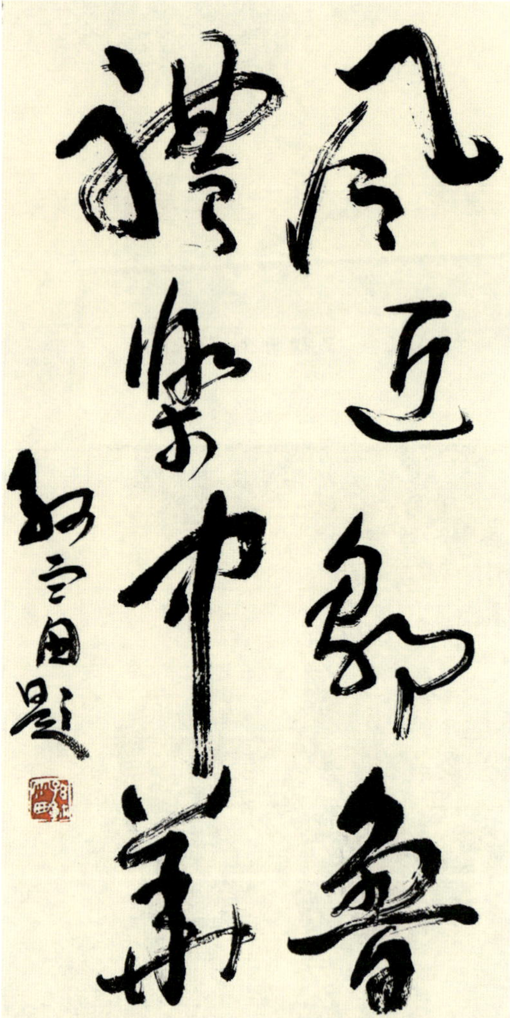

作者／孙雨田
尺寸／35cm×70cm

风近邹鲁，
礼乐中华。

# 邹鲁

作者／孙雨田
尺寸／18cmx24cm

# 立冬

# 鄉音

作者／孙雨田
尺寸／18cmx24cm

# 小雪

泰山文化生态保护实验区

錦繡江山國泰民安
泰山，国泰民安之山。
自然的造化，人文的积淀，使泰山成为中华民族的精神家园，
心目中的"国山"。
古人云:泰山安，则天下安。国泰民安，是中华民族千百年来的
为国泰民安的象征，自古便受到人们的重视。
泰安拥有历史悠久、内涵丰富、灿烂多彩的文化。泰山文化主
文化" "封禅祭祀文化" "民间信仰文化"构成。这三种文化又
色的"生产技艺文化" "名人文化" "饮食文化"。同时，泰山
中国最早人类生存发展的地区，先民的生产生活活动创造了对中
响的历史文化。
• 世界文化与自然遗产
• 世界地质公园

錦繡江山國泰民安

# 泰山

泰山文化生态保护实验区

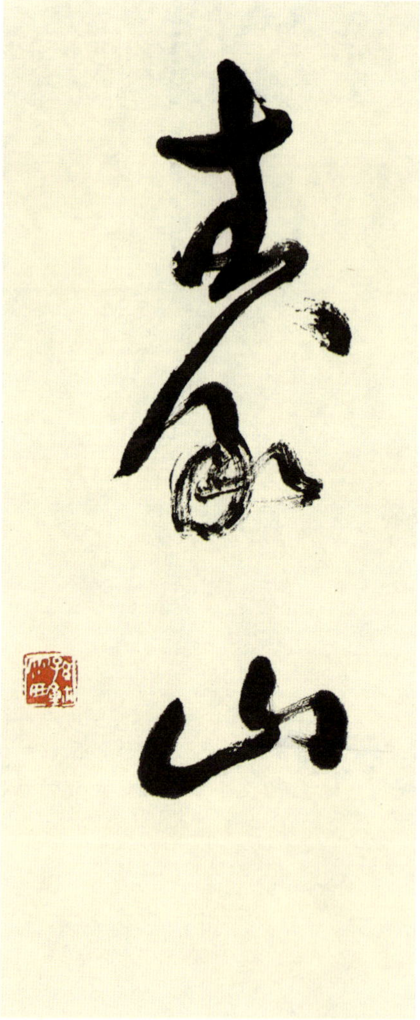

作者／孙雨田
尺寸／23cmx53cm

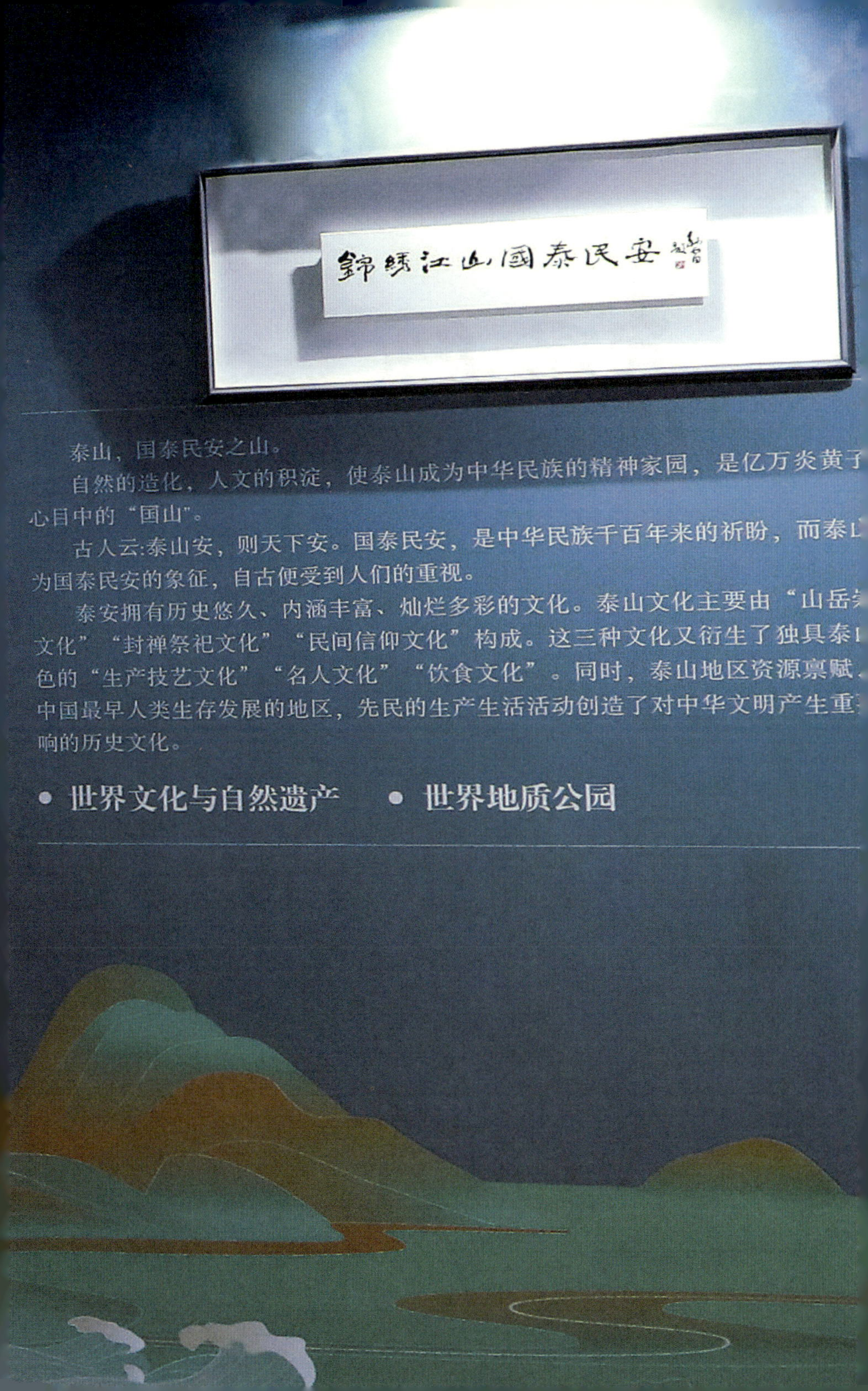
錦繡江山國泰民安
泰山，国泰民安之山。
自然的造化，人文的积淀，使泰山成为中华民族的精神家园，是亿万炎黄子
心目中的“国山”。
古人云:泰山安，则天下安。国泰民安，是中华民族千百年来的祈盼，而泰
为国泰民安的象征，自古便受到人们的重视。
泰安拥有历史悠久、内涵丰富、灿烂多彩的文化。泰山文化主要由“山岳
文化”“封禅祭祀文化”“民间信仰文化”构成。这三种文化又衍生了独具泰
色的“生产技艺文化”“名人文化”“饮食文化”。同时，泰山地区资源禀赋
中国最早人类生存发展的地区，先民的生产生活活动创造了对中华文明产生重
响的历史文化。
● 世界文化与自然遗产
● 世界地质公园

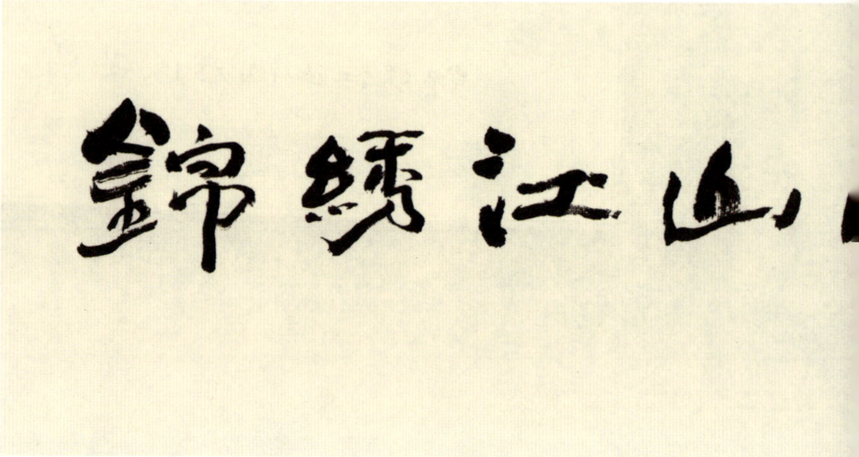


作者／孙雨田
尺寸／35cmx70cm

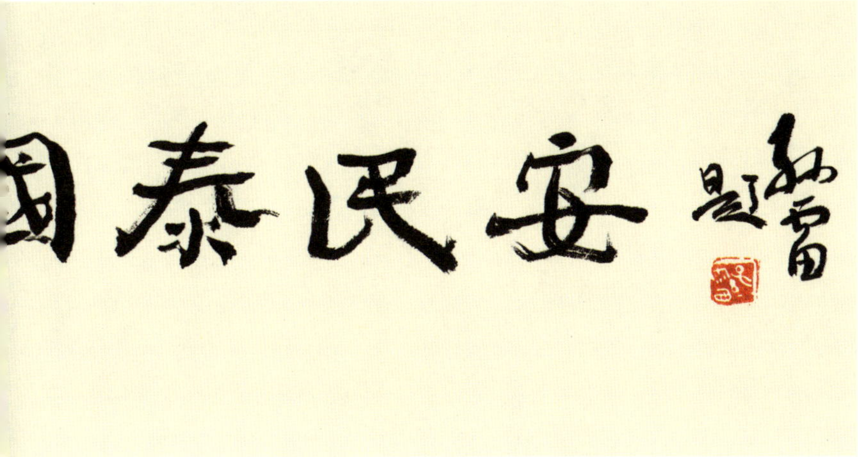
国泰民安

# 泰山

作者／孙雨田
尺寸／18cm×24cm

# 大雪

# 泰山

作者／孙雨田
尺寸／18cmx24cm

# 冬至

# 泰山

作者／孙雨田
尺寸／18cmx24cm

# 小寒

作者／孙雨田
尺寸／18cmx24cm

# 大寒

会议时间：2022年3月4日（周五）（农历二月二）14:30—17:00

会议地点：济南市文化艺术中心

会议主持：山东省文化和旅游厅非物质文化遗产处处长刘朋鑫

学术主持：中国文艺评论家协会理事、杭州市文艺评论家协会副主席杨宇全

研讨会议程：

01　介绍嘉宾

02　专家发言

03　嘉宾合影

# 研讨

河和之契 大河奔流——孙雨田书法艺术展暨学术研讨会

## 展河和文化之美 书大河奔流之势

### 河和之契 大河奔流——孙雨田书法艺术展暨学术研讨会综述

2022年3月4日，河和之契 大河奔流——孙雨田书法艺术展暨学术研讨会在济南市文化馆举行。本次活动由山东省文化和旅游厅主办，济南市文化和旅游局、国家非物质文化遗产展览展示研究中心齐鲁（邹城）展示基地承办，济南市文化馆、济南市非物质文化遗产保护中心、山东非物质文化遗产研究中心展示设计研究所、山东省齐风鲁颂文旅发展研究院协办。

作为黄河流域、大运河沿线非物质文化遗产交流展示系列活动之一，来自北京、杭州、济南的十几位学者展开深入研讨。与会专家认为，本次展览从内容到形式都让人耳目一新，孙雨田的书法艺术创作贴近社会、贴近生活，体现了一位当代艺术家的家国情怀、社会担当和创新意识。研讨会上，专家就书法与民生、非遗活态传承结合，书画家的全面修养以及书法展览的创造性转化与创新性发展等问题进行了深入探讨。

首先，书法作为一门艺术，要服务社会、服务民生，在新的时代，书法家也要有社

河和之契 大河奔流——孙雨田书法艺术展暨学术研讨会现场

会责任感，要走出书斋，积极投身社会，热情拥抱生活，为时代讴歌，为讲好“中国故事”与“非遗故事”奉献自己的艺术与才情。书法作为中华优秀传统文化的代表，是重要的文化符号，用书法艺术这一独特的艺术形式记录非遗历史、表现非遗内容、体现非遗价值、反映非遗传承的意义就显得尤为重要。此次展览中，孙雨田将书法与民生、非遗相结合，既接地气，又体现了书法艺术的社会性与人文价值。

其次，当下书画界书画俱佳者，可谓凤毛麟角。从中国书画的发展来看，优秀的画家无一不是优秀的书法家。孙雨田作为一名书画家，修养全面，笃行不怠，在此次书法艺术展中给我们提供了诸多启发与借鉴意义。

再次，在融媒体、自媒体高度发达的“云时代”，书法艺术应该打破传统的展览方式，走出有形的展馆展厅，走向更广阔的“数字空间”；面向未来，实现创造性转化与创新性发展，即创造与创新并重，传统与现代齐举，这或许是书法艺术可持续发展的必由之路。

“河和之契 大河奔流——孙雨田书法艺术展”的举办，是情境式书法艺术展览创新模式的一次实践，通过将“情境”与“书法艺术作品”进行链接，着力打造了一场别开生面的情境书法大戏，构筑了“河和之契”语境下“情境书法”的恢宏气象，以诗词、书法艺术的形式更好地弘扬了中华优秀传统文化。展览突显出书法融入生活的审美价值，表现书法不断发展的生命力，进一步唤起公众理解、欣赏和热爱书法艺术的热情，提倡书法艺术的创造精神，本次展览也为文化遗产在体验经济时代的传承传播提供了可资借鉴的新的思路。

本次展览艺术家孙雨田，山东省文化和旅游厅非物质文化遗产处处长刘朋鑫，中国文艺评论家协会理事、杭州市文艺评论家协会副主席、杭州市书法家协会学术委员会常务副主任杨宇全，中国书协理事、山东省书协副主席赵长刚，山东省文艺创作研究院院长、《山东艺术》杂志社社长兼总编辑王宇鹏，山东非物质文化遗产研究中心副主任、山东省齐风鲁颂文旅发展研究院副院长宋志强，中国书协会员、西泠印社理事、《西泠艺丛》编审郭超英，济南市文联副主席、济南市文艺家协会主席、山东（中国）文学艺术博物馆馆长徐国卫，国家一级美术师、中国美术家协会会员、西泠印社社员、杭州市书法家协会副主席沈颖丽，山东省美协理事、济南市美协主席团委员宋涛，中国文艺评论家协会会员、西泠印社社员、浙报艺术传媒集团副总经理闫大海，中国文艺评论家协会会员 、国家画院《中国美术报》编辑李振伟，以及济南市文化和旅游局副局长闫险峰、邹城市人民政府副市长布方峰、临清市人民政府副市长李明艳等出席研讨会并发言；山东省文化和旅游厅副厅长付俊海，山东省文化和旅游厅非遗处处长刘朋鑫，济南市文化馆馆长马迎春、副馆长张琳，邹城市文化和旅游局局长高胜，临清市文化和旅游局局长孙维华，临清市文化馆馆长刘亚婷，临清市文化和旅游局党组成员、主任科员赵雪丽等列席。刘朋鑫主持会议，杨宇全任学术主持。

（国家非物质文化遗产展览展示研究中心供稿）

河和之契 大河奔流——孙雨田书法艺术展暨学术研讨会现场

## 书法艺术在非遗品牌中的应用

孙雨田先生是山东这片热土养育的书画家，在书法和绘画方面都有着非常深厚的造诣，对家乡的文化事业非常关心和支持。孙雨田教授为“河和之契：2021 黄河流域、大运河沿线非物质文化遗产交流展示周”整体视觉形象专门创作的一系列书法艺术作品，对“河和之契”展览品牌形象的提升起到了重要的作用。

2021 年 12 月 23 日，“河和之契：2021 黄河流域、大运河沿线非物质文化遗产交流展示周”在泰安成功举办。这是山东省为了深入贯彻落实习近平总书记在深入推动黄河流域生态保护和高质量发展座谈会上的重要讲话精神，依托山东坐拥黄河、大运河的独特资源优势，创新设立的一个区域性非遗展演展示活动品牌。这次活动以“推动传统手工艺振兴、强化非遗系统性保护”为主题，分为“文明的赓续”山东省黄河流域振兴传统工艺集萃展、“流动的文化”山东省大运河沿线省级文化生态保护区成果展、高端论坛三大部分。“文明的赓续”山东省黄河流域振兴传统工艺集萃展，分为“金、木、水、火、土”五大板块，展出黄河澄泥陶印、雕版印刷技艺、鲁派内画等非遗项目，展现了“心手相牵、美好生活”的山东手造文化内涵，充分展现全省黄河流域各地优秀传统手工艺保护传承的丰富内涵和

刘朋鑫

山东省文化和旅游厅非物质文化遗产处处长

时代价值。“流动的文化”山东省大运河沿线省级文化生态保护区成果展，分为泰山文化生态保护实验区、邹鲁文化生态保护实验区、临清运河文化生态保护实验区、台儿庄运河文化生态保护实验区等四个省级文化生态保护实验区展区，众多特色项目和相关传承人进行了非遗展演展示，充分展现了我省大运河沿线非物质文化遗产区域性整体保护成果。活动充分展示了黄河流域、大运河沿线非物质文化遗产的独特艺术魅力，展现了中华文化积淀千年最深沉的精神追求和生生不息、延续不止的历史文脉，引发了强烈的社会反响。孙雨田书法艺术展作为整个活动的一项重要内容，为“河和之契”活动品牌的持续打造和提升，将会起到有力地推动作用。

孙雨田先生通过对展览“情境”与“书法”艺术作品的学术链接，重构了书法文化生态的多重表现形式，着力打造了一场别开生面的“情境书法大戏”，构筑了“河和之契”语境下“情境书法”的恢宏大观，以诗词、书法艺术的形式更好地弘扬了中华传统文化，以实际行动践行了习近平总书记关于保护、传承、弘扬黄河文化的要求，为深入挖掘黄河流域、大运河沿线文化蕴含的时代价值，推动非遗交流互鉴、融合发展，开启了良好的开端，也充分展现出一位书法家的社会责任感与家国情怀，值得我们深入探讨研究，进一步发扬光大。

（根据 2022 年 3 月 4 日会议录音整理）

杨宇全

中国文艺评论家协会理事、杭州市文艺评论家协会副主席
杭州市书法家协会学术委员会常务副主任

## 用书法艺术讲好山东故事

黄河是中华民族的摇篮，是我们的母亲河，中国大运河是世界文化遗产。孙雨田先生以黄河和大运河沿岸的非遗项目为创作素材，进行了书法主题创作，用书法艺术的形式表现非遗内容、讲述非遗故事，非常有意义。今后可以作为一个文化的金字招牌打出去，挖掘并整合好黄河、大运河沿线的文化资源，这是“讲好山东故事”的一个非常好的方式。

孙雨田先生用书法艺术这一中国传统文化的符号来表达非遗的内容，开了一个好头。书法家也要走出书斋、走向社会、拥抱生活、关注民生，这样的书法家才有社会担当，才有社会责任，才有家国情怀。面对伟大的时代，书法家不是自娱自乐的“局外人”，也照样可以铁肩担道义、妙手著文章。

孙老师的书法艺术展对当代的画家来说既有警示作用又有引领作用。展览作品不算多，但是每一幅都有不同的面貌。不论是写二十四节气，还是写黄河、大运河的诗词，或者是根据当地的风土人情创作的一些作品，都让我们感受到作为一名画家其书法的别样风采与独特韵味。希望通过这次展览和研讨，引发我们的深度思考，这将对书画界综合修养的强化，解决好“文化流失”以及补好书法功能弱化的短板等，都有借鉴与启发意义。

（根据 2022 年 3 月 4 日会议录音整理）

郭超英

中国书法家协会会员

西泠印社理事、《西泠艺丛》原执行主编

## 书风儒雅 古风犹存

我是编西泠印社社刊的，社刊曾出版过多期关于山东金石书画的研究专辑。山东文化令人崇仰，这次我们还要去孟子故里朝圣。在杭州，我的办公室就在大运河畔，而这次来参加活动，获悉展览创意是以黄河、大运河在山东的交融作为契合点，这让我深感与活动很有缘分。

孙老师是一位诗书画印皆擅的全才，这非常契合西泠印社文人结社、强调综合修养的宗旨。过去我总觉得北方书家很重气势，但走进今天的展厅，我看到孙老师的书作却是雅韵满堂。南朝谢赫“六法”中有“气韵生动”“骨法用笔”之说。孙老师的书风，我以为就是气韵与骨力兼备者。浙江书法界倡导重学养、重品格、重笔墨，赏孙师书作，仿佛让我有进入“浙书”境界之感。或因孙老师能书善画，故笔墨技巧纯熟，浓、湿、焦、枯墨交相呼应，极富节奏韵律感。孙老师也讲究构成，章法大开大合，字法穿插揖让，从心所欲不逾矩。正如吴茀之先生所说，创作只有进入了自由王国才臻高境。我也细赏了孙老师书作上的印，他说好多印都是他自己刻的，他擅多处钤印，书印相融，相得益彰。孙老师还喜做肌理效果与书印结合，艺术趣味满满，别开生面。“书如其人”，孙老师是孔孟之乡的谦谦君子，故其书风娴雅，既存法度又超然象外。

（根据 2022 年 3 月 4 日会议录音整理）

## 沈颖丽

国家一级美术师、中国美术家协会会员
西泠印社社员、杭州市书法家协会副主席

### 方寸之间 气象万千

从孙雨田先生的画作之中，既能看到山东人的豪爽大气，又能感受到江南小桥流水的气息。其中几个斗方作品我特别喜欢，因为在斗方里面可感觉到方寸之间气象万千。在交谈中我感受很深的一点就是孙雨田先生所说的艺无止境，艺术学习才刚刚起步。我觉得到孔孟之乡来就是一种学习，今天孙雨田先生给我树立了精神的榜样。今天的展览虽然只有一小部分书法作品，但窥一斑而知全豹。孙雨田先生的书法水平之高，在于从他的作品里能看见潘天寿大师所主张的诗书画印“四全”的理念。尤其是几幅斗方作品，如王维的《榆林郡歌》、李白的《赠崔侍郎》，以及李康的《运命论》等，技法的全面性熟能生巧，形式的多样性对立统一，内容与环境相协调，有传统，有创新，体现了书法的大美，有如吾师蒋北耿先生对书法的一句名言，书法是看得见的辩证法。此外，山东是篆刻大省，有陈介祺万印楼这样的圣地，影响着当地的艺术家。在孙先生的书法作品里，他的用印让我眼前一亮，其篆刻风格是先秦气象，方寸之间，气象万千，配在书法里相得益彰。

书画篆刻艺术能引导人们的思想积极向上，更能鼓励人们努力进步。高尚的艺术能使人感悟到真善美，是人类的精神食粮。从这个展览中可以看出先生的自信和对书法创作的思考。

（根据 2022 年 3 月 4 日会议录音整理）

阎大海

中国文艺评论家协会会员
西泠印社社员、浙报艺术传媒集团副总经理

## 诗书画印的当代融合与发展

今天非常荣幸参加孙雨田先生的书法展。孙先生出道很早，是早已闻名齐鲁、驰誉画坛的画家。今天看了孙雨田先生的主题书法展后，甚为震惊。展览主题鲜明，以“河和之契”为主旨，通过人文精神与书学艺术的组构，上演了一场别开生面的恢宏大观，以民族复兴、时代精神、书学艺术的复合，让中华民族优秀传统文化得以有机的诠释。

这位老艺术家以实际行动践行习近平总书记关于保护、传承、弘扬黄河文化的要求，为深入挖掘黄河流域、大运河沿线文化蕴含的时代价值，推动非遗交流互鉴、融合发展，开启了良好的开端。这也充分展现出一位老艺术家的社会责任感，心系民族复兴伟业的情怀。本次展览内容丰富，五体俱全，形式多样，整体上的艺术感觉、视觉冲击力、平面构成以及作品的布局，都能触动我们。或让人激情澎湃，或使人逸兴遄飞，这也是他的书法作品背后所蕴含的人文精神，彰显了一位老艺术家的功力和实力。可以说，孙雨田先生是位将诗书画印融为一体的探求者、践行者。从展览作品中可以看出，孙先生不满足于个人书法在书斋的自我把玩，而是在弘扬一种文化精神，倡导一个文艺方向，以启后学。

（根据 2022 年 3 月 4 日会议录音整理）

李振伟

中国文艺评论家协会会员

国家画院《中国美术报》编辑

## 文化修养在书法艺术中的重要性

今天非常高兴参加孙雨田先生的展览和研讨会。展览作品的尺幅虽然不大，但形式与内容都很丰富，给人印象最深刻的是作品中透露出的文气，这与他的长期坚持有莫大的关系。孙先生作为一名画家，以书法的形式参与到非遗交流的活动中，体现了他作为一位艺术家的自我定位，以及艺术价值取向。同时，这次展览以书法和非遗相结合的形式，也是一种新的形式和表达。孙先生的书法创作并不完全满足于单纯的视觉化，而是一种文化内观的呈现，他的书法通过线条、章法与格调等，体现出独有的审美修养和品位，也展现了艺术家对传统文化的情怀。

自古书画一家，传统文化修养尤其是古典诗词的修养对书画创作也是功不可没，古人讲诗书画印、诗词书画，我们说到文化特性就是一种诗性的文化。诗作为一种意蕴绵长的情感表达，始终带有人文关怀和对现实社会的反思。腹内有诗书万卷，体现于书画作品上自有一种不同寻常的气质，这在孙先生的书法作品中都得到了充分的体现。

（根据 2022 年 3 月 4 日会议录音整理）

宋志强

山东非物质文化遗产研究中心副主任

山东省齐风鲁颂文旅发展研究院副院长

## 书法艺术融入数字空间

本次书法艺术展对于深入挖掘黄河流域、大运河沿线文化，推动非遗交流互鉴、融合发展，起到了良好的作用。为了更好地呈现展示主题，我们尝试进行展览模式的多样化拓展，本次展览采用的情境式展览形式，就是我们的新尝试。努力利用现有的空间打造一场小而美、美而雅、雅而有特色的情境式书法艺术展，将书法作品用情境式艺术的形式进行展示。展览作品保持书家原有的书法创作特点，同时注入了“河和之契”的主题思想，让观众于情境之中体验书法意象之美，让观众对中国传统文化有更深刻的理解。在展览中，运用了静态展览、动态展示、活态展演三种表现形式，通过造型、声音、颜色、光线等表现手段，将书法作品纳入三个不同的场景模式之中，使观者进入情境展览，景随步换，流连翰墨间。为了在疫情防控期间更好地实现展示宣传效果，本次书法艺术展还创建了线上数字展厅，打造永不落幕的书法艺术展。

本次策展着重聚焦于书法艺术的适用维度和当代书法文化生态，是对书法的形式与使用、内容与空间、书法本体价值与社会价值关系的一次积极探索。同时也希望本次展览能为文化遗产在体验经济时代的传承和传播提供新的思路。

（根据 2022 年 3 月 4 日会议录音整理）

布方锋

邹城市人民政府副市长

## 略谈邹城市文化发展

邹城位于山东省西南部，是孟子的出生地，素有“孔孟桑梓之邦，文化发祥之地”的美誉。全市总面积1616平方公里，下辖16个镇街，人口116万人，去年的GDP是960亿，一般预算收入是84.5亿，今年有望突破千亿。邹城有3000多年的文明史，现有各类文物古迹517处，各级非遗项目173项。从去年开始，我们正在打造国家非物质文化遗产展览展示研究中心齐鲁（邹城）展示基地，用以传承邹鲁文化。

我代表国家非物质文化遗产展览展示研究中心齐鲁（邹城）展示基地即这次研讨会的承办方，对孙老书法艺术成就的精彩呈现表示敬佩和感谢。近年来，邹城市坚定文化自信，勇担文化使命，守正创新抓“两创”，投资100多亿元建成市文化中心、会展中心、孟苑等文化阵地，有能力和水平承接国家、省、市各类大中型文化展览、展示、展演和研讨论证活动。孙雨田先生祖籍邹城，是我们邹城的骄傲。孙先生的书法能融化涤荡人的心灵，书法如绘画，高山流水汇心间，流连忘返不知春，心中流淌出一个字——“妙”！期待“河和之契 大河奔流——孙雨田书法艺术展”在邹城举办。

（根据2022年3月4日会议录音整理）

李明艳

临清市人民政府副市长

## 略谈临清市文化发展

很荣幸能够参加“河和之契 大河奔流——孙雨田书法艺术展暨学术研讨会”，孙老师用书法的艺术表现形式展现出了黄河、大运河流域深厚的文化底蕴以及丰富的非遗资源，是中华优秀传统文化创新性发展、创造性转化的完美诠释，同时也看出了孙老师精湛的艺术造诣。临清因运河而生、因运河而兴，是山东省省级历史文化名城、省级文化生态保护实验区。明清时期，凭借运河漕运发达，现拥有原貌保留完好的 12 处全国重点文物保护单位。临清还是《金瓶梅》故事重要的背景地，是山东快书的诞生地，是中国京剧艺术之乡、武术之乡、酱菜之乡。临清因运河而积淀了丰富的非遗资源，目前我市拥有国家级非物质文化遗产 3 项，省级以上的非遗项目 11 项，市级的有 38 项。近年来，市委、市政府高度重视文旅工作创新发展，将“文旅兴市”列入全市重点任务，要求整合提升、创新利用文化资源，深度融合黄河流域生态保护和高质量发展、大运河国家文化公园重大战略，打造大运河文化带重要节点城市。今天借着此次活动的东风，也恳请与会的各位领导、专家继续对临清的文旅工作给予大力支持和政策指导，在此我代表临清市委、市政府，对各位专家、各位领导发出邀请，同时，会后我们一定为孙老师的书法艺术展临清站的举办做好准备工作。

（根据 2022 年 3 月 4 日会议录音整理）

王宇鹏

山东省文艺创作研究院院长

《山东艺术》杂志社社长、总编辑

## 当代书画创作与创新

1991 年我到山东省美协工作时便熟知了雨田先生，其作品一直让我钦佩，作品中的线条、色彩、韵味，一直为我所向往。先生的作品从 20 世纪 80 年代开始在全国屡屡获奖，连环画、油画作品都画得非常精彩。他的每一幅连环画作品，从构图、章法布局、润色上来看，都完全可以作为一幅独立的作品来看待，能看出他对作品的用心经营，笔墨、意境既彰显出深厚的传统绘画功力，又体现出时代与传统相结合的创新之美，可谓是“趣以触而生笔，笔以动而合趣”。

当下的书法创作，有人一味追求古人传统，有人笃定必须创新。我认为，书法的创作既离不开传统，也离不开创新。欣赏先生的作品时，总能感受到一种浓厚的创新的思维、创新的激情，在理性基础上有感性的结合。先生的书法作品不管是章法布局，还是用笔等方面，都融入了对书法的理解，这就是对中华文化进行理解、融汇之后而生发的一种独特的气息。他的这种创新意识令我动容，我认为年轻的一代，更应该不停地向先生学习，争取把创新意识用于自己的文艺作品中，自由地感受时代的气息与脉搏。

（根据 2022 年 3 月 4 日会议录音整理）

徐国卫
山东（中国）文学艺术博物馆馆长
济南市文联副主席、济南市文艺家协会主席

## 当代文化交流与创作

我认识孙雨田先生是从他的绘画作品开始的。2015 年“老舍点戏”画展，邀请了全国名家参与，其中孙雨田先生的两幅作品为此展览争得美誉，令我印象最深的是一幅孙悟空。结集出版以后，在全国引起了广泛的反响。孙雨田先生是一位诚意探索求艺的艺术家，在他的书法作品中，可以看到他对中国书法历史长河中的真草隶篆都有研究、学习。画家的最高境界就是要吸收中华传统的优秀文化，达到无我的境界。书画家的绘画、书法，包括篆刻作品，实际上就是自己的一张名片。看到孙雨田先生的作品，就能感受到他对书画艺术追求热爱的程度。在此祝愿孙老师为黄河、大运河继续创作出相关的艺术作品呈献给大家。

今天浙江杭州的艺术家专程来济参加孙雨田先生的书法展，学术主持杨宇全先生原是我们山东的人才，被浙江杭州引进了。其实，南北之间的文化交流从古时就开始了，浙江的大艺术家赵孟頫来济南做济南路的主管，为两地的文化交流做出了巨大贡献。浙江自古是人才济济的地方，山东也是人杰地灵之地，以这次孙雨田先生的书法展览为契机，加强了两地的文化交流，使中华优秀文化造福更多的寻常百姓。

（根据 2022 年 3 月 4 日会议录音整理）

宋涛

山东省美协理事

济南市美协主席团委员

## 书中有画 画中有书

孙先生是我仰慕已久的艺术前辈，他是一位诗书画印全修的艺术家。他的连环画如《蒲松龄》《七彩绫》《汉武帝》《聊斋画系列》等，影响了我们一代人，也奠定了孙先生在齐鲁画坛的地位。孙先生的艺术之所以常青是因为他有一颗不老的心，孙先生在大写意方面造诣更深，笔墨洒脱、狂放不羁，有梁楷之风。当下画得好的艺术家不少，写得好的艺术家也不少，但是真正画得好、写得又好的艺术家不多，孙先生在这方面有代表性。

孙先生的书法在传统上下了很大功夫，能吃透传统不容易，吃透又能走出来更难，孙先生做到了，而且还写出新意。观孙先生的书法作品，既有隶篆趣味，也有行草的节奏，如观板桥六分半书，让人赏心悦目。孙先生的书法不光有江南味道，更有大黄河的气势。艺术应该继承、融合、创新，应该当随时代，书画更是如此；要吸收各种文化艺术，书画相融相通更是千年话题；书中要有画，画中要有书，书画更要有诗意；书法不光要写出法度，写出趣味，更要写出书卷气。最后再次祝贺孙先生书法展圆满成功、艺术常青。

（根据 2022 年 3 月 4 日会议录音整理）

赵长刚

中国书协理事

山东省书协副主席

## 形与法的艺术

我和雨田先生是共事几十年的同事，可以说是亦师亦友。雨田先生是一个非常优秀的画家，近年来，他潜心读书、研究，做推广的展览很少。从今天的书法展览来看，他的书法也是下了很深功夫的。

看了展览，有三点感想：第一，雨田先生的展览形式别出心裁，非常有创意。作品不多，但把整个展厅都当作作品来策划，这一点是非常有创意的。实际上，策展非常重要，进去以后要给人文化的气息。毕竟它是个主题展，是以书写黄河、运河为主要内容的，用书法艺术的形式来歌颂我们的黄河文化、弘扬黄河精神，这与时代的精神紧密结合。第二，画家举办书法展，我认为非常有意义，也有引领作用。过去的绘画大家一定是非常优秀的书法家，中国画的灵魂是书法的线条和笔墨，中国的绘画就是要讲究全面修养。第三，雨田先生是一个境界很高的艺术家，书法家到了最后是没有设计感的，就是一种写、一种境界。雨田先生的绘画功底很扎实，这与他的书法都连在一块，又刻章，又喜欢读书，再加上悟性，慢慢读书多了、经历多了，他写的东西就非常富有哲理，非常有思想性，所以使他的艺术最后达到了一种全面修养的由形而法的最高境界。

（根据 2022 年 3 月 4 日会议录音整理）

闫险峰

济南市文化和旅游局副局长

## 略谈文化济南

看了孙老师的展览以后，我更深切地体会到文化和艺术的魅力。济南正在进行“文化济南”建设，也特别需要各位专家来指导。去年，济南市进入了“东亚文化之都”行列，其间我们向全国的专家进行了多方调度，对整个济南文化进行重新梳理和定位。专家给济南送了六句话，可能对“文化济南”的建设勾勒了一个大概的框架。

第一，中华文明的起源在这里自证，济南的龙山文化在中华文明进程当中发挥了巨大的作用。第二，中华文明的道统在这里启蒙，中国几千年来以儒学为核心的价值观一直传承到今天，儒学的创始人孔子之师是大舜，大舜垂儒家道统、开华夏文明。第三，中华哲学的基本思维框架在这里搭建完成，中华哲学的基本思维框架是阴阳五行，战国时期济南章丘人邹衍创立了阴阳五行学说。第四，中华医学的基本诊断方法在这里发明，医祖扁鹊是济南长清人，他开创了“望闻问切”疗法，一直传承到现在。第五，中华诗词在这里走向顶峰，这说的是李清照和辛弃疾，尤其是辛弃疾的词更有家国情怀。第六是对前五句的回应，就是所有的历史都来自地理。一方水土养一方人，济南是大河之城，更是泉城，滴水之恩当涌泉相报，这是济南人世世代代生活中自然规律的映射。

（根据 2022 年 3 月 4 日会议录音整理）

孙雨田

中央美术学院客座教授
文化和旅游部中国艺术科技研究所研究员

## 守正则创新 传承则发展

感谢对“河和之契 大河奔流——孙雨田书法艺术展暨学术研讨会”给予热情关注和支持的领导和朋友，感谢各位专家学者对此展览形式及书法作品的肯定与鼓励。

在传统绘画长期发展历史中，已经形成诗书画印完整的语言体系，作为一个中国画家，力争学好、用好这些元素，其书法则是一门必修课，唯刻苦研习，出新意于法度，作品中的书与画方有可能相得益彰。通过习书实践，深感创作一幅好的书法作品不比一张画轻快多少。子曰：“学而不思则罔，思而不学则殆。”若不敬畏书法传统、不临帖、不潜心研学，势必心轻气浮，无笔法、无章法、无结体的涂鸦，妄称意笔草草，无知无畏，此乃学书之大忌，难窥己肤浅，无力自纠。缺失智慧、美学理念的统领，势必离经叛道，越滑越远。然深悟其理，多年临池不辍至此，受益匪浅。

李可染先生书画皆佳，仍自喻“白发学童”，如此谦卑治学，吾辈情何以堪。故以先生为楷模，静修身心，苦读博采，置书画园地勤耕耘。任重道远，为弘扬民族书画艺术，做出更多的社会担当，在诗书画印方面努力做好自己。传承、创新，看似很简单的两个词，却是书画家为之奋斗一辈子的事。

（根据 2022 年 3 月 4 日会议录音整理）

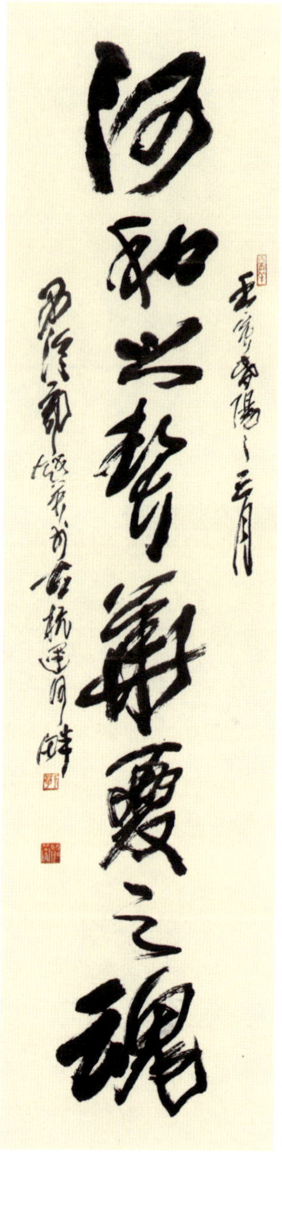

作者／郭超英
尺寸／35cmx133cm

河和之契，
华夏之魂。

作者／沈颖丽
尺寸／35cm×133cm

用书法讲好非遗故事。

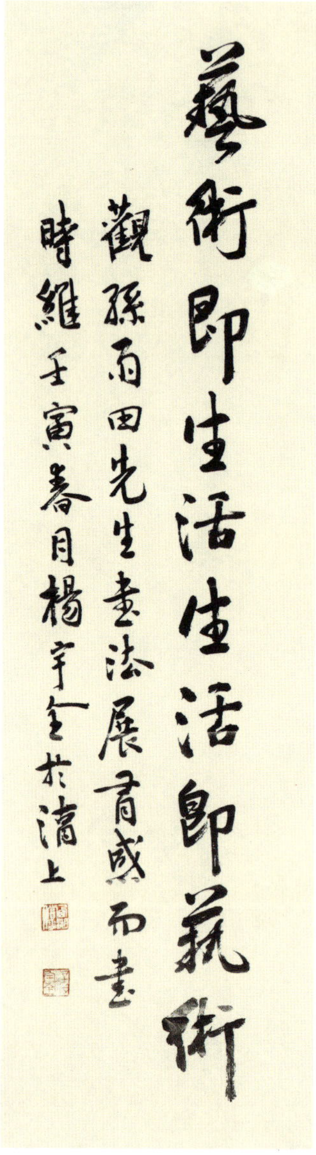


作者／杨宇全
尺寸／35cm×133cm

艺术即生活，
生活即艺术。

孙雨田书法艺术展
SUN YU TIAN CALLIGRAPHY EXHIBITION

开 幕 式

开 幕 式

孙雨田书法艺术展
开 幕 式

书法艺术展
ALLIGRAPHY EXHIBITION

火相传
脉相承

腾讯网　无障碍浏览　正在阅读：展河和文化之美 书大河奔流之势

# 展河和文化之美 书大河奔流之势

2022
03/09
17:41

大众日报
企鹅号

发布于
山东

分享

3月4日，恰逢农历二月二，河和之契·大河奔流——孙雨田书法艺术……
化馆成功举行。

活动由山东省文化和旅游厅主办，济南市文化和旅游局、国家非……
（胡城）基地承办，济南市文化馆、济南市非物质文化遗产保护……
……齐风鲁颂文旅发展研究院协办

展河和文化之美 书大河奔流
学术研讨会在济南举办

李振伟　艺术家 云课堂　2022-03-15 2……

3月4日，“河和之契·大河奔流—……
次活动由山东省文化和旅游厅主办，……
城）基地承办，济南市文化馆、济南市……
示设计研究所、山东省齐风鲁颂文旅发……

# 河和文化之美 书大河奔流之势

大众日报
2022-03-09 17:36　大众报业集团　关注

恰逢农历二月二，河和之契·大河奔流——孙雨田书法艺术展暨……
行。

化和旅游厅主办，济南市文化和旅游局、国家非物
，济南市文化馆、济南市非物质文化遗产保护中
究所、山东省齐风鲁颂文旅……

您的位置：首页 » 公共 | 河和之契·大河奔流

# 公共 | 河和之契·大河奔流 ……非物质文……

2022-03-09 12:03　来源：文旅中国

河和之契·大河奔流——孙雨田书法艺术展暨

于北京

美術報

OF CHINA

…号 CN 11-0292 国内邮发代号 1-171

官方微信 …

书法艺术展暨学术研讨会”在济南市文化馆举行。本
…和旅游局、国家非物质文化遗产展示中心齐鲁（邹
…化遗产保护中心、山东非物质文化遗产研究中心展
协办。

合影

文化中国 >正文

公共丨河和之契

作者：苏锐　来源：文旅中

展河和文化之美 书大河奔流之势

大众日报

2022年3月9日17:41 大众日报官方账号

3月4日，恰逢农历二月二，河和之契·大河奔流—
南市文化馆成功举行。

河和之契·大河奔流 孙雨田书法艺术展 研讨会在济南举行

播报文章

山东大小事儿

2022-03-26 10:19

九派新闻旗下官方区域资讯账号

关注

淄博新闻网讯 近日，河和之契·大河奔流
行。

展河和文化之美 书大河奔流之势

大众日报

2月前 大众日报官方账号

3月4日，恰逢农历二月二，河和之契·大河奔流——孙雨田书法艺术展
市文化馆成功举行。

# “河和之契：黄河流域、大运河沿线非物质文化遗产交流展示周”组织委员会简介及工作指导文件

## | 工作机构简介 |

“河和之契：黄河流域、大运河沿线非物质文化遗产交流展示周”作为全国唯一聚焦黄河、大运河非遗交流展示的特色活动品牌，由文化和旅游部非物质文化遗产司指导，山东省文化和旅游厅主办，国家非物质文化遗产展览展示研究中心总策展，2021 年 12 月 23 日在山东泰安启动，充分展示了黄河流域、大运河沿线非物质文化遗产的独特艺术魅力，展现了中华优秀传统文化积淀千年最深沉的精神追求和生生不息、延续不止的历史文脉，引发了强烈的社会反响。

为持续打造“河和之契”黄河流域、大运河沿线非遗交流传播品牌，2022 年 3 月 17 日，由山东省文化和旅游厅组织成立“河和之契：黄河流域、大运河沿线非物质文化遗产交流展示周”组织委员会及相关工作机构，由国家非物质文化遗产展览展示研究中心牵头相关高等院校、科研单位成立了“河和之契”组委会策展专家委员会。

组委会及相关工作机构是按照习近平总书记在深入推动黄河流域生态保护和高质量发展座谈会上的重要讲话精神，进一步落实《关于推进黄河流域、大运河沿线非物质文化遗产保护传承弘扬的意见》的有关要求，在文化和旅游部非物质文化遗产司的指导下，弘扬“河和之契”品牌活动独创性、唯一性、区域性价值的权威工作平台，力求精准选取非遗在黄河流域、大运河沿线的应用实例，展览展示非物质文化遗产项目在实践中振兴、在生活中弘扬的盛况，诠释中华优秀传统文化的创造性转化和创新性发展。

## | 组委会秘书处 |

山东省文化和旅游厅非物质文化遗产处

## | 专家委员会秘书处 |

国家非物质文化遗产展览展示研究中心齐鲁展示基地

中国传统工艺振兴计划协同创新中心齐鲁研究基地

河和之契

黄河流域、大运河沿线非物质文化遗产交流展示周组织委员会

Organizing Committee of Intangible Cultural Heritage Exhibition Week Along The Yellow River Basin And The Grand Canal

## 工作指导文件

◎山东省文化和旅游厅关于成立“河和之契：黄河流域、大运河沿线非物质文化遗产交流展示周”组织委员会及相关工作机构的通知（2022 年 3 月 17 日）

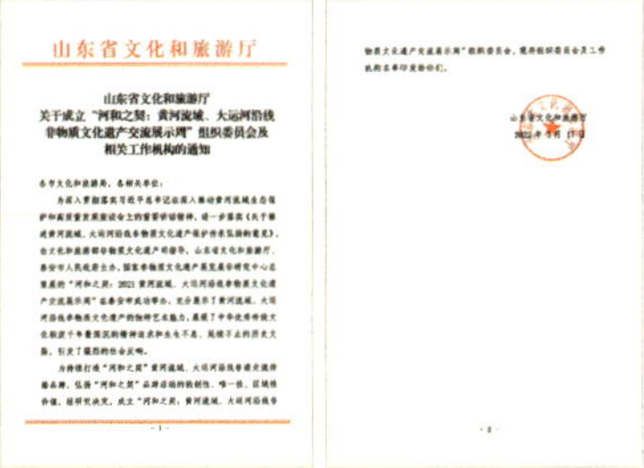


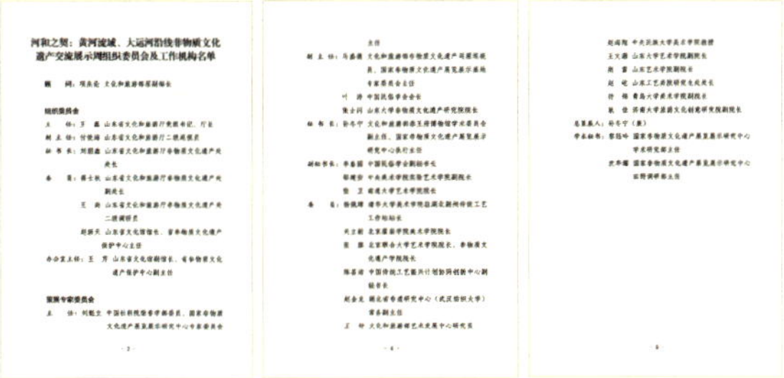


◎山东省文化和旅游厅关于聘请孙冬宁同志担任“河和之契：黄河流域、大运河沿线非物质文化遗产交流展示周”展览项目总策展人的函（2021 年 5 月 6 日）

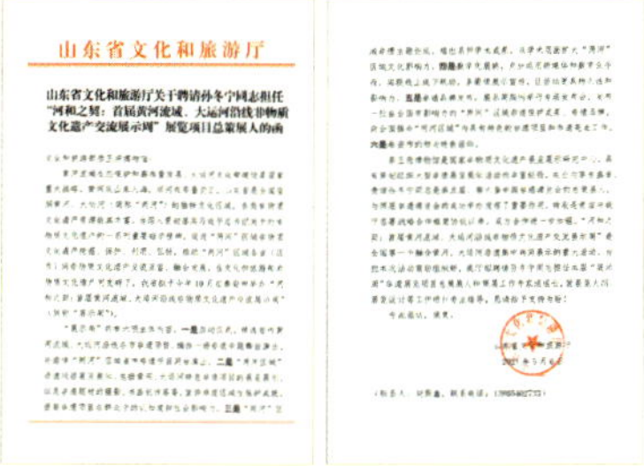

图书在版编目（CIP）数据

河和之契：黄河流域、大运河沿线非物质文化遗产交流展示周优秀策展案例. 河和之契 大河奔流：孙雨田书法艺术专题展示卷 / 孙冬宁主编. -- 济南：济南出版社, 2022.5

ISBN 978-7-5488-5078-6

Ⅰ. ①河… Ⅱ. ①孙… Ⅲ. ①汉字－法书－作品集－中国－现代 Ⅳ. ①G127.52

中国版本图书馆CIP数据核字(2022)第068287号

河和之契——黄河流域、大运河沿线非物质文化遗产交流展示周优秀策展案例

HE HE ZHI QI—HUANGHE LIUYU DAYUNHE YANXIAN FEIWUZHI WENHUA YICHAN JIAOLIU ZHANSHIZHOU YOUXIU CEZHAN ANLI

河和之契 大河奔流——孙雨田书法艺术专题展示卷

出 版 人：田俊林
责任编辑：贾英敏　李文展
装帧设计：杨淇名
出版发行：济南出版社
地　　址：山东省济南市二环南路1号（250002）
编辑热线：0531-86131722
发行热线：0531-86131701　86131728
印　　刷：济南新先锋彩印有限公司
版　　次：2022年5月第1版
印　　次：2022年8月第1次印刷
成品尺寸：140 mm × 213 mm　32开
印　　张：8.5
字　　数：267千字
定　　价：360.00元（全三册）

# 流动的文化——山东省大运河沿线省级文化生态保护区成果展示卷

Continuation of Civilization— Exhibition Volume of Revitalization of Traditional Technology Along The Yellow River Basin of Shandong Province Collection

主编 孙冬宁

山东城市出版传媒集团·济南出版社

大运河是祖先留给我们的宝贵遗产，是流动的文化，要统筹保护好、传承好、利用好。

——节选自 2017 年 6 月习近平总书记在中共中央办公厅关于大运河文化带建设的调研报告上做出的重要批示

山东手造

2021黄河流域、大运河沿线
RIVER HARMONY · 2021 INTANGIBLE CULTURAL HERITAGE EXHIBITION
ALONG THE YELLOW RIVER BASIN AND THE GRAND CANAL

## 河和之契：黄河流域、大运河沿线非物质文化遗产交流展示周组织委员会

| 顾　　问 |

项兆伦　文化和旅游部原副部长

| 组织委员会 |

**主　　任：**王　磊　山东省文化和旅游厅党组书记、厅长

**副 主 任：**付俊海　山东省文化和旅游厅二级巡视员

**秘 书 长：**刘朋鑫　山东省文化和旅游厅非物质文化遗产处处长

**委　　员：**蒋士秋　山东省文化和旅游厅非物质文化遗产处副处长

王　尚　山东省文化和旅游厅非物质文化遗产处二级调研员

赵新天　山东省文化馆馆长、省非物质文化遗产保护中心主任

**办公室主任：**王　芹　山东省文化馆副馆长、省非物质文化遗产保护中心副主任

| 策展专家委员会 |

**主　　任：**刘魁立　中国社会科学院荣誉学部委员、国家非物质文化遗产展览展示研究中心专家委员会主任

**副 主 任：**马盛德　文化和旅游部非物质文化遗产司原巡视员、国家非物质文化遗产展示保护基地专家委员会主任

叶　涛　中国民俗学会会长

张士闪　山东大学非物质文化遗产研究院院长

**秘 书 长：**孙冬宁　文化和旅游部恭王府博物馆学术委员会副主任、国家非物质文化遗产展览展示研究中心执行主任

**副秘书长：**李春园　中国民俗学会副秘书长

邬建安　中央美术学院实验艺术学院副院长

张　卫　南通大学艺术学院院长

**委　　员：**杨佩璋　清华大学美术学院驻湖北荆州传统工艺工作站站长

关立新　北京服装学院美术学院院长

张　旗　北京联合大学艺术学院、非物质文化遗产学院院长

陈荟洁　中国传统工艺振兴计划协同创新中心副秘书长

赵金龙　湖北省非遗研究中心（武汉纺织大学）常务副主任

王　钟　文化和旅游部艺术发展中心研究员

赵海翔　中央民族大学美术学院教授

王文灏　山东大学艺术学院副院长

荆　雷　山东艺术学院副院长

赵　屹　山东工艺美院研究生处处长

待　锦　青岛大学美术学院副院长

耿　佳　济南大学旅游文化创意研究院副院长

**总策展人：**孙冬宁（兼）

**学术秘书：**黎珏吟　国家非物质文化遗产展览展示研究中心学术研究部主任

沈华耀　国家非物质文化遗产展览展示研究中心田野调研部主任

黄河流域、大运河沿线非物质文化遗产交流展示周优秀策展案例

《流动的文化——山东省大运河沿线省级文化生态保护区成果展示卷》

## |编辑委员会|

**顾　　问：**项兆伦　刘魁立

**出 品 人：**崔　刚

**主　　编：**孙冬宁

**副 主 编：**沈华菊　许立栋　武书宇

**编　　辑：**韩　君　卢　坤　杨琪磊　黎珏吟

河和之契：2021 黄河流域、大运河沿线非物质文化遗产交流展示周

## |组织机构|

**指导单位：**文化和旅游部非物质文化遗产司

**主办单位：**山东省文化和旅游厅

泰安市人民政府

**学术支持：**国家非物质文化遗产展览展示研究中心

中国传统工艺振兴计划协同创新中心

**承办单位：**山东省文化馆（省非物质文化遗产保护中心）

泰安市文化和旅游局

**总策展人：**文化和旅游部恭王府博物馆学术委员会副主任、

国家非物质文化遗产展览展示研究中心执行主任　孙冬宁

**支持单位：**济南出版有限责任公司

国家非物质文化遗产展览展示研究中心齐鲁（邹城）展示基地

山东非物质文化遗产研究中心展示设计研究所

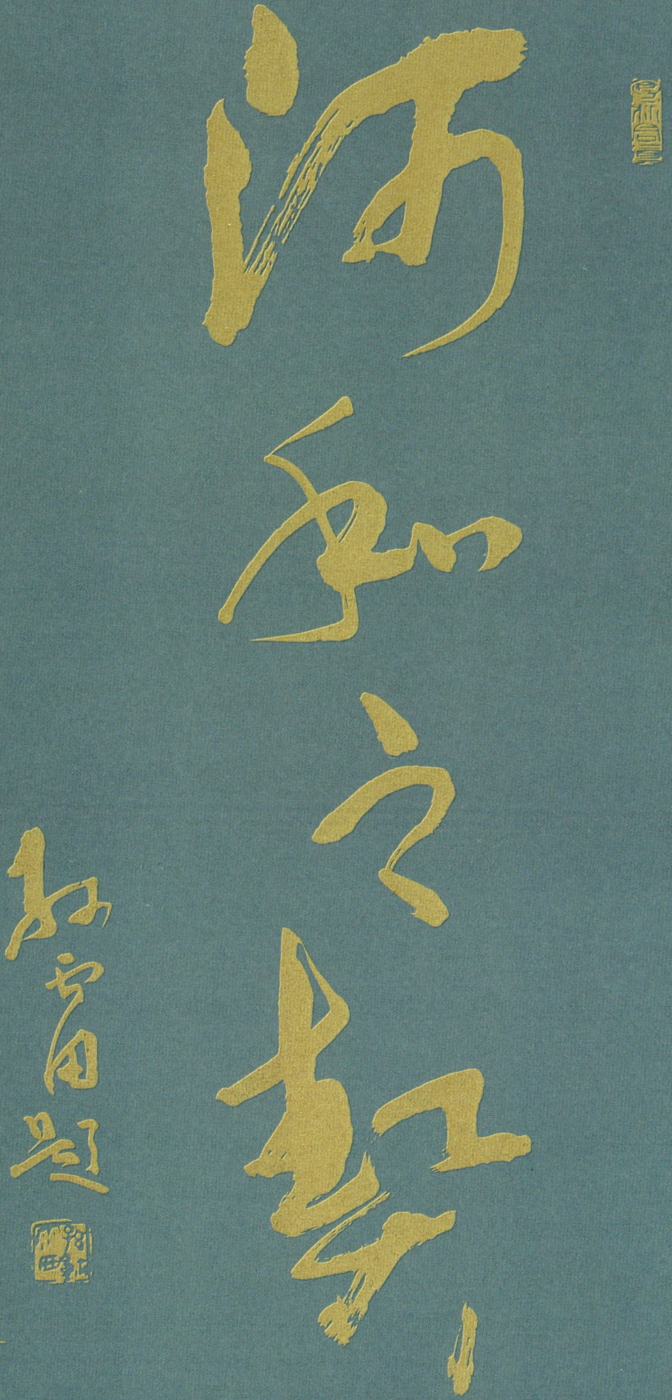

## 本卷书法作品艺术家简介

### 孙雨田

当代著名中国画家、书法家。文化和旅游部中国艺术科技研究所研究员，中央美术学院客座教授，《中国书画研究》主编，中国美术家协会会员，国家一级美术师。

中国大运河作为古代超大型交通水利工程，从规划设计到建设施工，再到维护管理，无不凝结着中国古代劳动人民的聪明和智慧，体现了中国人民尊重自然、顺应自然、保护自然、利用自然的伟大创新创造精神。大运河山东段流经山东省枣庄、济宁、泰安、聊城、德州 5 市，全长 643 公里，不仅承载了南来北往的船只，更加快了南腔北调的融合，激活了运河文化的创造力和想象力。

# 大运河

## 流动的文化

山东省大运河沿线省级文化生态保护区成果展

临清火龙展演现场

黄河
文明的赓续
黄河流域振兴传统工艺集萃展

展厅现场主装置——双龙戏珠

文化和旅游部原副部长项兆伦（右六），山东省文化和旅游厅厅长王磊（右七），中国社会科学院荣誉学部委员、国家非物质文化遗产展览展示研究中心专家委员会主任刘魁立（右五），山东省文化和旅游厅二级巡视员付俊海（左二）等合影留念

会议时间：2021 年 12 月 23 日周四 15：00—18：00

会议地点：泰安市泰山宝盛大酒店二楼鲁韵厅

会议主持：国家非物质文化遗产展览展示研究中心执行主任 孙冬宁

会议议程：

01 介绍嘉宾

02 山东省泰安市政府党组成员、副市长唐传营致欢迎辞

03 邹城市市委常委、市委办公室主任徐相斌致辞

04 国家非物质文化遗产展览展示研究中心齐鲁（邹城）展示基地颁牌

# 仪式

**“河和之契”2021黄河流域、大运河沿线非物质文化遗产交流展示周高端论坛暨国家非物质文化遗产展览展示研究中心齐鲁（邹城）展示基地颁牌仪式**

## “河和之契”2021 黄河流域、大运河沿线非物质文化遗产交流展示周高端论坛暨国家非物质文化遗产展览展示研究中心齐鲁（邹城）展示基地颁牌仪式

2021 年 12 月 23 日，“河和之契”2021 黄河流域、大运河沿线非物质文化遗产交流展示周高端论坛暨国家非物质文化遗产展览展示研究中心齐鲁（邹城）展示基地颁牌仪式在山东省泰安市泰山开幕。仪式开篇是来自邹城的“邹鲁礼乐”展演。

本次“河和之契”系列活动由文化和旅游部非物质文化遗产司指导，山东省文化和旅游厅、泰安市人民政府主办，山东省文化馆（山东省非物质文化遗产保护中心）、泰安市文化和旅游局承办，国家非物质文化遗产展览展示研究中心齐鲁（邹城）展示基地等单位协办。活动以“推动传统手工艺振兴、强化非遗系统性保护”为主题，分为“文明的赓续”山东省黄河流域振兴传统工艺集萃展、“流动的文化”山东省大运河沿线省级文化生态保护区成果展、高端论坛三大部分。

文化和旅游部原副部长项兆伦，中国社会科学院荣誉学部委员、国家非物质文化遗产展览展示研究中心专家委员会主任刘魁立，中国民俗学会会长、山东大学特聘教授叶涛，中国民俗学会副秘书长李春园，山东省文化和旅游厅二级巡视员付俊海，非

“河和之契”2021 黄河流域、大运河沿线非物质文化遗产交流展示周高端论坛
暨国家非物质文化遗产展览展示研究中心齐鲁（邹城）展示基地颁牌仪式

物质文化遗产处处长刘朋鑫，泰安市政协主席郭德文，泰安市政府党组成员、副市长唐传营，泰安市文化和旅游局党组书记侯卫国，邹城市市委常委、市委办公室主任徐相斌等嘉宾出席仪式并共同见证。

仪式由国家非物质文化遗产展览展示研究中心执行主任孙冬宁主持，泰安市政府党组成员、副市长唐传营和邹城市市委常委、市委办公室主任徐相斌分别致辞。随后中国社会科学院荣誉学部委员、国家非物质文化遗产展览展示研究中心专家委员会主任刘魁立，山东省文化和旅游厅二级巡视员付俊海，共同为国家非遗展览展示研究中心齐鲁（邹城）展示基地颁牌。学术论坛由中国民俗学会会长、山东大学特聘教授叶涛主持。项兆伦、刘魁立、叶涛分别以《关于非遗保护的认识与实践》《学习“两办文件”心得——关注文化生态保护区建设》《泰山与中华民族精神》为题进行了主旨演讲。

（国家非物质文化遗产展览展示研究中心供稿）

国家非物质文化遗产展览展示研究中心齐鲁（邹城）展示基地颁牌仪式

## 践行黄河讲话精神　推动齐鲁非遗传承

尊敬的各位嘉宾、各位同仁以及新闻媒体的朋友们：

非常荣幸受主办单位山东省文化和旅游厅、泰安市人民政府的委托来主持本次活动。大家共同相聚在泰安参加本次的高端论坛并见证国家非物质文化遗产展览展示研究中心齐鲁（邹城）展示基地的成立仪式。我代表国家非物质文化遗产展览展示研究中心，向各位领导和嘉宾的莅临以及支持中心工作发展的朋友们表示最衷心的感谢。

国家非物质文化遗产展览展示研究中心于 2018 年 3 月由文化和旅游部非遗司批复在文化和旅游部恭王府博物馆正式成立，共承担五项工作职能，分别是：研究非物质文化遗产展陈规范和有关政策；举办非物质文化遗产展陈活动；研究论证文化和旅游部主办和支持的展陈活动；开设非物质文化遗产展陈研修班；协助建设非物质文化遗产策展队伍。

2020 年 9 月 18 日，在习近平总书记在深入推动黄河流域生态保护和高质量发展座谈会上的重要讲话一周年的时间节点上，我们与山东省文化和旅游厅展开战略合作，以实际行动践行总书记的讲话精神，落实发挥山东半岛作为城市群的龙头带动作用、推动联通地区中心城市以及城市群的高质量发展要求，讲好黄河故事，延续历史文脉，坚定文化自信，促进文旅融合，推进沿黄流域及大运河沿线各个地区非物质文化遗产

孙冬宁

国家非物质文化遗产展览展示研究中心执行主任
中国传统工艺振兴计划协同创新中心主任

的生产性保护和传承发展。

我们将跟山东省文化和旅游厅共建国家非遗展览展示研究中心的黄河主题展示基地和齐鲁主题展示基地，中国传统工艺振兴计划协同创新齐鲁（研究）基地，同时在山东省与相关的地方政府、高等院校、科研机构展开协作。在邹城市人民政府申请下，山东省文化和旅游厅正式设立了齐鲁（邹城）展示基地，并于 2021 年 5 月在北京孔庙和国子监博物馆召开了专家论证会，对这个基地的建设提出了很好的建议。

“河和之契”黄河传统工艺展示板块是以金、木、水、火、土五大主题内容呈现山东省黄河流域九个地市的金属工艺、木版水印、传统酿造、陶瓷琉璃烧造、泥塑制作等专题。大运河沿线的四个板块是以流动文化把山东省划分出四个生态保护区，分别是泰山——锦绣江山 国泰民安；临清——临城中烟火 清水运人生；台儿庄——运河我家乡 英雄台儿庄；邹鲁——风近邹鲁 礼乐中华，特别体现了传统的儒学文化礼仪的内容。

我们打造的这种非遗展示范式——“四展四研”，即静态的展览、动态的展示、活态的展演、传承人的现场展销，同时把学术的研究、专题的研讨、研修以及未来的非遗文创研发完全结合在一起，形成了工作的闭环。

也希望这次展览活动的举办，能够带动和推动齐鲁大地上非物质文化遗产项目系统性保护工作的开展，希望能看到山东省非遗项目在传承与保护方面走在全国的前列。

（根据 2021 年 12 月 23 日会议录音整理）

## 两河非遗相聚泰山　共同助力文旅融合

尊敬的各位来宾、各位朋友：

今天在泰山脚下举办“河和之契”2021 黄河流域、大运河沿线非物质文化遗产交流展示周高端论坛，研讨非物质文化遗产的挖掘、保护、传承。这是泰安文化旅游的一件大事、喜事。在此，我对各位领导和来宾的莅临表示热烈的欢迎和衷心的感谢！

本次活动的举办旨在深入贯彻习近平总书记关于非物质文化遗产保护的系列重要指示精神，促进山东省黄河流域、大运河沿线非物质文化遗产的挖掘、保护、利用、弘扬，推动山东省黄河流域、大运河沿线非物质文化遗产的交流互鉴、融合发展。

泰安素有“国泰民安”的美好寓意，黄河与大运河在泰山脚下交汇，河和之契，江山无恙。本次展示周以“河和之契”为线索，选取山东省黄河流域金、木、水、火、土五大主题的传统工艺项目以及大运河沿线泰山、临清运河、台儿庄运河、邹鲁四个省级文化生态保护区相关非物质文化遗产项目，深入挖掘黄河、大运河文化蕴涵的时代价值，展现中华民族生生不息、延续不止的历史文脉。

文化旅游一直是泰安的特色、优势和潜力所在。今年以来，在文化和旅游部、山

## 唐传营

山东省泰安市政府党组成员、副市长

东省文化和旅游厅的指导支持下，我市将精品旅游和文化创意纳入新旧动能转换十强产业，紧紧抓住省会经济圈、济泰一体化、“山水圣人”、“中华文化枢轴”等战略机遇，围绕打造“文旅胜地”和富有文化底蕴的世界级旅游景区目标定位，以旅游供给侧结构改革为主线，以重大文旅项目建设为载体，强力推动旅游产业新产品、新业态、新模式迭代更新，发展质效进一步提升。据统计，今年前三季度，全市接待国内外游客4843.88万人次，同比增长99.2%，实现旅游总收入518.29亿元，同比增长71.05%。在今年中国旅游景区欢乐指数“十一”排名中，泰山景区再次登上了自然景观类榜单榜首。泰山秀城·老街入选第一批国家夜间文旅消费集聚区；道朗镇荣获第一批全国乡村旅游重点镇（乡）称号；“泰安市精品旅游产业集群”“青青岱岳精品旅游产业集群”等3个集群入选全省“十强”产业“雁阵形”集群等。今天，泰安市精品旅游促进会的成立，更为我市“文旅胜地”建设注入了新的活力。

下一步，我们将按照山东省委、省政府战略部署，紧紧围绕“文旅胜地”建设，不断加大推进力度，全力为文旅产业融合、非物质文化遗产发展、品质旅游服务提升、新旧动能转换创造更好的外部环境，提供更有利的政策扶持，全面推动文旅高质量发展。

（根据2021年12月23日会议录音整理）

## 建设国家非遗展示基地　促进邹鲁文化传播与弘扬

尊敬的各位领导、各位嘉宾：

非常感谢文化和旅游部、山东省文化和旅游厅领导关心支持，将“国家非物质文化遗产展览展示研究中心齐鲁（邹城）展示基地”这一国字号招牌落户邹城市。我们将不辱使命，坚决完成基地建设任务。今天，邹城展示基地作为协办单位参加“河和之契”2021 黄河流域、大运河沿线非物质文化遗产交流展示周活动，我们倍感骄傲和自豪，精心准备了孟母教子传说、邹鲁礼乐、平派鼓吹乐等 16 项非遗项目参与展示。

邹城是孟子故里、千年古县，素有“邹鲁圣地”之美誉，是中国优秀旅游城市，文化旅游资源独具特色，现有各类文物古迹 517 处，各级非遗项目 173 项（国家级 3 项，省级 10 项），4A 级、3A 级景区达到 18 处。

2021 年 4 月，山东省文化和旅游厅同意在邹城市设立国家非物质文化遗产展览展示研究中心齐鲁（邹城）展示基地。同年 5 月，邹城市邀请相关专家在北京举办“齐鲁（邹城）展示基地规划和品牌定位专家论证会”。2012 年 6 月，邹城市人民政府办公室印发《国家非物质文化遗产展览展示研究中心齐鲁（邹城）展示基地建设工作方案》。具体开展了以下工作：

徐相斌

邹城市市委常委、市委办公室主任

一、组建一支队伍。成立以邹城市政府主要负责同志为主任、相关市级领导为副主任、市直相关部门单位为成员的工作委员会，下设以分管副市长为主任的执行工作委员会，扎实推动基地建设。将基地建设和相关活动开展纳入财政预算，每年列支不低于500万元的专项资金。

二、打造一处阵地。拟利用现有场馆——孟子研究院，打造集办公、科研、会议为一体的文化空间，开展学术研究、专题研讨、培训研修、文创研发“四研”。利用特定区域来打造展览展示空间。

三、创建一个品牌。2021年已邀请有关专家多次到邹城实地调研，初步确定基地规划和2022年度工作计划。将“风近邹鲁·礼乐中华”作为齐鲁（邹城）展示基地品牌，有机融入母教文化、邹鲁文化、礼乐文化、伏羲文化以及各类非物质文化遗产项目，全力打造国家级文化品牌。

下一步，邹城市人民政府将以建设基地为契机，全力提升系统性非遗保护传承工作能力和水平，努力实现优秀传统文化创造性转化、创新性发展。同时，正式向山东省文化和旅游厅提出申办“河和之契”黄河流域、大运河沿线非物质文化遗产交流展示周。

（根据2021年12月23日会议录音整理）

# 泰山文化生态保护实验区

# 錦繡江山國泰民安

泰山，国泰民安之山。

自然的造化，人文的积淀，使泰山成为中华民族的精神家园，成为亿万华夏儿女心目中的“国山”。

古人云：泰山安，则天下安。国泰民安，是中华民族千百年来的祈盼，而泰山作为国泰民安的象征，自古便受到人们的重视。

泰安拥有历史悠久、内涵丰富、灿烂多彩的文化。泰山文化主要由“山岳崇拜文化”“封禅祭祀文化”“民间信仰文化”构成。这三种文化又衍生了独具泰山特色的“生产技艺文化”“名人文化”“饮食文化”。同时，泰山地区资源丰富，是中国最早的人类生存发展的地区之一，先民的生产生活活动创造了对中华文明产生重要影响的历史文化。

大运河
流动的文化

泰山文化
生态保护实验区
第一板块

泰山板块空间效果图

泰山皮影戏展演现场

数千年来，历代帝王举行的泰山封禅祭祀活动，形成了泰山独有的文化现象——封禅祭祀文化。

在古代人的心中，泰山是最大最高的山，是与天日最接近的山。古代帝王为加强自己的统治，不约而同地宣传“君权神授”的理论，为了巩固这一说法，便借用了泰山的名气。久而久之，泰山祭天的地位进一步提高，泰山祭天成为历代帝王巩固集权统治的大事之一。“封”是在泰山极顶聚土筑圆坛祭天帝，增泰山之高以表功归于天；“禅”是在山下体量小、高度矮的梁父山上筑方台祭地神，增大地之厚以报福广恩厚之情。历代帝王都把登封泰山视为天下太平、国家兴旺的标志。

第一板块

# 天行健 天人合一

## 泰山封禅与祭祀习俗「省级非物质文化遗产」

泰山，被誉为中华神山、圣山和中华民族历史文化的缩影，自古就有“泰山安则四海皆安”之说。泰山封禅与祭祀习俗是泰安市重要的非物质文化遗产，历史之悠久、规模之宏大、内涵之丰富，成为中国乃至世界上独一无二的精神文化象征，其影响以泰安地区为中心，遍及全中国及周边国家、地区。它的主要价值在于它具有护国安邦、睦邻友好、文化认同、繁荣发展、文学艺术和文物遗产等多个独特唯一性价值。

泰山

## 泰山挑夫民俗「省级非物质文化遗产」

泰山挑夫，历史悠久，至今仍无可取代。自古以来，泰山上的建设材料、临时或长期居住在山上的人所需要的一应物品都是靠人挑上去的。他们常年行走于艰险的泰山盘道上，每天挑百斤以上重担沿盘道艰难登攀，往往汗流浃背，衣裤尽湿。在泰山挑夫身上集中体现了中华民族吃苦耐劳、奋勇攀登的伟大精神和文化力量。

## 泰山石刻碑拓技艺「省级非物质文化遗产」

泰山石刻碑拓技艺始于唐，兴于宋元，鼎盛于明清，是泰山文化的重要载体。

泰山石刻几乎涵盖了中华民族的书法史。它数量众多，分布广泛，碑刻提名之多冠中国名山之首，成为历朝历代金石学家、艺术学家、史学家研究的珍品，具有极高的文化价值和学术研究价值。

## 全形拓技艺「国家级非物质文化遗产」

全形拓又称器物拓、图形拓、立体拓，是一种墨拓技法。从技法上可将全形拓分为分纸拓和全纸拓，传承人需在学习分纸拓的基础上，进一步学习全纸拓，所以全纸拓对于操作者技艺的要求更高。两种方法各有所长，无论采用何种技法，都是为了让器物呈现更加完美的形态。

覓泉山
歲次甲寅初秋

泰山

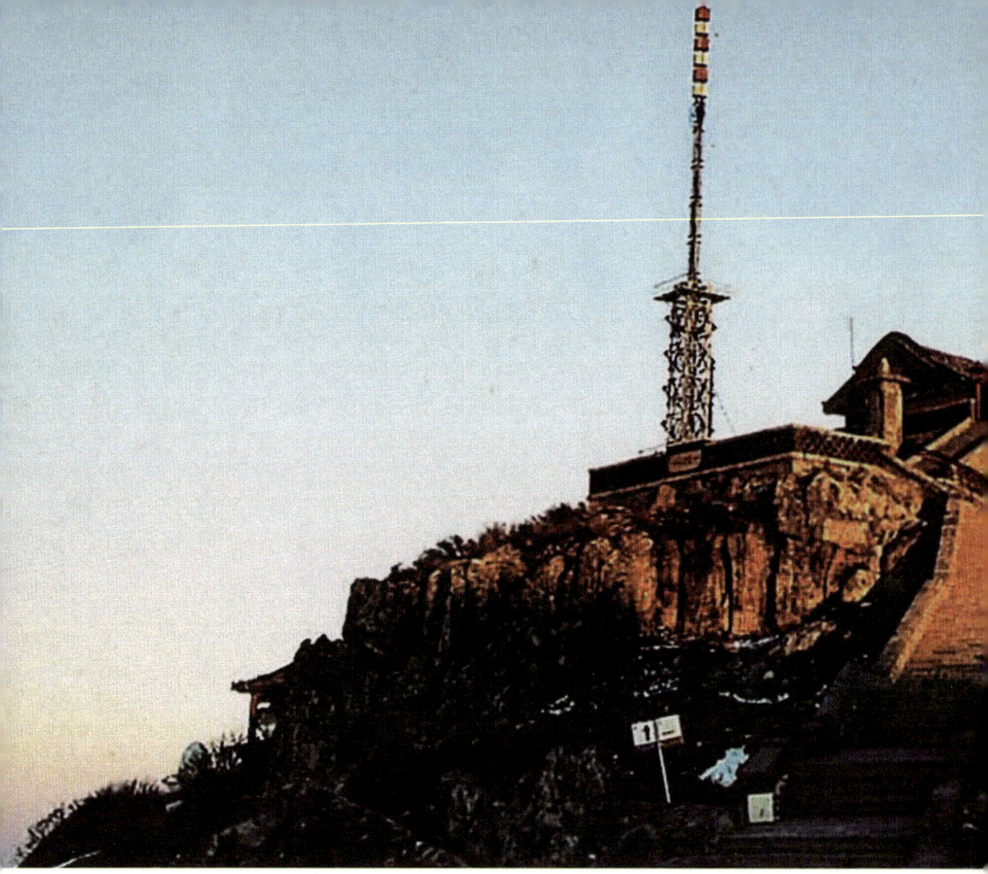

## 泰山东岳庙会「国家级非物质文化遗产」

泰山东岳庙会是一种古老的传统民俗及民间宗教文化活动，缘起于泰山崇拜和道教在泰山的兴盛，是我国广大地区东岳庙会的源头，是我国庙会文化乃至世界庙会文化中的典型。它滥觞于唐，定制于宋，鼎盛于明清，在民国期间曾一度衰落，直至改革开放以后又逐渐兴盛起来，是历代政治、经济、文化生活的具体体现，是我国传统民俗经济的集中反映，是中国民俗文化的重要组成部分。

## 泰山皮影戏「国家级非物质文化遗产」

泰山皮影戏历史悠久，是山东皮影戏的重要代表，也是泰山文化的重要组成部分。其人物形象往往取材于泰安民间剪纸和传统戏曲脸谱，并逐步形成了具有鲜明地域特色的皮影系列。泰山皮影戏的剧目非常丰富，尤以“泰山石敢当”系列剧最为著名。它融泰安民间美术、音乐、戏曲为一体，在民俗及地方历史文化等研究中具有重要的参考价值。

泰山的海拔高度是 1545 米，其高度在中国名山中，并不是名列前茅，但泰山的名气却大大超过一般的名山。泰山南侧，一片平原，主峰凸显，直入云霄，人称“拔地通天”“东天一柱”。

泰山崇拜文化从远古的自然崇拜、山川崇拜到后世的神灵崇拜，都在不断地提高泰山在人们心目中的地位，也是周围地区民间信仰和民俗文化诞生的重要土壤。

第二板块

# 地势坤 拔地通天

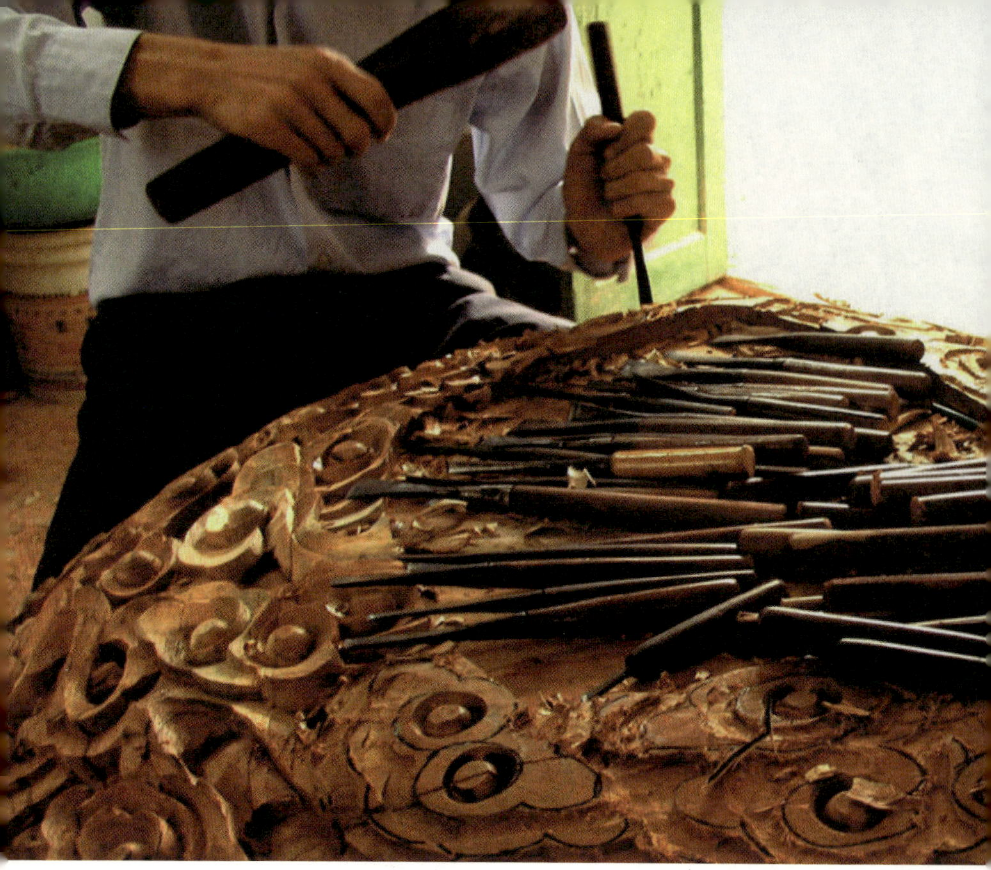

## 肥城桃木雕刻技艺「省级非物质文化遗产」

桃木在我国民间文化和信仰上占有极其重要的位置，有镇宅辟邪之说，几千年来，形成了独具魅力的桃木文化。肥城桃木雕刻技艺广泛流传于肥城市及周边地区，以优质桃木原材料为基础进行造型雕刻。肥城桃木雕刻技艺在继承传统雕刻技法的基础上，又融合微雕技艺，创新提升了丝翎雕、圆雕等雕刻技法，使雕制的花草虫鸟、人物、吉祥纹样等造型更为生动。

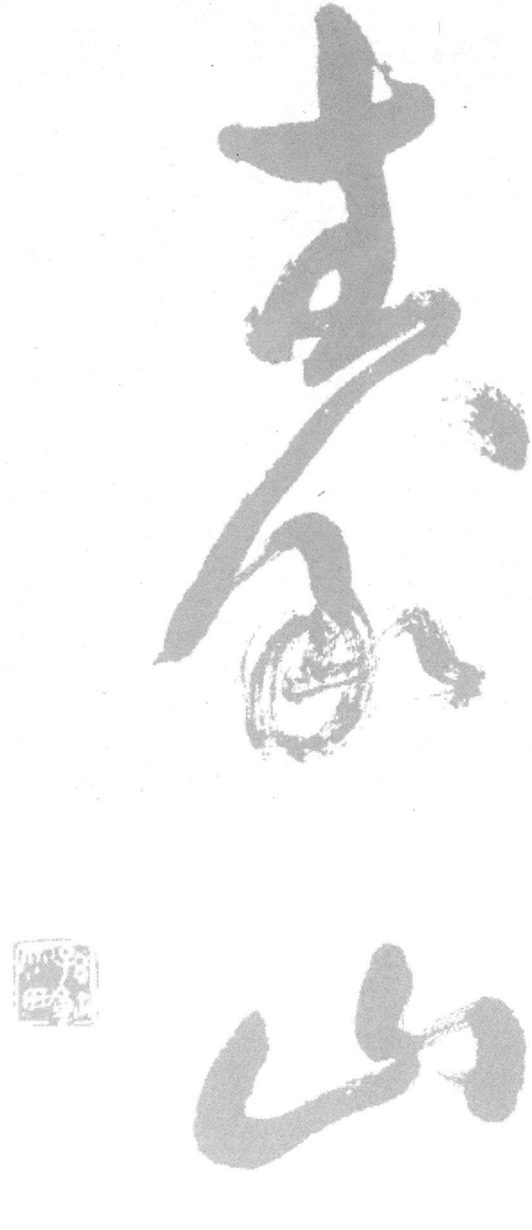
泰山

## 泰安玉祥老银匠金银首饰制作技艺「市级非物质文化遗产」

泰安玉祥老银匠金银首饰制作技艺，始于清代晚期，老字号名玉祥银楼，坐落在泰山脚下岱庙西侧镯娄巷。其有加工、修理、清洗、镶嵌、翻新、锤碟、压制、焊接、掐丝等多道工艺工序，极具地方特色。历经几代传承人的努力，泰安玉祥老银匠金银首饰制作技艺在继承传统技艺的基础上勇于创新，增加了许多现代元素，深受全国各地人们的喜爱。

泰山

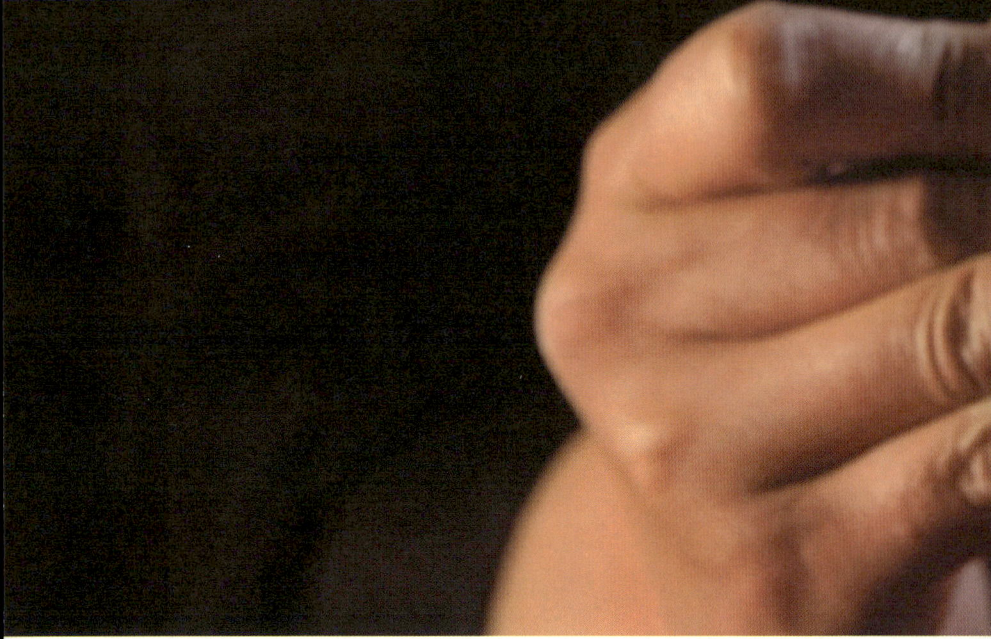

## 宋氏葫芦烙画技艺「市级非物质文化遗产」

葫芦烙画又称烫画、火笔画，即用烙笔在葫芦上熨出烙痕作画。烙画创作在把握火候、力度的同时，注重“意在笔先、落笔成形”。烙画不仅用到中国画的勾、勒、点、染、擦、白描等手法，还通过调节烙笔的温度，在葫芦上熨出丰富的层次与色调，具有较强的立体感，酷似棕色素描和石版画。因此，烙画既能保持中国传统绘画的民族风格，又可达到西洋画严谨的写实效果。

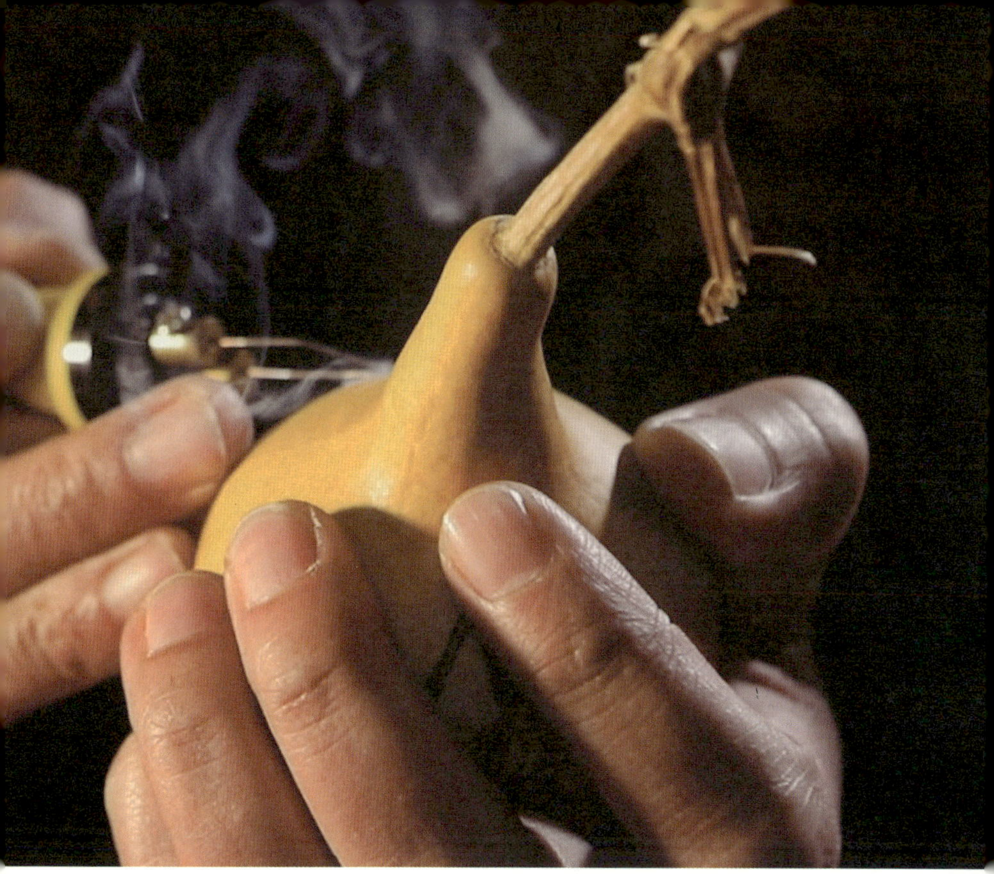

## 肥城聂氏铜器铸造技艺「市级非物质文化遗产」

肥城聂氏铜器铸造技艺是运用铜合金原料铸造各种生活器具、礼器、乐器和人物的传统技艺，集造型、雕刻、冶炼、铸造于一身。主要包括塑模、灌蜡模、精修蜡模、蜡模上底、沾水泥浆、脱蜡、铜水浇铸、脱壳、打磨等17个步骤、60多道复杂严谨的工序。该技艺承载了中华优秀传统文化之精髓，凸显出泰山文化之魂魄，对于研究当地民俗风情、工艺历史具有重要的文化意义。

## 泰山豆腐宴食俗「省级非物质文化遗产」

泰山豆腐宴起源于古代帝王于泰山封禅时斋戒食素的习俗，历史悠久。“泰安有三美，白菜、豆腐、水。”豆腐宴选取土特产品及豆腐为主料，以素为主，营养与口味兼备，制作工艺上做到蒸、炸、煎、炒、扒、烩、汤样样俱全。

如今当地民众祭祀用豆腐表诚心，乔迁送豆腐表祝福，节庆食豆腐表祈福，呈现出具有当地特色的饮食文化。

泰山

泰山，又称“东岳”，有“五岳之首”“中华国山”“天下第一山”的美誉。泰山承载着丰厚的地理历史文化内涵，被古人视为“直通帝座”的天堂，成为百姓崇拜，帝王告祭的神山，有“泰山安，四海皆安”的说法。泰山是中华民族的象征，是东方文化的缩影，是“天人合一”思想的寄托之地，更成为中华民族精神的家园。在如此深厚文化的孕育下，这里人才辈出，留下了许多人文故事和精巧技艺。

## 第三板块

# 仁者山 厚德载物

## 肥城王氏泥塑「市级非物质文化遗产」

中国泥塑历史悠久、源远流长。肥城王氏泥塑采用当地泥土，经过取泥、配泥、练泥、捏泥、晾晒、烧制等多道工序制作而成。其作品题材大都取自乡里农家，表现民风民俗，乡土气息浓厚。作品形象吉祥喜庆、生动活泼，形态各异，呈现出别具特色的大拙与大美。

2018 年，肥城王氏泥塑被列入泰安市第七批市级非物质文化遗产代表性项目名录。

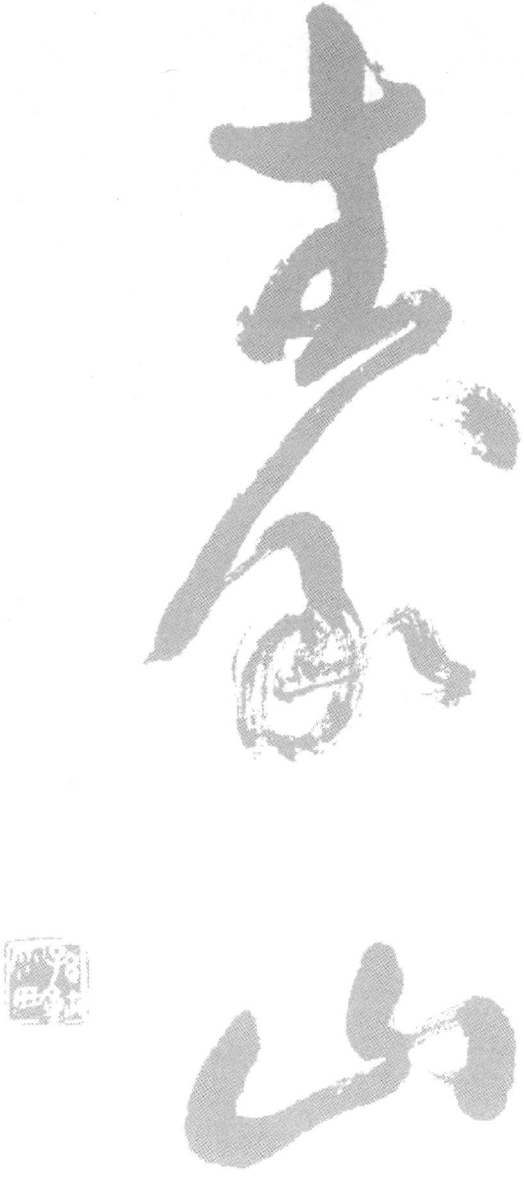
泰山

## 泰山香传统制作技艺「省级非物质文化遗产」

泰山香的制作，在香方的确立、香料的配伍与炮制、制作的流程等方面都十分考究，有一套严整的、行之有效的技艺和规范。传统泰山香的制作原料包含沉香、檀香、何首乌、泰山灵芝、泰山三叶参等 45 味天然香料和中草药，其中 24 味为泰山地区出产，10 味为泰山独有。其香品淡淡乎似有似无，幽幽乎回味悠长，安神养生，陶冶性灵。

2016 年，泰山香传统制作技艺被列入山东省第四批省级非物质文化遗产代表性项目名录。

泰山

## 宁阳吴氏陶塑「市级非物质文化遗产」

宁阳吴氏陶塑植根于宁阳（泰安市南部）大地，传承大汶口古陶文化，采用当地陶泥，经过取泥、配泥、练泥、捏泥、晾晒、烧制等多道工序制作而成。其作品主要分为乡土系列和窑变系列，雅俗共赏，极具艺术表现力。吴氏陶塑乡土系列作品，题材多取自乡里农家，表现民风民俗，是对当地民俗文化的一种生动的记录。

宁阳吴氏陶塑对于研究宁阳当地制陶文化的演变，特别是大汶口古陶文化具有很高的价值。

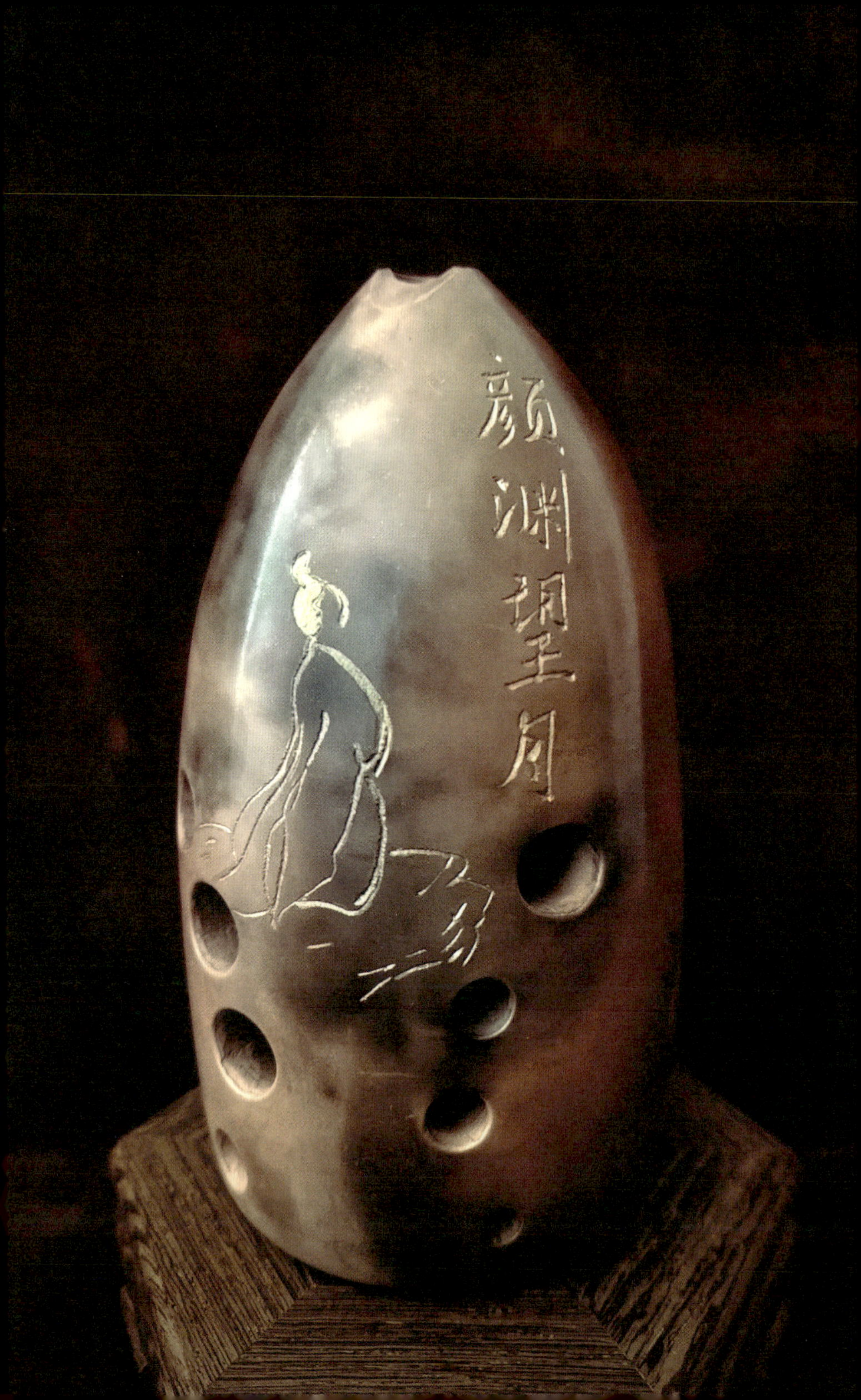
颜渊望月

## 宁阳玄氏陶艺「市级非物质文化遗产」

宁阳玄氏陶艺距今已有 150 年的传承历史，该技艺集绘画、书法、篆刻于一身，独具地方特色，文化气息强，工艺古朴、典雅。从原材料到成品，需经过选泥、制坯、修坯、晾坯、烧制成型、抛光等工序，每道工序都体现了玄氏传承人的经验和心血。在传承发展的过程中，经数代传承人的不断总结改良，逐渐成为具有地方特色的制作工艺。

## 东原泥塑「市级非物质文化遗产」

东原泥塑有历史记载已 150 余年，目前，杜广孝先生是第四代传人，人称“泥人杜”。东原泥塑作品品类繁多，无论是在弘扬勤、善、义等方面，还是在传承齐鲁文化方面都起到了积极作用。

# 邹鲁文化生态保护实验区

# 風近鄒魯 禮樂中華

山东号称齐鲁之邦，物华天宝，人杰地灵。孕育了中华五千年文化的母亲河黄河从这里奔腾入海，被誉为“活着的、流动的重要人类遗产”的京杭大运河从这里蜿蜒流过，“五岳独尊”的世界自然与文化遗产泰山在这里巍然屹立。

济济邹鲁，礼义唯恭。邹鲁文化，是齐鲁文化的核心组成部分。邹、鲁原为先秦时期国名，其中，鲁即鲁国，邹又称邾、邾娄，相传为颛顼后裔所建，周朝建立后得到承认。由于鲁国是儒家学派创始人“圣人”孔子的故乡，邹国是“亚圣”孟子的出生地，自战国时起，人们将邹、鲁连称，指代孔孟之乡，也使其成为文教昌盛、礼仪文明之地的代名词。

邹鲁文化是历代邹鲁民众创造的物质文化和精神文化的总和，邹鲁文化生态保护实验区有世界文化遗产1处、全国重点文物保护单位19处；国家级非遗名录项目8项、省级非遗名录项目25项、市级非遗名录项目70项、县级非遗名录项目237项，非遗线索7000多条。

在曲阜市、邹城市、泗水县建设的邹鲁文化生态保护实验区，为实现“两个一百年”奋斗目标和中华民族伟大复兴的中国梦提供不竭的精神动力和强大的文化保障。

风迺邹鲁 礼乐中华
邹鲁文化生态保护实验区

邹鲁板块空间效果图

邹鲁礼乐展演现场

孔子开创儒家学派，孟子（亚圣）将其发扬光大。邹鲁地区礼乐传统深厚，“周礼尽在鲁矣”。

建设邹鲁文化生态保护实验区，传承礼乐文化，依托相关物质文化遗产、文化空间和人文环境，发挥祭孟大典、邹鲁礼乐、孟氏家谱、孟母三迁等非物质文化遗产的作用，对于有效增强各民族和海外华人的文化认同感，铸牢中华民族共同体意识，建设中华民族共有精神家园具有重要价值，也是推进实施邹鲁地区乡村振兴战略的重要布局。

# 第一板块

# 天时同风

孔子誕生聖地
孔子降生二千四百七十五年
甲子九月立
孟子誕生聖地
孔子降生二千四百七十五年
甲子九月立
孔孟诞生圣地碑

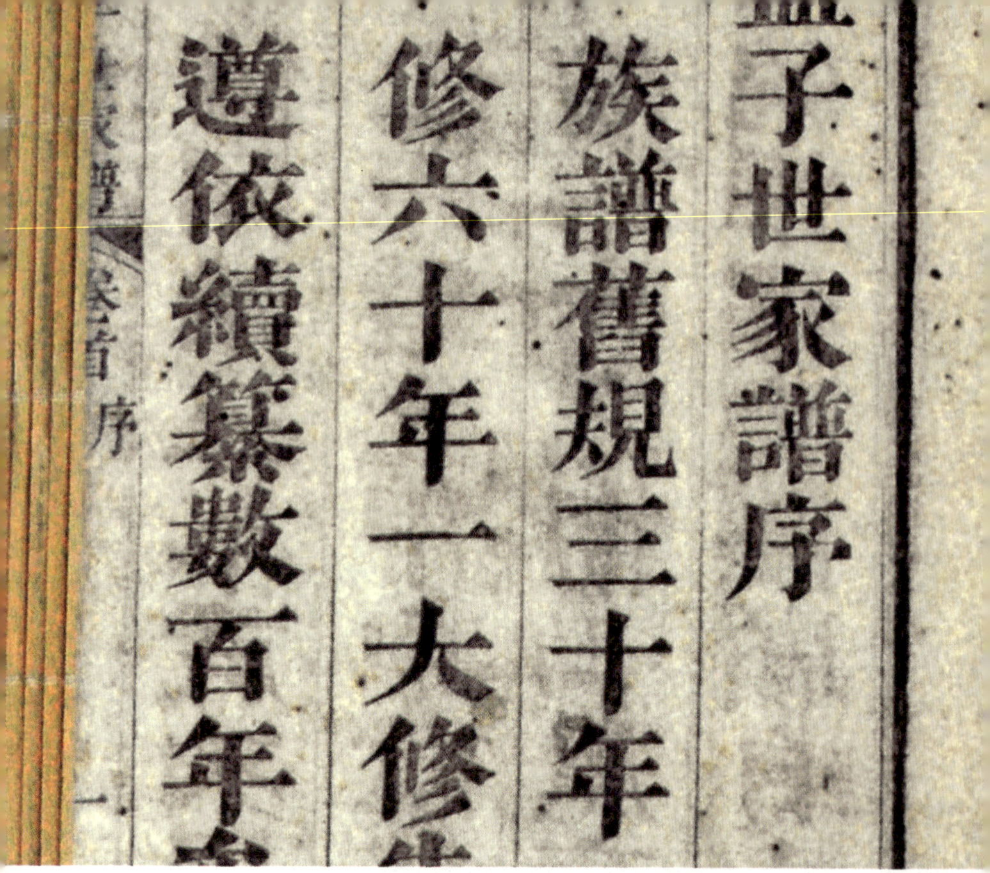

## 孟氏家谱「市级非物质文化遗产」

孟氏家谱记载了从孟子到亚圣奉祀官孟祥协先生，共 75 代，历时 2370 多年间孟氏后裔由宗到派、从派到户的繁衍、迁徙及一些重要历史事件。国内支派包括孟子世家迁居汶上支谱、孟子世家流寓河南夏邑支谱、孟子世家流寓河北赵县支谱等 24 支支谱；徙居国外的孟氏后裔包括日本孟氏后裔、韩国孟氏后裔等。家谱反映出中华民族由我而家，由家而族，由族而国的强大民族凝聚力。孟氏家谱于 2009 年被列入济宁市第二批市级非物质文化遗产代表性项目名录。

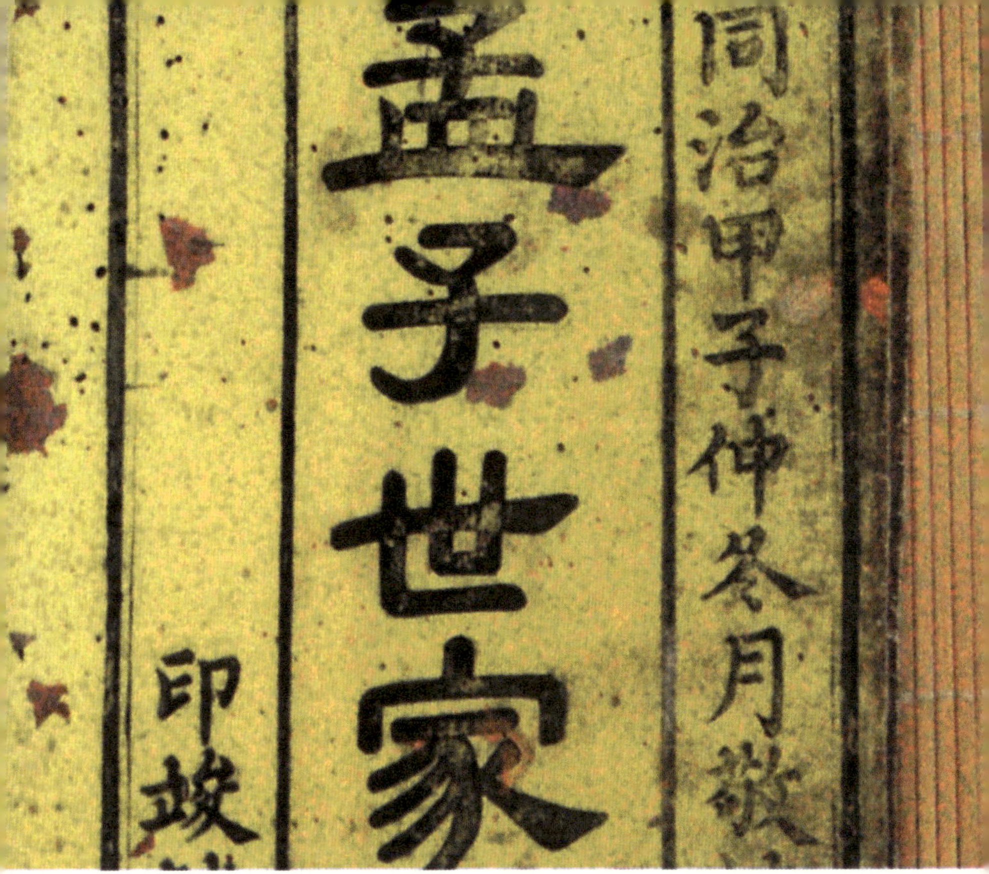
同治甲子仲冬月敬

孟子世家

印埈

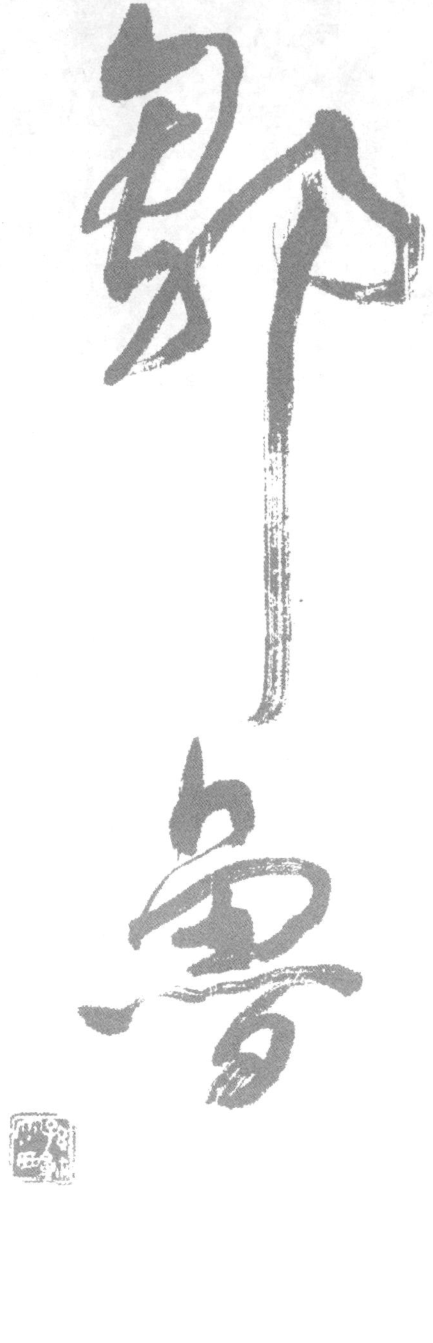

## 孟子林柏树的传说「市级非物质文化遗产」

相传老邹县东乡山里有座五宝庵，庵内藏五宝，其中一宝是唐太宗征东时驻军五宝庵时留下的锅。用此锅做饭，吃不完、用不坏。宋代旱涝荒年，五宝庵曾用此锅赈民，朝廷得知，派官兵来取锅。庵老背上宝锅带领灾民往四基山逃，官兵追来，庵老急中生智，将宝锅埋在孟子墓间，折柏枝做记号。孟林乃风水宝地，一夜间长起了千万棵柏树。官兵得知宝锅埋在孟林，四处扒树刨根也没有找到，却使孟林柏树盘根错节，甚是壮观。

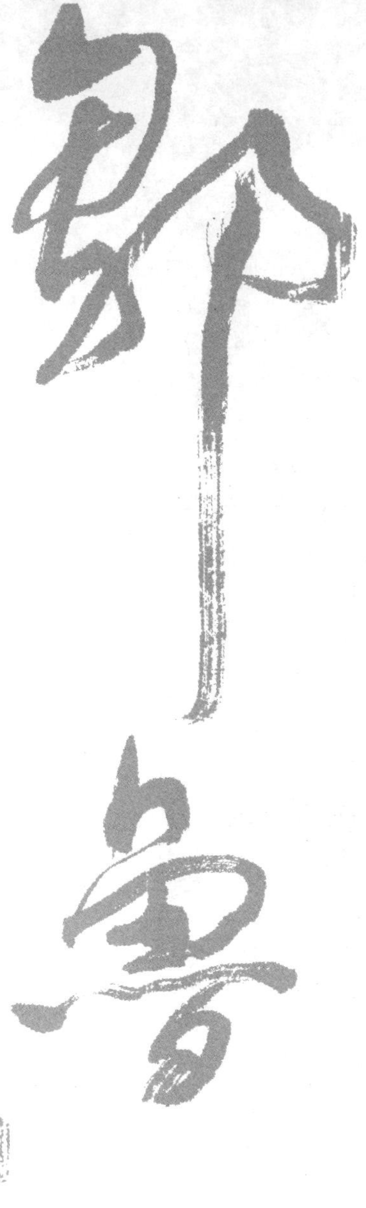

孟母斷機處

## 孟母教子传说「国家级非物质文化遗产」

孟母教子传说是流传千百年的著名历史故事。传说主要包括“三迁择邻”“断织喻学”“杀豚不欺子”等，讲述了孟母仉氏慎始、励志、敦品、勉学、约礼成金，以及言传身教而不断完善儿子人格的故事。近年来，围绕孟母教子的主题，后人创作出了一批优秀的文艺作品，为孟母教子精神的发扬做出了新的努力，对弘扬孟子思想，传承优秀传统儒家文化，起到了十分重要的作用。2014 年，孟母教子传说被列入第四批国家级非物质文化遗产代表性项目名录。

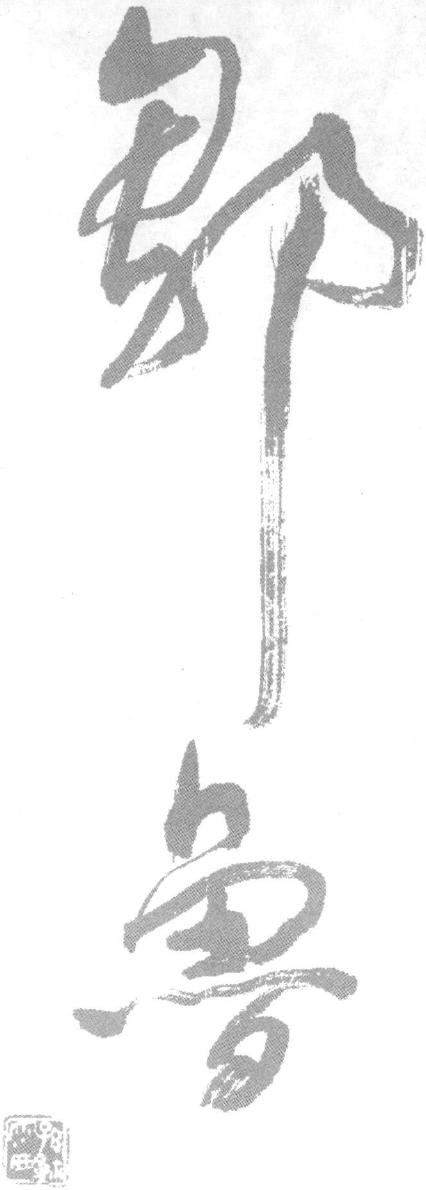

## 孟府菜传统烹饪技艺「县级非物质文化遗产」

孟府菜是孟子后裔在长期生活实践中形成的一种独具特色的菜系，秉承孟子“民贵君轻的‘民本思想’”及“四端”的行为理念。据资料记载，孟府菜传统烹饪技艺起始于宋宣和七年（1125），吸纳了官府菜的特色，更荟萃了全国各地民间菜的精粹，根植于邹鲁饮食风俗。该技艺对于丰富中国饮食文化，保存和研究中国烹饪技艺和历史沿革，丰富儒家文化内涵，扩大养生文化，具有重要的历史意义和时代价值。

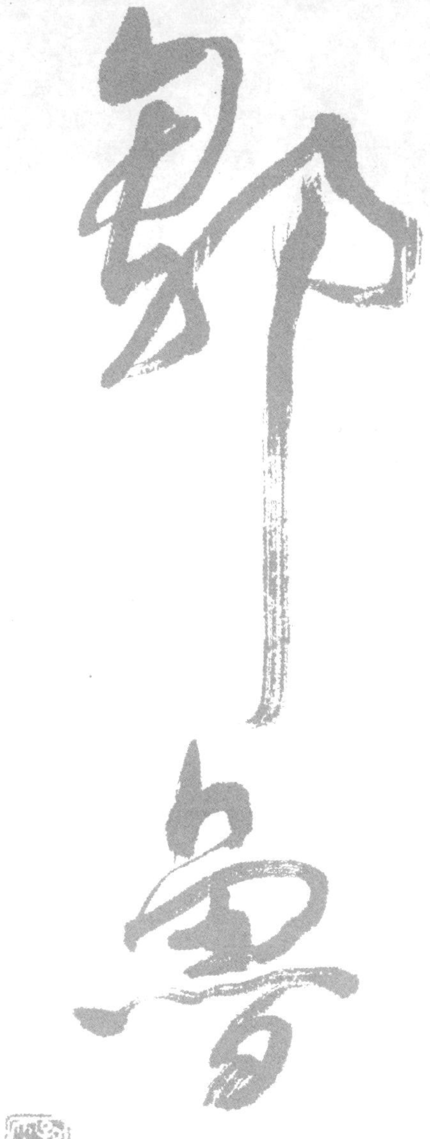

## 邹鲁传统酱醋酿造技艺「县级非物质文化遗产」

邹鲁传统酱醋酿造技艺可溯源到始建于清康熙五十三年（1714）的济宁玉堂酱园。经历了300余年传统工艺的历史积淀，通过历届传承大师的潜心研究，其在传统酱醋行业独树一帜，现于邹城郭里独山村中不断传承。邹鲁传统酱醋酿造技艺严格按照传统手工制作流程，既保留了纯正的天然口味，又保证产品质量始终如一，是地道的山东味道。

## 邹鲁礼乐「市级非物质文化遗产」

“邹鲁”是“文教兴盛、崇文重教”的代名词，所传承的礼仪是华夏文化的源头。夏商周时，古代先贤制礼作乐，形成完善的礼乐制度以及道德伦理的礼乐教化，用以维护社会秩序、人伦和谐。邹鲁礼乐按宋代“释奠礼”进行礼制空间、礼乐文化的复原，复制邹鲁上古时期最具代表性的包括编钟、编磬、虎座凤鼓、峄阳古琴、玉器、陶埙等 20 余件乐器，可以实现“祭祀礼”“乡射礼”“冠礼”“开笔礼”等礼制的活态演绎。

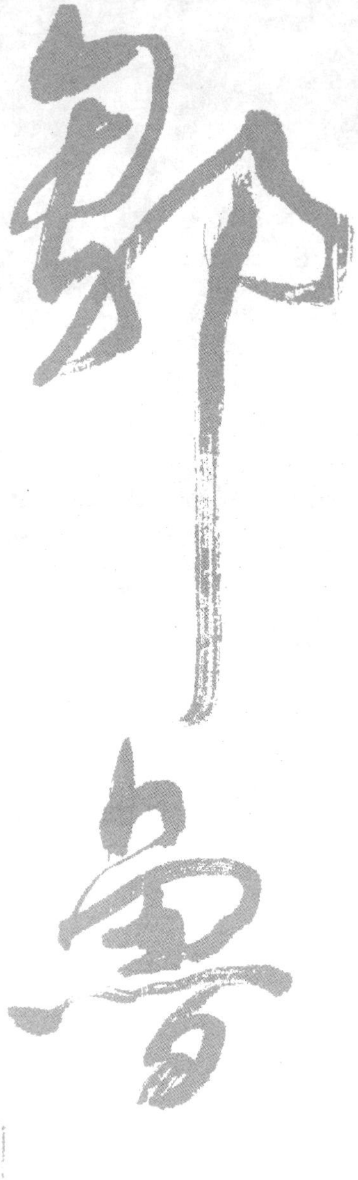

## 峄山道乐「市级非物质文化遗产」

道乐即道教音乐，是道教文化的一部分。峄山是一座深受道教文化沐浴熏陶的历史文化名山，传说老子李耳、道家元老彭祖都曾在峄山悟道修炼，因而道教文化在这里萌发。迄今搜集在册的道乐作品约有曲牌 30 余首，经歌 20 余首，其中代表作品有《采茶歌》《小开门》《集贤宾》《万年欢》《迎仙客》等。峄山道乐为人们研究道教文化提供了重要的参考资料，于 2007 年被列入济宁市第一批市级非物质文化遗产代表性项目名录。

## 峄山会「省级非物质文化遗产」

峄山会是邹城地区的民俗活动，设于城东南峄山脚下，每年农历二月初二举行，延续三至五天。上山赶会者，有求神拜佛的，有买物卖物的，有说书唱戏的。峄山会的历史起源有二，一是后汉刘荟编纂的《邹山记》所记载“二月二”为龙抬头之日，人们齐集于峄山，进香朝拜；二是公元前614年二月二，“邾文公卜迁于绎”，是为庆贺之日，逐步演变为峄山会。

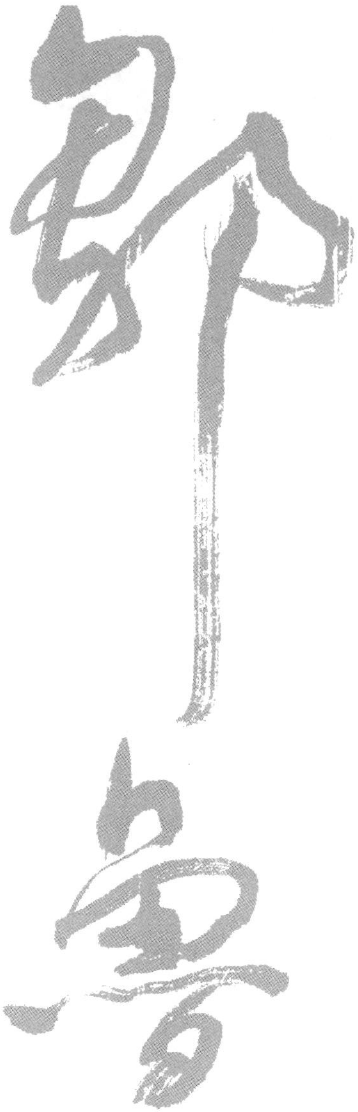

《孟子·尽心上》曰：“孔子登东山而小鲁，登泰山而小天下。”东山，即指峄山，自然景观优美奇特，素有“岱南奇观”“邹鲁秀灵”之美誉。因“怪石万迭，络绎如丝”，故名峄山。

“巡游天下觅美景，峄峰独耸傲长空。”

峄山以它独特的灵秀引来秦始皇、刘邦、李世民、赵匡胤、朱元璋、乾隆等多位帝王登临览胜。而文人骚客诸如孔子、孟子、庄子、司马迁、李白、杜甫、苏轼、陆游、赵孟頫、郑板桥等，更不辞辛劳来峄山访幽探奇，留下众多佳诗墨宝。

第二板块

# 地利人和

## 峄山梁祝的传说 「市级非物质文化遗产」

《梁山伯与祝英台》作为中国民间四大爱情传说之一，被编为戏文、元曲广泛流传，明清时期已有多种版本的艺术表现形式问世。山东琴书是在鲁西南地区流传较早的一种民间曲艺，其中有《梁祝下山》“梁山伯祝英台二人结故友，就在红罗峄山念文章”的唱词。明万历年间，邹县县令王瑾题写“梁祝读书洞”“梁祝泉”几个大字于峄山，至今依然清晰可辨。

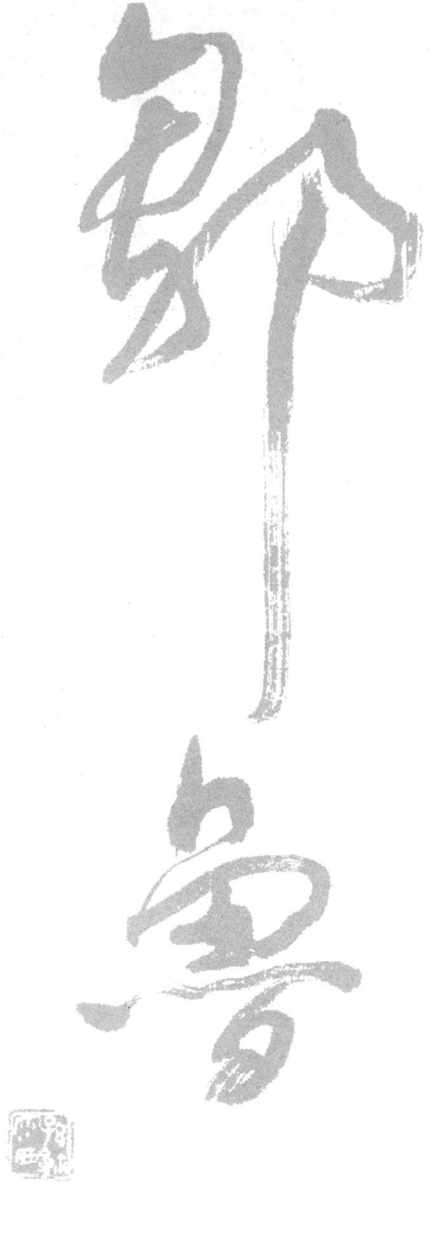

## 峄阳古琴「市级非物质文化遗产」

古琴是中国古代最古老的乐器之一，是最早的弹弦乐器，被称为“国乐之父”。自古以来，古琴琴面与琴底分别是以属阳与属阴的两种木材斫制而成。桐木属阳，木质松软，属上等琴面材质，可使其音色更美。

峄阳古琴主要取材峄阳孤桐。《禹贡·徐州》中记载，峄阳孤桐即峄山南坡所生独株梧桐，为制琴的上好材料，以其斫制古琴，音质纯正优美，闻之犹如鹤唳凤鸣，悦耳清心。

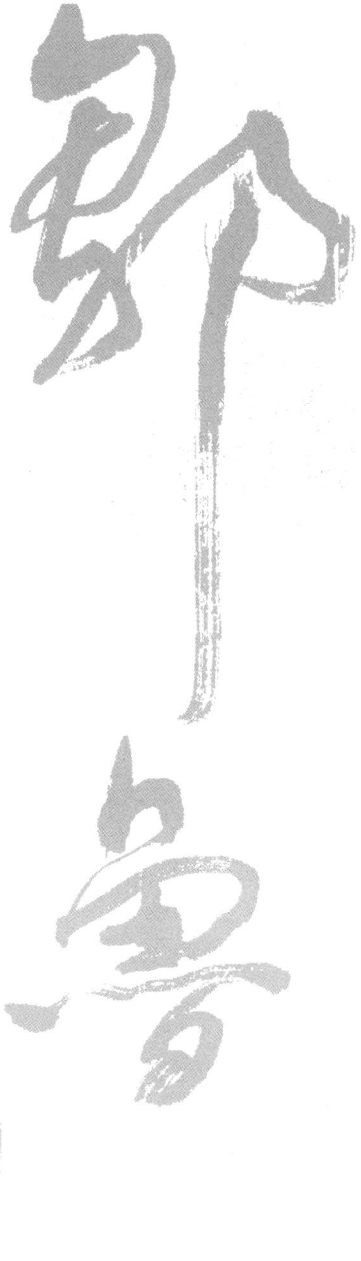

## 柳琴戏「市级非物质文化遗产」

柳琴戏是山东地方戏剧之一，以鲁南民间小调为基础，因其曲调优美，演唱时运用多种花腔，有帮和，故称“拉魂腔”，1953年正式定名为柳琴戏。柳琴戏的唱腔由基本腔、色彩腔和民间小调三大部分组成。其代表曲目主要有《回杯记》《喝面叶》《状元打更》等，多在婚丧嫁娶、民俗节日里演出，深受人民群众的喜爱。

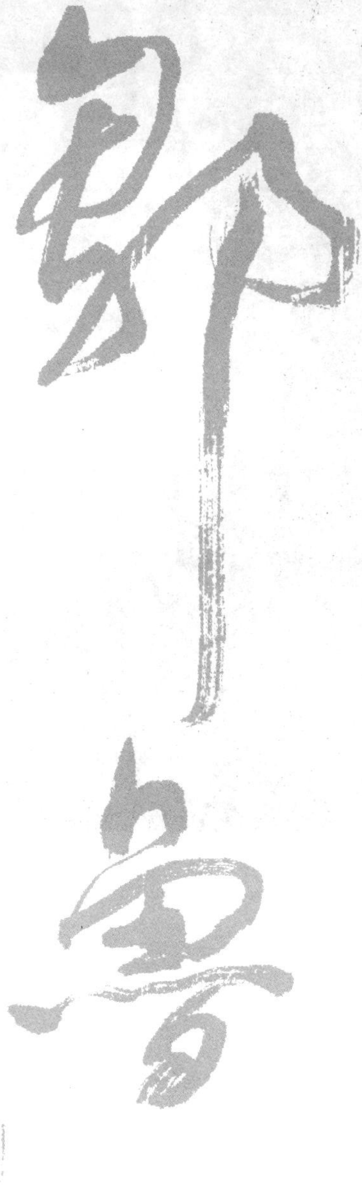

## 火虎「省级非物质文化遗产」

火虎是一种极具地方特色的传统民间表演，是邹城人民在长期的农耕劳作中形成的一种民间舞蹈形式。火虎表演多在每年农历二月二日傍晚，观众手举红烛以待，锣鼓响起后，众人上前点燃顶虎人和打虎人身上的礼花筋。打虎人手提火棒，火虎腾跃而出，在鞭炮、锣鼓齐鸣中，人虎争持搏斗，火花闪烁、光影交织。火虎时而跃起搏击，时而疾行进击，漫天火花、流星串串。打虎人将手中打虎棒舞成一条火龙，叱咤腾挪，与火虎打成一团，亦真亦幻。

2009 年，火虎被列入山东省第二批省级非物质文化遗产代表性项目名录。

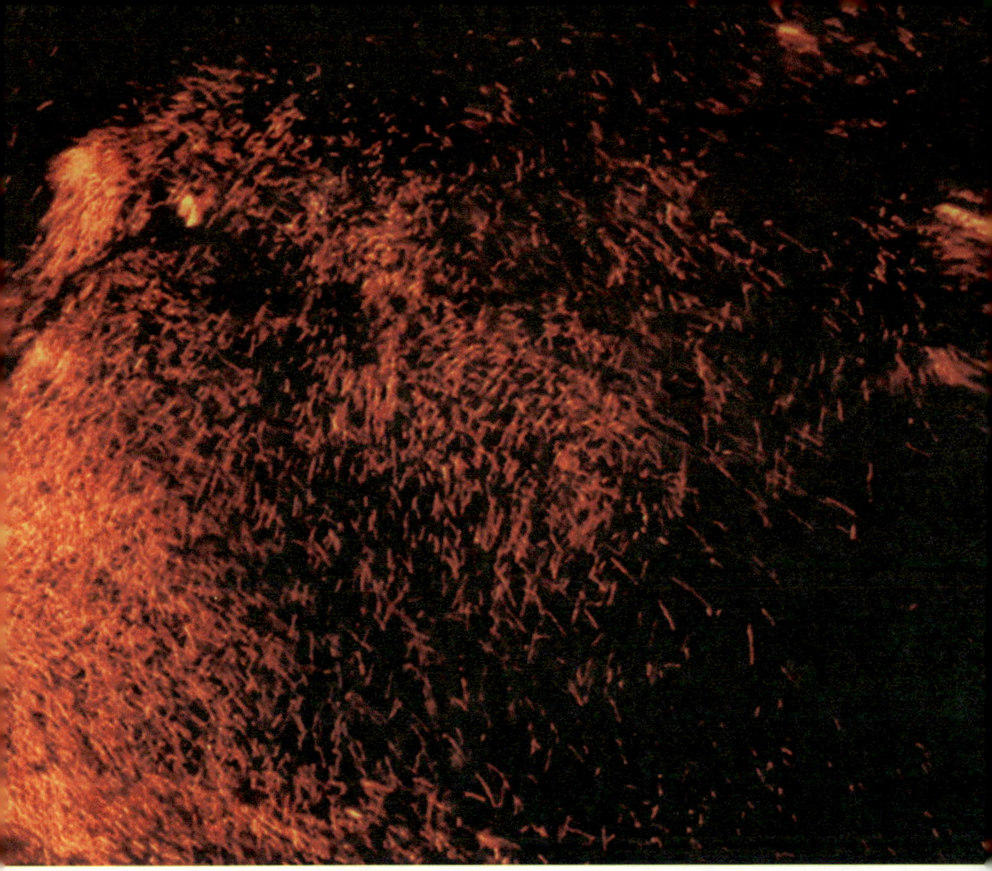

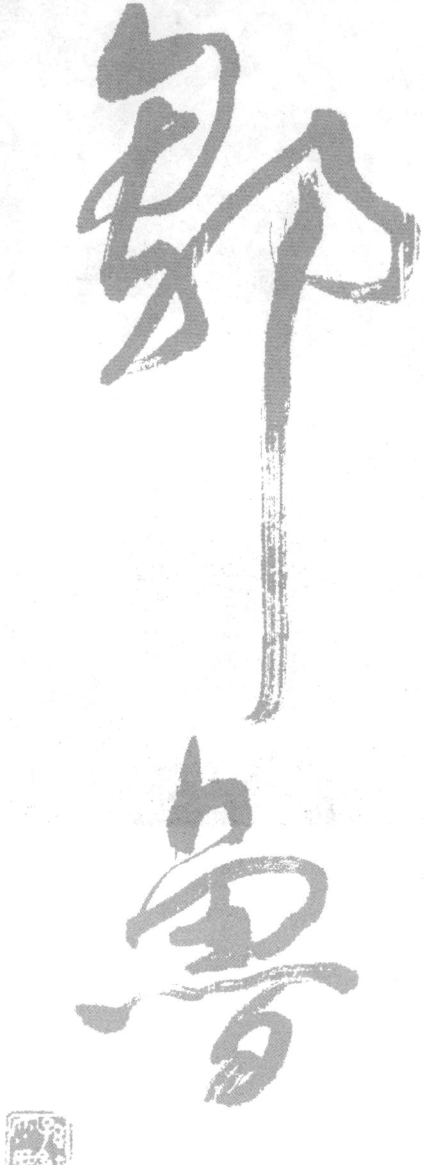

## 邹城平派鼓吹乐「国家级非物质文化遗产」

邹城平派鼓吹乐是鲁西南各派鼓吹乐中风格最独特的一派，现为国家级非物质文化遗产代表性项目。邹城平派鼓吹乐主要运用铜杆唢呐演奏，演奏技巧和曲调更具地方特色。邹城平派鼓吹乐被称为“平派”有四个原因：一是主要以铜杆唢呐为主，拜师学艺时都先从平调学起；二是乐队使用的笙，艺人们称为“平笙”；三是从地理位置上讲，平派鼓吹乐主要活跃于鲁西南的中间位置，“平”包含中间的意思；四是在演奏风格上有“平如行云流水，稳似泰山青松”的特点。

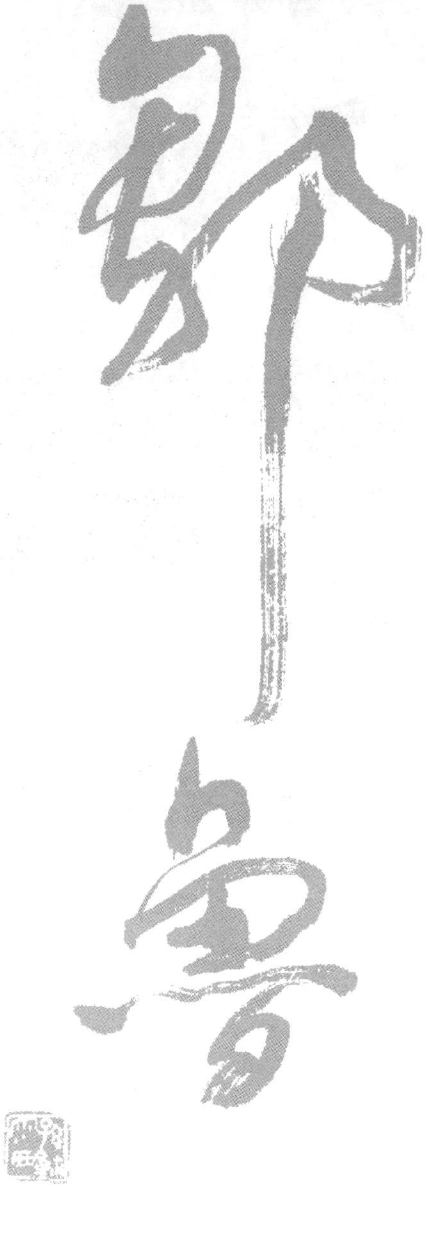
郭鲁

## 祭孔大典「国家级非物质文化遗产」

祭孔大典是山东曲阜专门祭祀孔子的大型庙堂乐舞活动，集乐、歌、舞、礼为一体，于每年农历八月二十七日孔子诞辰时举行，现在的祭孔大典从阳历 9 月 26 日持续到 10 月 10 日。

两千多年来，祭孔从未间断。鲁哀公以孔子故宅做寿堂祭孔，刘邦以“太牢”祭孔，后祭典仪式随着历代帝王的褒赠加封日臻恢宏。清乾隆帝曾八次亲临曲阜拜孔，民国政府也曾明令全国祭孔。1986 年，沉寂了半个世纪的祭孔大典经曲阜市文化部门挖掘整理得以重现。大典对于弘扬传统文化、凝聚民族精神具有极大的社会意义。

纪念孔子诞辰二

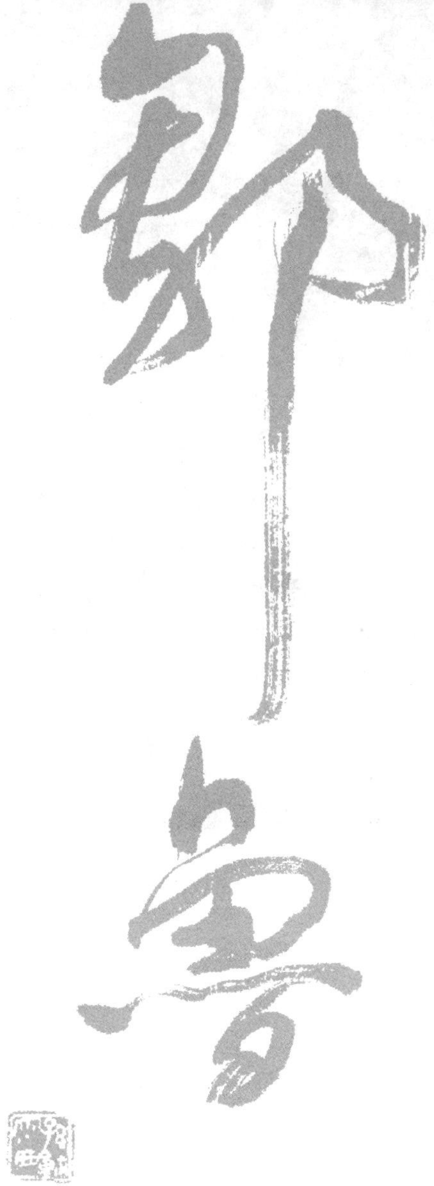

## 柘砚制作技艺「省级非物质文化遗产」

鲁柘澄泥砚，又称柘砚、鲁柘砚、柘沟陶砚等，是中国传统工艺品，也是山东泗水县特产，具有沉静坚韧、含津益墨、声若金石、手触生晕、发墨如油、不渍水、不损笔等特点。因产于春秋时期鲁国属地制陶古镇柘沟得名，在日本、韩国和东南亚地区享有盛誉。南宋以后，鲁柘砚逐渐失传。1972 年，因日本访华团提出购买鲁柘砚，才引起有关部门重视。此后，泗水县多次组织生产。1989 年，杨玉祯担当起“复活”鲁柘砚的重任。2006 年，柘砚制作技艺入选山东省第一批省级非物质文化遗产代表性项目名录。

## 琉璃烧制技艺「国家级非物质文化遗产」

曲阜琉璃烧制技艺是存续六百多年的家族世代传承的传统手工制作琉璃瓦当及其他古建饰品的技艺。明洪武三年（1370），孔庙两次扩建与修缮，朝廷令朱氏窑户迁至曲阜城郊大庄村主持工程，特赐成立“裕盛公窑场”。1949 年，“裕盛公窑场”改建成为“曲阜琉璃瓦厂”，并延续至今。该技艺完整地保留了传统的手工烧制工艺，包含选土制泥、做坯塑型、制釉、素烧挂釉、色烧等工序。2014 年，琉璃烧制技艺入选第四批国家级非物质文化遗产代表性项目名录。

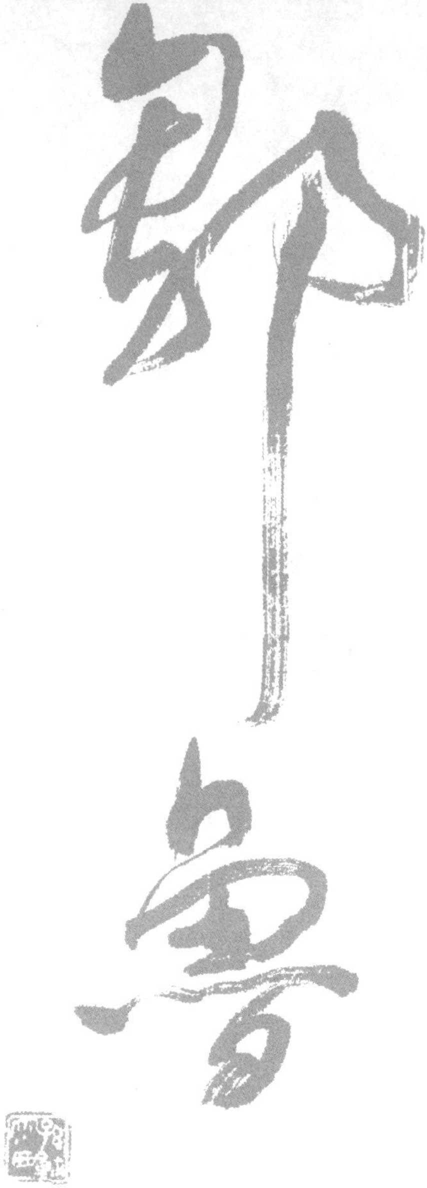

鲁人“好技艺”，史书有“邾娄百工”的记载。墨子是墨家的创始人，在数学、力学、几何、化学、光学、天文学和机械制造等领域都有突出贡献，是公认的“科学之圣”。鲁班更是著名的能工巧匠，被奉为“机械之圣”，是中国工匠的祖师爷。材美工巧、勤谨睿智的创造精神是邹鲁文化生态保护实验区的突出特征。

第三板块

# 材美工巧

## 曲阜楷木雕刻「国家级非物质文化遗产」

楷木雕刻，又称“楷雕”，是一种古老的地方传统雕刻艺术，至今已有两千多年的历史。上乘的楷雕十分名贵，是孔府衍圣公进献帝王将相、达官贵人的贡品或礼品。楷木雕刻拥有圆雕、浮雕、透雕、镂空雕等多种技法，以曲阜孔林中独有的珍稀植物楷树为原材料。传统产品以寿杖、如意为主，现今以雕制孔子像、花鸟、走兽等形象得以发展。其刀法古朴简约，工艺精致细腻，造型端庄厚重、形神兼备，具有鲜明的民族气派和地域特色。

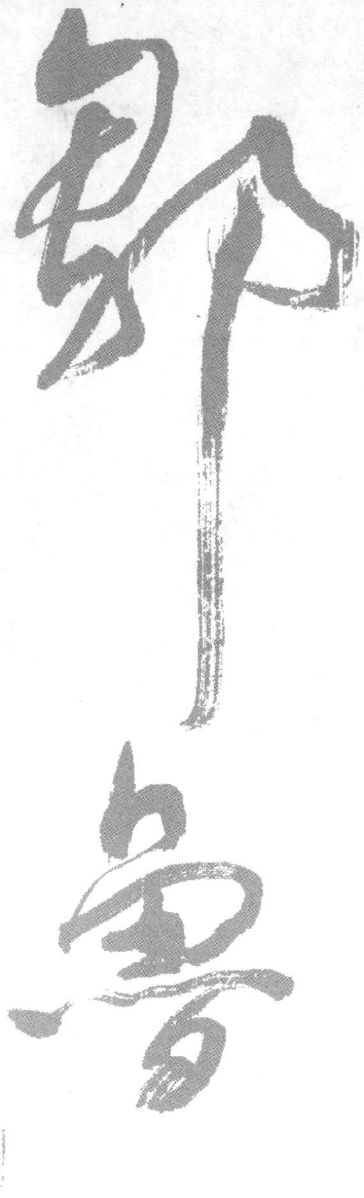
鄒魯

## 箫韶乐舞「省级非物质文化遗产」

韶乐，史称舜乐，是中国的一种传统宫廷音乐，起源于五千多年前，为上古舜帝时期之乐，是一种集诗、乐、舞为一体的综合性古典艺术。韶乐是中国宫廷音乐中等级最高、运用最久的雅乐，由它所产生的思想道德典范和文化艺术形式，一直影响着中国古代文明，因而被誉为“中华第一乐章”。

孔子闻韶处位于今山东省淄博市齐都镇韶院村北，为一处规模不大的淡灰色仿古建筑。门内北墙正中镶嵌着一方石碑，碑上用隶书题五字——孔子闻韶处。

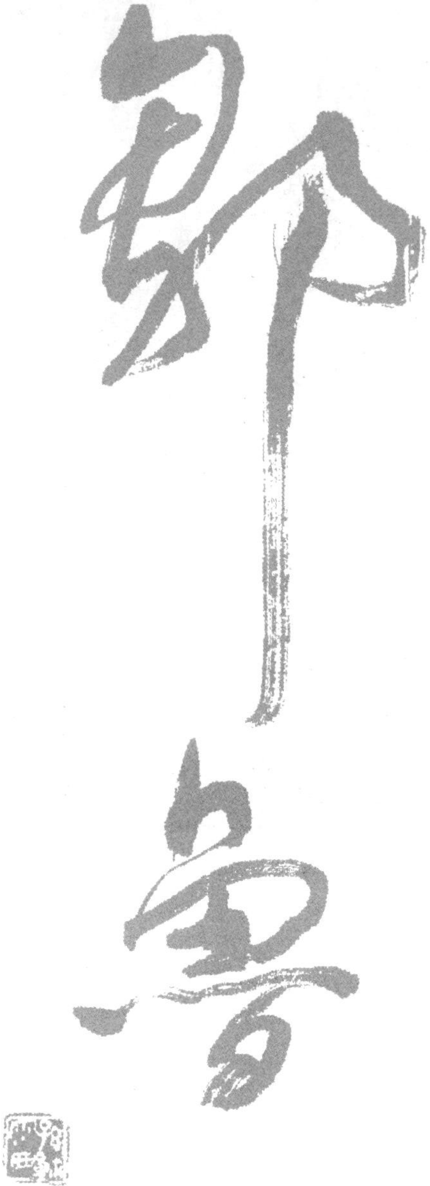

## 孔府家酒传统酿造技艺「省级非物质文化遗产」

曲阜孔府家酒业前身是孔府家用酒坊，已有两千多年的酿酒历史。酿制的白酒是历代衍圣公（孔子后裔）进奉宫廷和馈赠达官贵人的专用酒。孔府家酒素以“三香”（闻香、入口香、回味香）、“三正”（香正、味正、酒体正）而著称。如今，孔府家酒业秉承孔府酒坊的生产工艺，并将传统与现代技术有机结合，利用圣尼山天然地下优质矿泉水，采用全固态发酵、甑桶蒸馏、陶缸储存，并由国家级品酒师对整体工艺进行全程监管，保证了产品质量的稳定和提升。

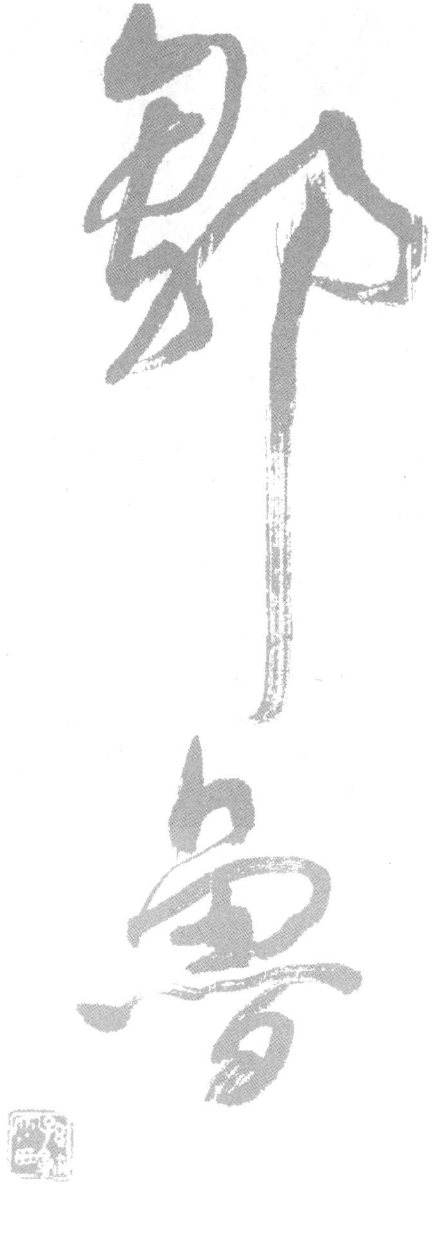

## 曲阜拓片制作技艺「省级非物质文化遗产」

曲阜拓碑业因历史悠久、拓本精美、名碑众多、技法独特，遂使曲阜拓片成为曲阜三宝之一。在宋代欧阳修的金石专著《集古录》中，曲阜碑石有很多记录在册。清乾隆年间，曲阜商业性的碑帖业开始兴盛，同治年间空前繁荣，专营碑帖的店堂就有八九家之多。所拓制碑帖早期被孔府定为向朝廷进贡的贡品和女儿出嫁的嫁妆之一，有些至今仍被国内外收藏家视为珍品。拓碑的技法主要有擦拓和扑拓，其中擦拓为曲阜拓碑的独创技法。

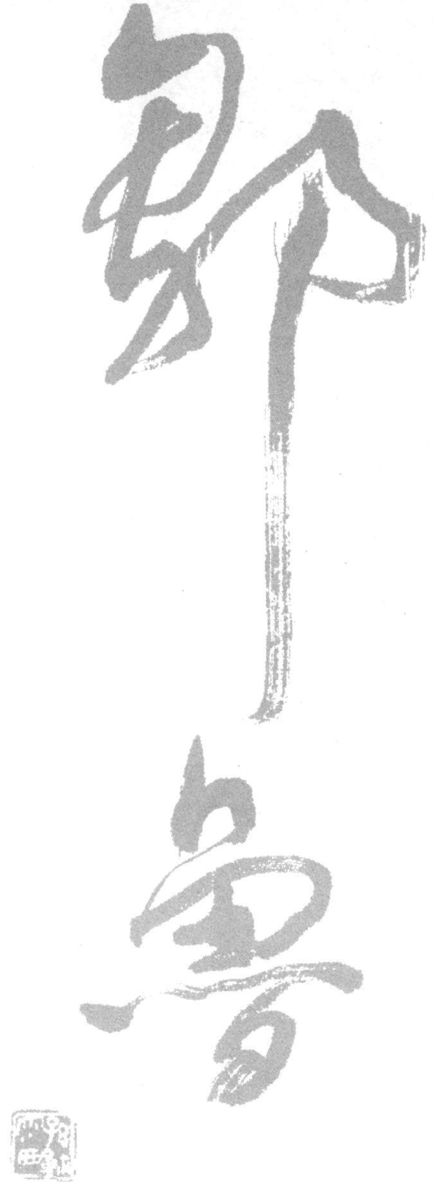

## 曲阜尼山砚制作技艺「省级非物质文化遗产」

尼山砚迄今已有四百余年历史，因其石产于孔子诞生地曲阜尼山而得名。作为鲁砚重要品种之一，其与楷木雕刻、碑帖并称为“曲阜三宝”。明万历二十四年（1596）刻本的《兖州府志》记载：“尼山之石，刳而为砚，质坚色黄，纹理细腻，得之不易。”尼山砚因“简朴大方、巧夺天工”被载入《中国书法大辞典》《中国工艺美术大辞典》。尼山砚作为儒家文化的一种载体，彰显出巨大的历史价值与文化价值。

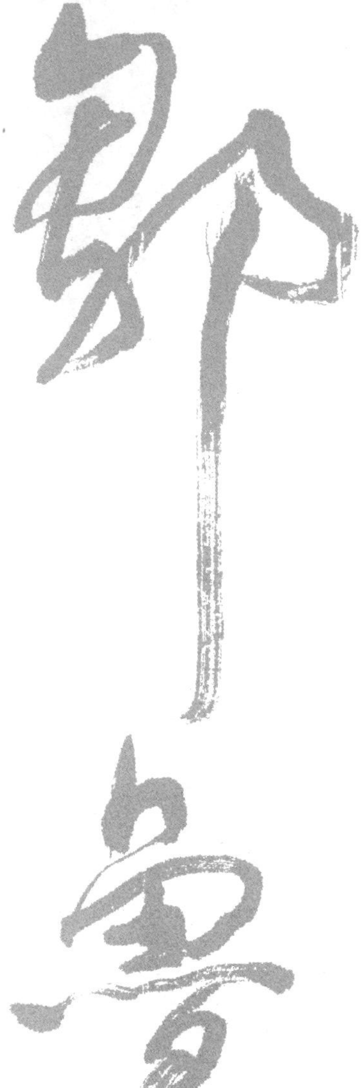

## 孔子诞生传说「省级非物质文化遗产」

孔子诞生的传说是从耳听口传的民间故事中采录而来的。孔子诞生的传说，最早记载于《史记·孔子世家》。金孔元措撰《孔氏祖庭广记》，明重修《阙里志》，清孔继汾辑《阙里文献考》中亦有相关记载。曲阜尼山现存许多和此传说相关的遗存，如孔子诞生地“夫子洞”，尼山脚下的“鲁源村”，尼山孔庙前的“智源溪”等。

## 桑皮纸制作工艺「省级非物质文化遗产」

山东省曲阜市王庄乡纸坊村曾以造纸为主导产业，并因以此而得村名。桑皮纸基本以桑皮做原料，制成草浆后再按照一定的程序进行制作，整个生产过程经过 72 道工序。桑皮纸起初主要用于祭祀、棺材内部防腐等，现用途主要有拓裱字画，糊制木制、条制器皿，糊制加固农用工具等。桑皮纸的制造工艺原版继承了原始造纸技术，属于作坊式手工业生产方式，为继承和研究我国古代造纸工艺提供了活标本。

## 曲阜扶兴和毛笔制作技艺「省级非物质文化遗产」

扶兴和毛笔制作技艺历史悠久，有文字记载的历史可以追溯至清朝，距今已有一百余年。扶兴和毛笔用曲阜特有的楷树制作，经过五代人的传承衍变，技艺日臻成熟，逐步形成了独特的家族传承技艺。扶兴和毛笔制作技艺汲取了儒家文化的精髓，作为中国文化传承的载体，将儒家文化的内涵和制作技艺的个性化特征有机结合，更好地弘扬了中国优秀的传统文化。

## 徐弓坊弓箭制作技艺「省级非物质文化遗产」

受孔子所倡导的“六艺”文化影响，射箭强调体能与心志的统一，倡导以射悟道，有崇高的人文精神，包含中国传统儒家思想内涵，受到世人的青睐。儒家文化也通过弓箭这一工艺载体得到了进一步的丰富和传播。现徐弓坊已发展成为家族式的专业制作弓箭的工坊，其制作选材讲究、做工精细、过程严格并配以各种特殊材料，形成了独特的工艺特征，成品具有较高的艺术欣赏价值和市场开发价值。

# 临清运河文化
# 生态保护实验区

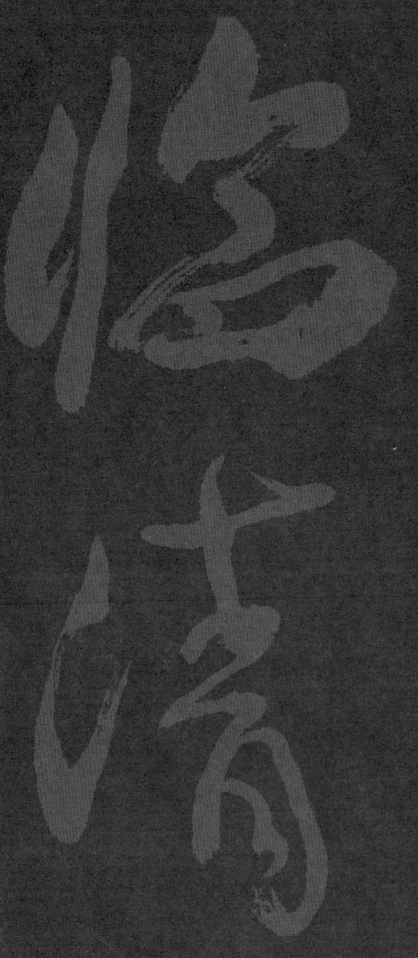

临清，一座因水而起、因运河而兴的古城。自隋炀帝开凿永济渠，临清便成为唐宋时期重要的运河城镇。及至元代开凿会通河，明永乐年间重新开凿和疏通会通河，运河在临清穿城而过，物畅其流，临清得以空前发展。历元、明、清三代，临清车船辐辏，商贾云集，贤达荟萃，“十里人家两岸分，层楼高栋入青云。官船贾舶纷纷过，击鼓鸣锣处处闻”——运河的传奇造就了临清六百年的繁华。

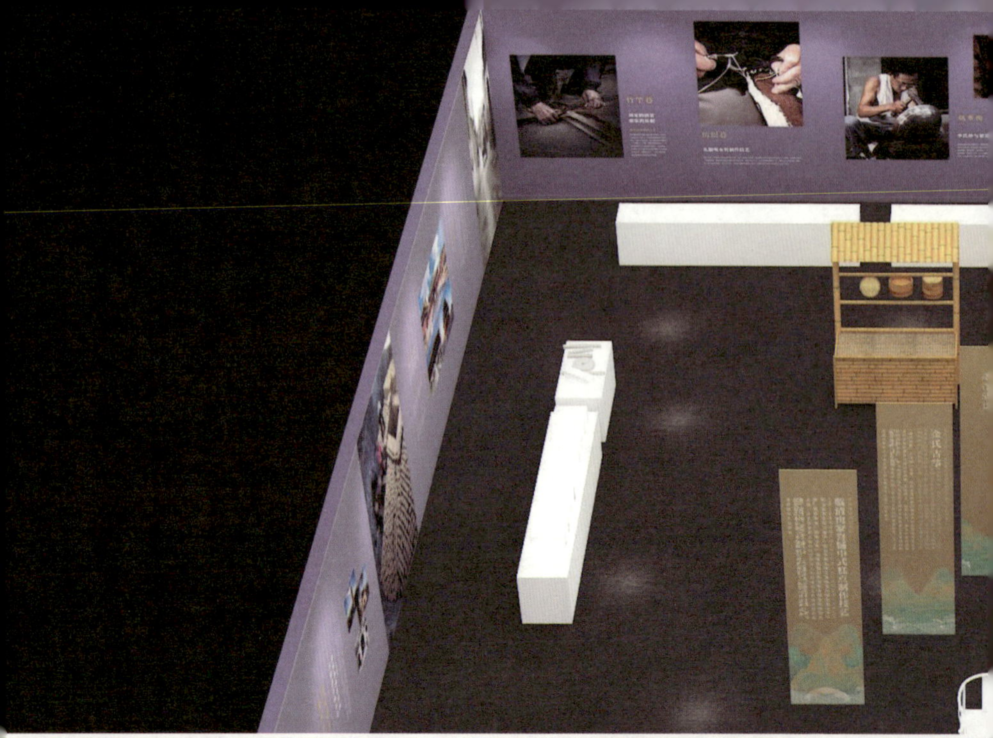

临清
第四板块
临清运河文化
生态保护实验区

临清板块空间效果图

金氏古筝展演现场

临清，位于元代会通河和明代大运河的交汇地。因运河的机缘，它在明清时期迅速成长为“挽漕之咽喉，舟车水陆之冲”。时至今日，走进临清，依然可以看到因运河而兴建的遗迹。始建于明宣德四年（1429）的临清钞关是现今中国仅存的运河钞关。万历年间，临清钞关年征收船料商税额居全国八大钞关之首，占全国课税额的四分之一。临清舍利塔，旧时临清十六景之一，与通州燃灯塔、杭州六和塔、扬州文峰塔并称“运河四名塔”。时光更替，它们伫立在岸边，见证着大运河的兴盛，也连接着临清的过去和未来。

运河兴盛，文化交融，孕育出临清异彩纷呈的非物质文化遗产，“临清宝，真不少，瓜干枣干千张袄。陈家剪子毕家刀，王一摸镰刀不用挑。竹油篓，柏木筲，桑家秤杆灵又巧，甜酱瓜，百籽糕，进京腐乳味道好。”一首传唱百年的民谣，是临清非遗的生动写照。

大运河汩汩涌淌，千百年来，滋润着城市与众生，涵养着风情与人文，所经之处，皆有故事与风俗……

# 第一板块

# 应运而生 秀聚中天

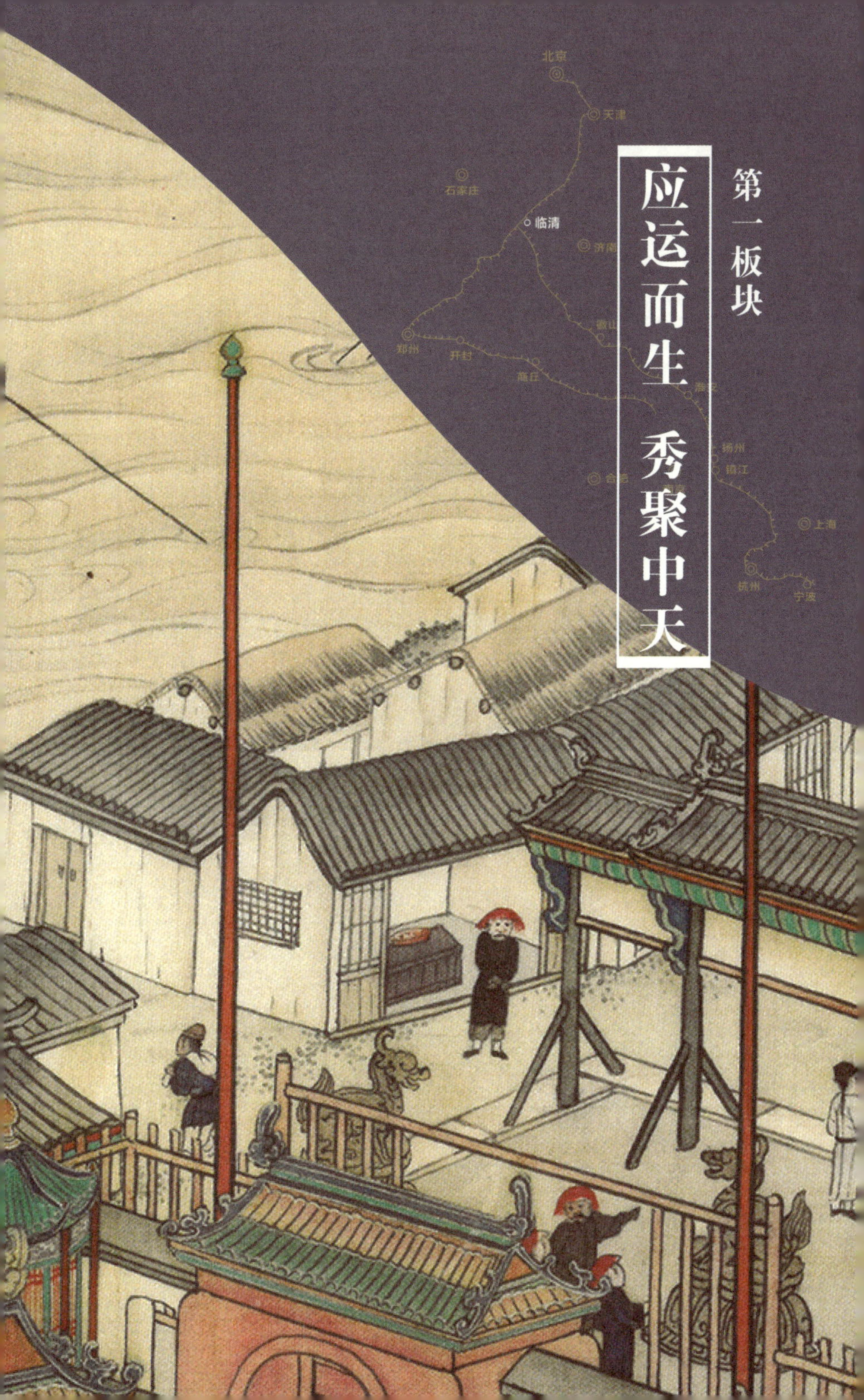

## 临清贡砖烧制技艺「国家级非物质文化遗产」

“北京的城，临清的砖。”

这句流传至今的民谣道出了临清贡砖五百年历史所给予临清的自豪与底气，也道出了临清砖与北京城的亲密无间。故宫、天坛、恭王府……北京城大大小小的宫殿王府都少不了临清贡砖的身影，极盛之时可谓“官窑万垛青烟袅”。临清贡砖敲之有声、断之无孔、坚硬茁实、不碱不蚀，采用临清独有的莲花土，配合精密复杂的烧制技艺，于 2008 年被列入第二批国家级非物质文化遗产代表性项目名录。

# 临清

## 临清竹器制作工艺「市级非物质文化遗产」

临清西城的竹竿巷兴自明清时期，江南竹木沿运河一路北上，也将竹器制作这门技艺融入了临清人的生活。临清当地民谣传唱着：“一把篾刀一弓锯，两把竹篾做生意。”张家竹器制作手艺传承百年有余，工艺精湛，坚硬的竹子在经验丰富的竹编匠人手中似柔软的丝绸，错落起伏间，一件件工艺精湛、经久耐用的竹器制品自然成型。

临清

## 礼服呢布鞋制作技艺「市级非物质文化遗产」

道光年间，礼服呢布鞋经运河由北京、天津一带传入临清，由此便深受喜爱闲适生活的临清人之青睐。临清纺织巷的“腾通鞋铺”是制作礼服呢布鞋的百年老字号，百年间几代人一直坚持用传统的手艺，制作出一双双舒适、轻挺、耐穿的礼服呢布鞋。2014 年 7 月，临清礼服呢布鞋制作技艺入选聊城市第四批市级非物质文化遗产代表性项目名录。

# 临清

## 李氏炒勺锻造技艺「县级非物质文化遗产」

沿着临清运河边的锅市街，循着打铁的“叮当”声便能找到李氏炒勺铺子，锻造好的炒勺悬于院中，一体成型，底厚沿薄，器型规整。经过挑料划料、裁剪旋压、手工捶打、双人卷把、磨边倒角等十一道核心工序，上万次锤炼，一把炒勺便做好了。千锤百炼之间是非遗传承人李尚勤师傅“用心做好每一把炒勺”的朴素愿望。

# 临清

走进临清古城的市井生活，就走进了临清的历史，走进了它的兴衰变迁与喜怒哀乐。竹竿巷、纸马巷、纺织巷、锅市街，漫步于这些以手工业而得名的街巷，就能感受到临清人的生活百态，触摸到运河文化的脉搏。

第二板块

# 城中烟火 市井生活

## 张记聋子青碗市口香油制作技艺 「县级非物质文化遗产」

张记聋子青碗市口香油制作技艺要经过浸泡、过滤、空干、烘炒、扬烟、冷却、过滤、研磨、兑浆搅油、震荡分油、灌装等烦琐漫长的工期，配上要求严苛的火候，芝麻的香味蔓延开来，费时费工的传统手艺换来的是味纯色正的上品香油，味道醇厚的张记聋子香油在口口相传中便成了临清人家灶台上的必需品。俯仰之间，香飘百年，旧时光留下来的不仅仅是味道，更是一代代传承人的默默坚守。

# 临清

## 临清托板豆腐制作技艺「市级非物质文化遗产」

临清老城中，卖豆腐的师傅把刚做出来的嫩生生、热腾腾的水豆腐，放在一块八九寸长的木板上，用刀打成骨牌大小，顾客手托木板而食。“呼噜”下肚，肚子不饿了，身子暖和了，人也精神了。这一口浓缩了临清味道和温度的托板豆腐，成就了临清人时光氤氲下念念不忘的家乡美食。托板豆腐制作技艺的代表性传承人周海洲，被临清人亲切地称为“豆腐王”。

# 临清

## 临清进京腐乳手工技艺「市级非物质文化遗产」

济美酱园创建于清乾隆五十七年（1792），运河兴盛，济美的产品也顺着运河名遐南北。清道光二年（1822），豆腐乳被清廷列为御用贡品入宫，“进京腐乳”名噪京城。临清的“济美”与北京的“六必居”、保定的“槐茂”、济宁的“玉堂”，并称为“江北四大酱园”。济美酱园至今还延续着传统的腐乳制作工艺，采用传统的豆腐坯制作工艺，低温培菌、露晒发酵，一年只开一次缸。

美
济美
美

# 临清

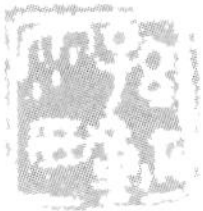

## 健脑补肾丸制作工艺「省级非物质文化遗产」

健脑补肾丸系临清知名老中医孙锡伍先生五代家传秘方，距今已有200余年历史。清乾隆时，该方并未形成固定验方丸剂，而是以汤剂熬制为主，乾隆钦定方名“健身汤”，成方于清朝道光年间，当时用名“十全大补丸”。原山东临清中药厂发掘此方，君臣佐使25味药材遵方炮制，疗效确切。2009年，其制作工艺入选山东省第二批非物质文化遗产代表性项目名录，是东阿阿胶（临清）药业有限公司的王牌产品。

# 临清

临清，名闻遐迩的四大运河名城之一，铸就了数百年的繁华与富庶。古时，盛地名河，钟灵毓秀，名人辈出，各领风骚；今日，临清人依然用自己的方式和节奏，续写着城市的风情与对生活的热爱。

# 第三板块

# 芸芸众生 蜉蝣之羽

## 临清歇马亭庙会「市级非物质文化遗产」

歇马亭地处临清市东郊古运河岸边，乾隆皇帝南巡时在此下马歇息饮茶，当地官吏遂把十里长亭改称为“歇马亭”。传说中，这里也是泰山神碧霞元君乘马西巡时驻跸之所，每年碧霞元君都要回临清娘家，农历三月三十，众人赶到歇马亭，举行盛大的“接驾会”，全临清黄土垫道，净水泼街，酒肆挂彩灯，店铺布彩门，家户设供桌。歇马亭庙会人头攒动，热闹非凡，至今仍是临清地区重要的民俗活动。

# 临清

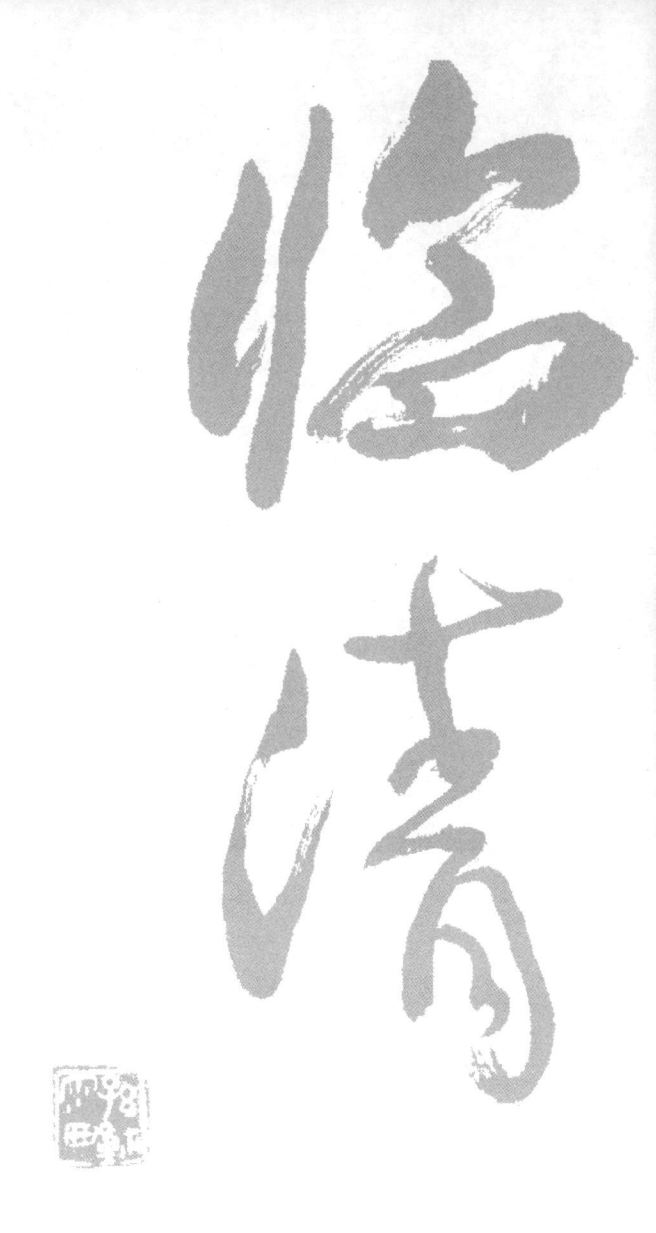

## 季羡林与临清狮猫

季羡林，山东临清人。对于家乡，先生充满着感情，他曾这样描述自己的家乡：“文人学子，达官贵人，贩夫走卒，赶考举子，只要从南方进京，几乎无不通过临清。遥想当年舟船星聚，帆影云展，廛闬扑地，歌吹沸天，车水马龙，商贾联翩，景象何等繁华动人。”他晚年爱猫成痴，养过的猫中就有一只来自家乡临清的狮猫。相传狮子猫是用波斯猫与本地猫杂交选育的品种，最为名贵的是“鸳鸯眼狮猫”。鸳鸯眼，即一只眼睛为黄色，一只为蓝色。

# 临清

## 临清龙灯「省级非物质文化遗产」

锣鼓一敲，龙闻乐起，乐随龙动。踩着铿锵的鼓点，临清龙灯从遥远的历史中走来，如一股激流，撞击着逐渐尘封的乡愁记忆……临清龙灯是重要的民间社火游艺项目，伴随着锣鼓、火铳、焰火，好似在闪电与云雾中狂舞。2021 年，临清龙灯入选山东省第五批非物质文化遗产代表性项目名录。

# 临清

## 临清肘捶「国家级非物质文化遗产」

肘捶所传技法有十趟捶、四季捶、八方（卦）捶及天、地、人势打手组合等，立意精深，招法真切，争奇斗巧之处，极变幻之能，得自然之数，为后学之典范。肘捶诞生在民族英雄张自忠的家乡——临清城南唐元乡。坊间传闻，张自忠自幼学习肘捶，深谙其道。2010 年，临清肘捶入选第三批国家级非物质文化遗产代表性项目名录。

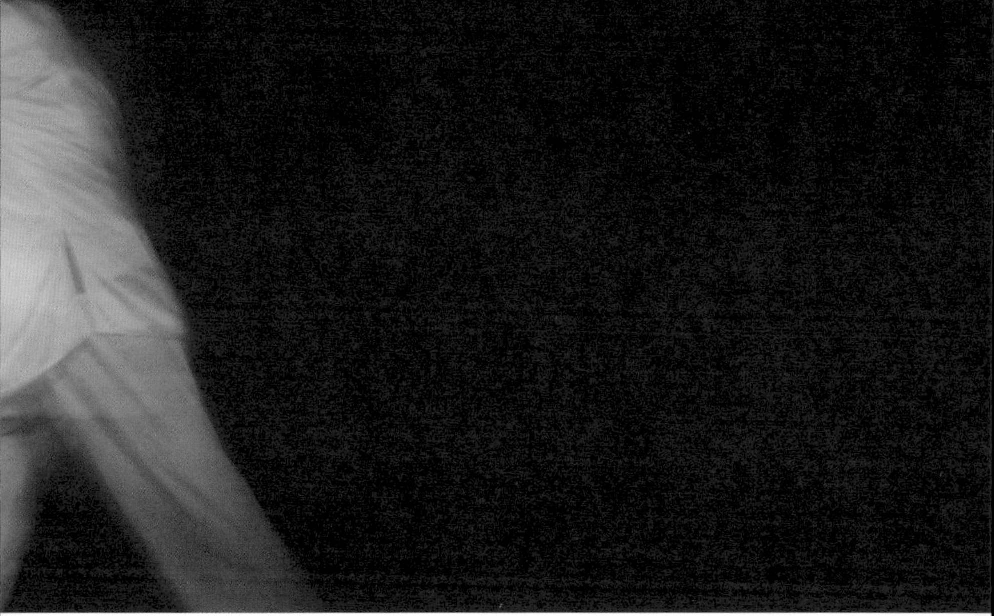

# 临清

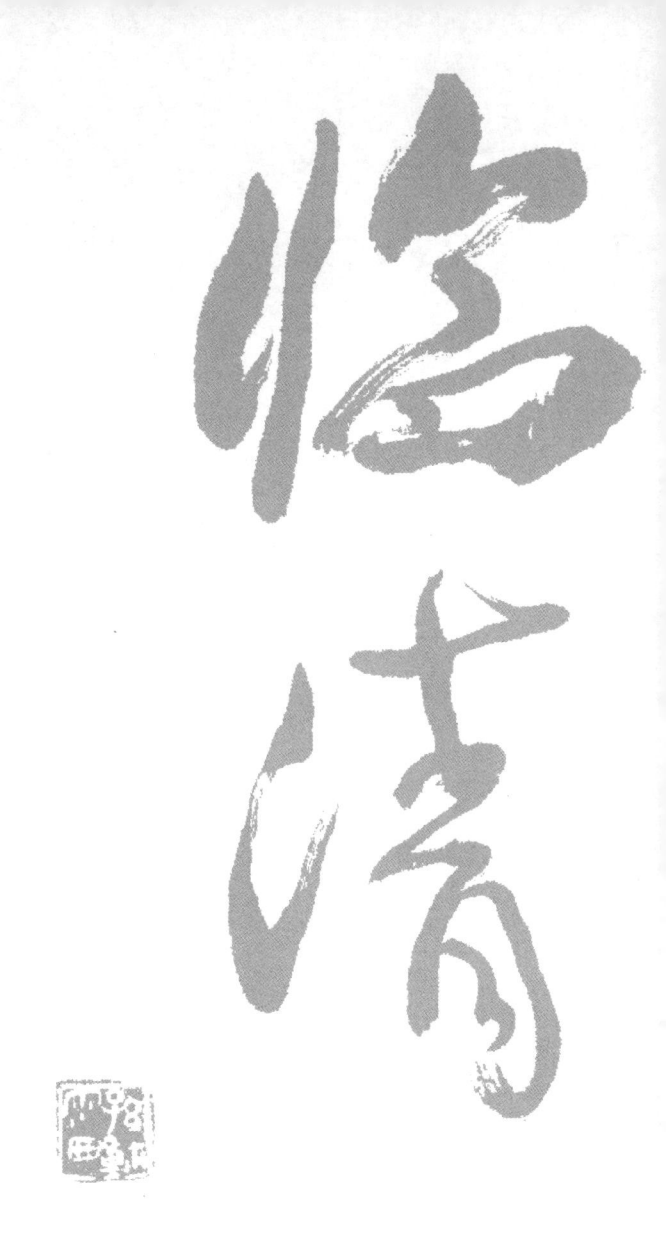

# 台儿庄生态保护实验区

# 运河我家乡　英雄台儿庄

京杭大运河，文化传承之河。

人工的造化，历史的积淀，使大运河成为中华民族的精神家园。流淌千年的大运河至今还为世人享用。作为大运河江北地区唯一东西走向的古运河——台儿庄运河被誉为“运河文化活化石”。而台儿庄这座城市被誉为“天下第一庄”“中华古水城”“中国首座二战纪念城市”。

台儿庄，河湖相连，桥水相依，拥有江南的风韵，是运河水乡。

台儿庄，抗战大捷，铁道飞虎，拥有民族的记忆，是英雄之城。

台儿庄，商贾迤逦，能工巧匠，拥有城市的繁华，是技艺重镇。

台儿庄，历史悠久，文化厚重，拥有古城的魅力，是文化名城。

这，足以让你爱上台儿庄。

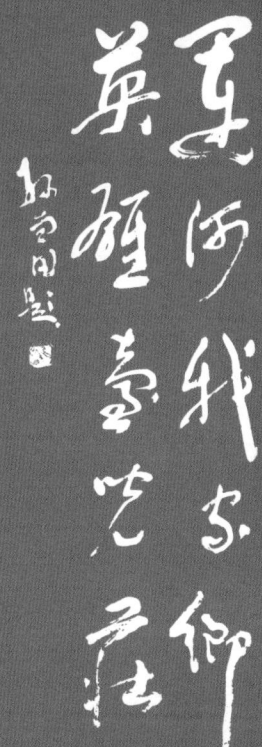

第一板块
一河渔火
歌声十里

台儿庄板块空间效果图

展览现场

鲁南花鼓展演现场

台儿庄，京杭大运河仅存的清代文化遗产，古老的运河穿越千年，贯穿南北，被称为“活着的运河”。以台儿庄为轴心的“枣庄文化”（7300 年的始祖文化，4300 年的城邦文化，2700 年的运河文化，130 年的工业文化）更是见证了历史的变迁和沧桑。“一河渔火，歌声十里，夜不罢市”是对台儿庄古时、今日的真实写照，俨然一幅活着的清明上河图。

第一板块

# 一河渔火 歌声十里

## 台儿庄古运河

台儿庄古运河为京杭大运河唯一东西走向的一段，在枣庄境内 42.5 公里，约占京杭运河总长的 2.45%，是整个大运河的关键河段，号为腹里，史称泇河，明清时期成为中转南北货物的集散地，号称“水旱码头”。繁盛时期的台儿庄有“天下第一庄”的美誉。2006 年，京杭运河台儿庄段被国务院公布为第六批全国重点文物保护单位；2014 年，被联合国教科文组织列入世界文化遗产名录。

台儿庄
消火栓

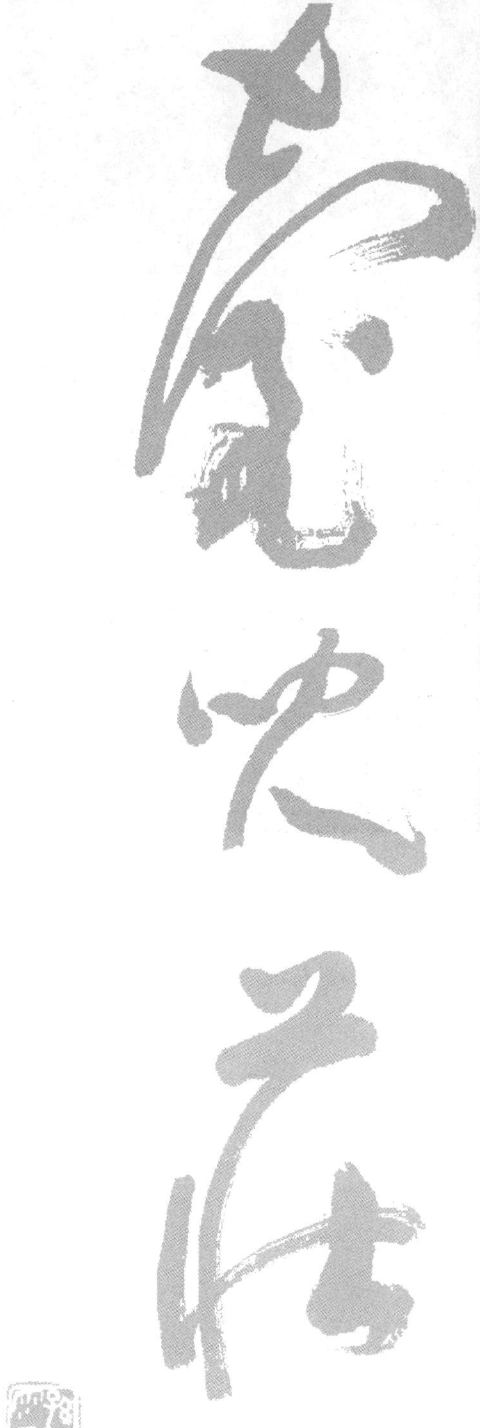

## 台儿庄古城

台儿庄古城是二战遗存最多的抗战名城，被誉为“中华民族扬威不屈之地”。它将八大建筑风格融为一体，七十二座庙宇（妈祖庙、泰山行宫、关帝庙、清真寺、基督教堂、天主教堂等）汇于一城，是京杭大运河上唯一一座古码头、古驳岸等水工遗存完整的运河古城，是集“运河文化”和“大战文化”于一城，融“齐鲁豪情”和“江南韵致”于一域的文化名城。

## 民间缝绣「省级非物质文化遗产」

枣庄民间缝绣是以绸、缎等为主要原料，以民间百姓对美好生活的向往内容为题材，用变形、夸张的手法，同时融合吸收民间美术中多种门类的制作技艺，通过剪、缝、绣、贴、扎等技法来制作的工艺作品。

## 传统手工蚕丝制作技艺「省级非物质文化遗产」

台儿庄的传统手工蚕丝制作历经社会变迁，传承百年，依然保持着手法精巧，以水为器，辅助简单弓形工具，将蚕茧分解、提丝制成蚕丝用品的技艺。2021 年入选山东省第五批省级非物质文化遗产代表性项目名录。

## 阴平毛笔制作技艺「省级非物质文化遗产」

阴平毛笔是经过选料、撕毛、墩毛、脱脂、上毛、去绒、起毫、压毫、对寸等108道工序，使用传统的手工工具，纯手工加工制作而成的。2016年，阴平毛笔制作技艺入选山东省第四批省级非物质文化遗产代表性项目名录。

宽心之法

## 滕县木版年画「省级非物质文化遗产」

滕县木版年画一般用大红、粉红、橘红、橙绿、黄、黑六色套版，用毛边纸印制，其刻版刀法或刚强有力，或流畅饱满，印制出来的年画色彩鲜艳协调，有强烈的装饰效果。2016 年入选山东省第四批省级非物质文化遗产代表性项目名录。

## 峄县传统青铜器技艺「省级非物质文化遗产」

峄县传统青铜器技艺诞生于清道光年间，是以铜合金为基本原料铸造各种生活器具、礼器、乐器、人物和景观塑像的传统技艺，集造型、雕刻、冶炼、铸造于一身，既具有实用性又具有观赏性。2016 年入选山东省第四批省级非物质文化遗产代表性项目扩展名录。

千百年来，源远流长的文脉随着大运河一同流淌。运河沿岸成为华夏文明的中心地带，运河文明也孕育了无数伟大的名人志士，对中国传统文化的发展有着深刻的影响。

# 第二板块

# 人杰地灵 巧者百工

## 枣庄泥塑「省级非物质文化遗产」

枣庄泥塑是山东省枣庄市山亭区山城街道办事处薄板村刘氏家族留传下来的民间手工艺泥塑艺术。根据刘氏家谱和碑文记载，刘氏于元末明初从山西洪洞县迁居至此，泥塑手艺距今已留传六百余年。

## 枣庄砂陶烧制技艺「市级非物质文化遗产」

枣庄砂陶是将具有可塑性的黏土，经水湿润后，成型，干燥，在低温中烧造而成。为防止陶器经火烧或水浸泡后开裂，原料中掺杂了少量的砂粒，以此改变陶土的成型性能和成品的耐热急变性能，故称其为“夹砂陶”。

## 枣庄辣子鸡烹饪技艺「省级非物质文化遗产」

枣庄辣子鸡是承载了几代人饮食记忆的乡土美食，是枣庄独树一帜的珍美肴馔。300年来，食用辣子鸡的习俗不断持续延伸。枣庄辣子鸡烹饪技艺于2021年入选山东省第五批省级非物质文化遗产代表性项目扩展名录。

## 台儿庄黄花牛肉面制作技艺「市级非物质文化遗产」

台儿庄黄花牛肉面，主要原料有黄花菜、黄牛肉、黄牛大骨头和面条。明清时期，台儿庄作为大运河上沟通南北的商贸重镇，其汤面融合了南方的黄花菜和北方的黄牛肉，居民制作黄花牛肉面招待过往客商，逐步形成了享誉南北的地方特色饮食文化。

## 鲁南花鼓「省级非物质文化遗产」

鲁南花鼓是运河人民在长期生产、生活中发展起来的一种地方性舞蹈艺术，其内容主要是反映运河两岸民风民情，因表演形式丰富、艺术特点独特而深受广大群众的喜爱。鲁南花鼓融歌、舞、打击乐三位于一体，表演幽默风趣，动作粗犷奔放，唱腔优美流畅，具有浓厚的地方特色。2006 年，入选山东省第一批省级非物质文化遗产代表性项目名录。

## 山亭皮影戏「省级非物质文化遗产」

山亭皮影戏，起源于清朝初期，既具有戏剧色彩的人物展现，又具备曲艺形式的叙述，腔调种类各异，俗称“九腔十八调七十二哼哼”。曲调多吸取地方优秀剧种唱腔及民间小调的韵律，通俗易懂，可谓说、唱、念、打、逗样样俱全。山亭皮影戏一人演唱，一人敲打鼓、钹、梆子伴奏，唱词自由，韵色明快，曲调丰富，唱腔婉转优美，故事情节感人。

## 鲁班锁制作技艺「省级非物质文化遗产」

鲁班是木匠的鼻祖，战国初期的鲁班创造发明了传承至今的优秀作品——鲁班锁和鲁班枕。鲁班锁讲究的是一种卯榫结构，天梁、地横，前檐、后挡，左擎、右柱，六木扣合、榫卯相嵌、自成乾坤，非钉非胶也，牢而不破也。鲁班锁制作技艺于 2021 年入选山东省第五批省级非物质文化遗产代表性项目名录。

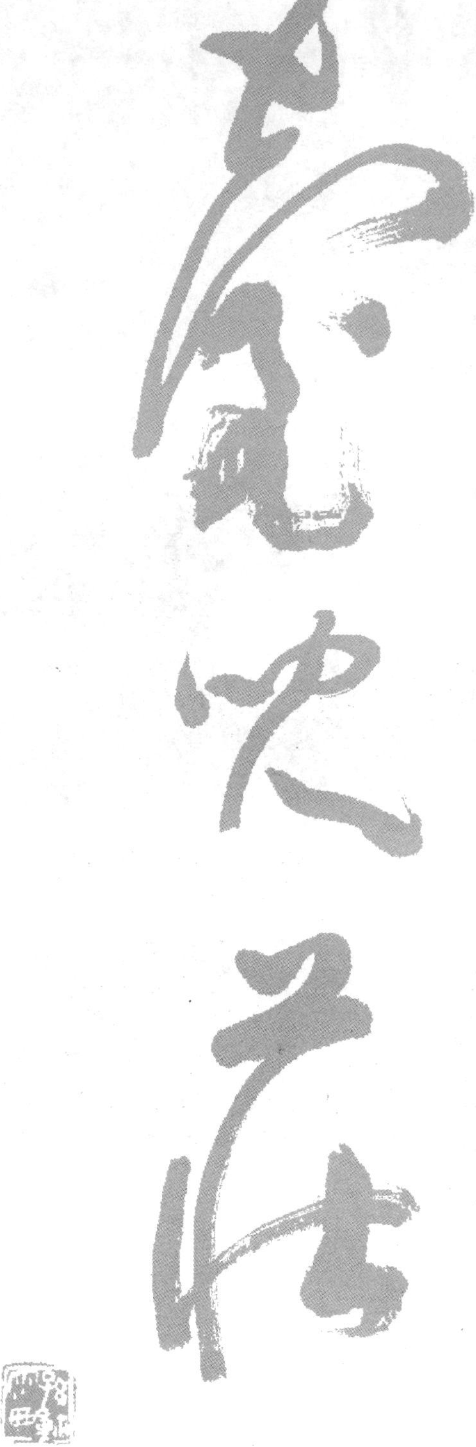

台儿庄是一片英雄的土地。1938 年春的台儿庄大捷，使台儿庄成为中国抗战史上的名城。它见证了我们这个伟大民族万众一心、众志成城、同仇敌忾、共赴国难的顽强精神；今天的台儿庄是让我们充满期待的土地，作为一个新平台、新载体，它将见证中华儿女携手走向未来的新历程。

## 第三板块

# 抗战名城　红色沃土

## 台儿庄大捷

1937 年 12 月，日军占领南京、济南以后，李宗仁作为第五战区司令长官，指挥中国军队同日本侵略者在以徐州为中心的津浦路南北的广大地域上，展开了一场大会战。徐州会战第二阶段即台儿庄大战。1938 年 3—4 月，中国军队击败了日军两个精锐师团，取得了震惊世界的辉煌胜利。因为这次会战的地点在台儿庄，故称为“台儿庄会战”。它打击了日本侵略者的嚣张气焰，坚定了全国军民坚持抗战的信心，是抗日战争以来取得的最大胜利。

台儿庄被美国《生活》杂志誉为“与滑铁卢、葛底斯堡、凡尔登一样，具有历史转折意义的小城镇”。

## 铁道游击队 运河支队

铁道游击队是抗日战争时期活跃在现山东鲁南地区（临城、峄县、滕县等地）的一支抗日武装，是在洪振海、王志胜建立的抗日情报站的基础上发展起来的，始称“枣庄铁道队”，正式建队称“鲁南铁道队”。1940 年 1 月 25 日，受八路军苏鲁支队领导时改称“鲁南军区铁道大队”，别称“飞虎队”。

八路军一一五师运河支队，于 1940 年 1 月 1 日在周营镇正式成立，由苏鲁边之峄、滕、铜、邳地方抗日武装组编而成。在抗日战争中，运河支队与铁道游击队、微湖大队团结协作，战斗在运河两岸、微山湖畔，被罗荣桓政委誉为“敢在鬼子头上跳舞”的部队，陈毅赞称：“运河支队可以写成一部大书。”

國主義者
素以常勝
自豪之皇
軍摧毀於
於此益信
抗戰必勝
台兒莊

## 抗日名将李宗仁

李宗仁（1891—1969），字德邻。广西临桂人，汉族。中国国民革命军陆军一级上将，中国国民党内“桂系”首领，曾任中华民国首任副总统、代总统。抗日战争爆发后，李宗仁任第五战区司令长官，取得台儿庄大捷，这是抗战爆发后中国军队首次于正面战场取得的重大胜利。

# 宋史之法

会议时间：2021 年 12 月 23 日周四 15：00—18：00

会议地点：泰安市泰山宝盛大酒店二楼鲁韵厅

学术主持：中国民俗学会会长、山东大学特聘教授　叶涛

会议议程：

01　文化和旅游部原副部长项兆伦主旨演讲

02　中国社会科学院荣誉学部委员、国家非物质文化遗产展览展示研究中心专家委员会主任刘魁立主旨演讲

03　中国民俗学会会长、山东大学特聘教授叶涛主旨演讲

# 论坛

"河和之契"2021黄河流域、大运河沿线非物质文化遗产交流展示周高端论坛
暨国家非物质文化遗产展览展示研究中心齐鲁（邹城）展示基地颁牌仪式

# 关于非遗保护的认识与实践

今天上午看“河和之契”的展示，非常受启发。展览越来越体现出非物质文化遗产保护的系统性，不仅展示非遗的作品，也不光是手工艺人现场展示，展览中还还原了一些生活场景，这是比较全面的展示。下面，我就非遗的系统性保护工作做一个简要发言。

第一，非遗是一个文化现象的整体。非遗不只是一件件体现文化传统的产品或作品，更是可见、可参与的生活。非遗也不仅仅是某种文化传统的表现形式，还包括其内容本身。

第二，非遗是属于老百姓的优秀传统文化。究其根底，老百姓的传统文化有很多，其中也存在一些文化糟粕。非遗工作保护的对象是《保护非物质文化遗产公约》和《中华人民共和国非物质文化遗产法》定义范围内的文化遗产，并不是所有的文化遗产。被列为保护对象的非遗，除了需要符合相应的条件，还要符合当代价值。不具有当代价值或违反法律法规的传统，不能被认定为需要保护的非遗。经过筛选、传承而列入名录的非遗项目，是当之无愧的优秀的、值得大众去宣传保护的传统文化。

第三，非遗是非物质的，是各要素构成的一个系统。非遗的承载体，例如刺绣作

项兆伦

文化和旅游部原副部长

品中的绣片、鞋垫，都是物质的。但很多知识、实践，例如二十四节气以及我们的各类节庆，都是非物质的。很早以前，一些外国友人在中国旅游买走了许多苗绣的绣片，但这并不是买走了“非遗”，因为实际上绣片只是作为传统手工技艺的承载体，只是非遗的一部分。

第四，非遗是实践性的，是以人的参与为根本的。非遗传承是知识、技艺持有者和相关群体共同参与、密切互动的实践。不能离开大众实践、离开受众，孤立地说传承。没有人看、没有人用，是不能构成完整的文化传统的。很多非遗项目本身就是大众习俗、大众爱好，其延续主要不是依靠技艺传授，而是靠大众参与和大众实践。有些传统对个人知识和技艺的依赖程度较高，但其存在和延续也需要有受众的欣赏、分享。对于需要从事生产的文化传统来说，生产实践本身就是传统，从事生产就是在延续传统，而不是为了保护才去生产。生产、创新和进入市场开展得越好，受众越多，这项文化遗产的实践就越活跃，遗产本身就越富有活力。制定和实施《中国传统工艺振兴计划》，是这方面认识深化、理念澄清的一个重要标志。

第五，非遗是发展变化的，不是一成不变的。传统是奔流不息的历史长河，既源流分明，又不断融入新的泉源，生出新的生命，文化传统在发展中延续。只要传统还在发展，就不能人为规定哪个时间点的形态是传统的终点。所谓的原汁原味传承，如果强调过头，就不仅不符合文化传承的历史实际，也会把鲜活的文化传统变成僵化的木乃伊。那么，所谓的传承人群的研培只能在当地限定的区域开展而不能跨地区学习，这是对文化发展和交流史缺乏最起码的了解的表现。知识和技艺从来就是在长期实践中，从单一到丰富，逐步积累成长的。这个过程没有止境。一代代传承群体和个人或潜心钻研体悟，或与人切磋互鉴，或外出游历取经，在学习、交流和实践中参悟要领，取长补短，推陈出新。一种知识或技艺从甲地流传到乙地，被乙地消化吸收并增加新的元素，再流传到其他地方甚或回到甲地。在这一过程中，新的技艺、作品、风格、流派和门类不断涌现。例如，中国大部分人有过冬至吃饺子的习俗，而很多南方人冬至时候吃汤圆。但是南方人到了北方，冬至不吃汤圆，也入乡随俗吃起饺子，这就是非遗在具体的生活实践中发生了变化。不管南方人吃饺子还是汤圆，但是过冬至是中国人的传统，是华人身份的一个印记。正因如此，我们今天才能领略到优秀传统文化的多姿多彩，欣赏到人类文化多样性之树的日益枝繁叶茂。例如：手工制瓷中使用的柴火窑或电窑是特定资源、技术条件下形成的生产工具，传统的柴火窑不是手工制瓷的本质，凝聚着手工艺人智慧和经验的精湛手工技艺对生产过程的介入才是手工制瓷这一非物质文化遗产的本质所在。

传统苗绣

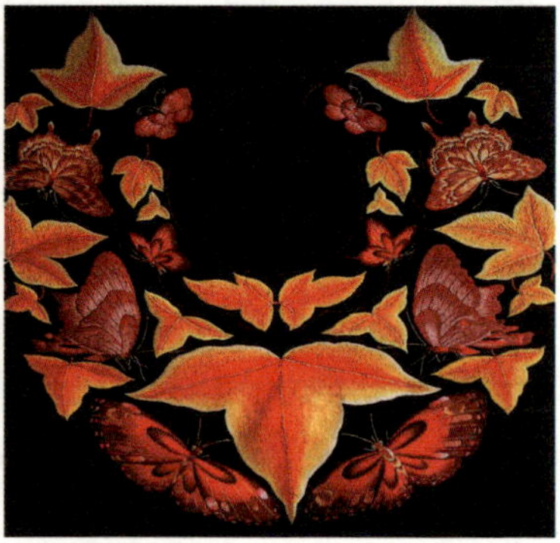

新苗绣

再举一个例子，在2021年联合国教科文组织非物质文化遗产名录新增项目中有“阿瓦珲人与陶器有关的价值观、知识、传说和实践”，这个表达可以给我们一个启发。在这个项目简介中，阿瓦珲人将陶器视作他们与自然和谐关系的例证。制作过程包括五个阶段：选料、造型、烧制、装饰和收尾。每个阶段都有特定的意义和价值。陶器被用作烹饪器皿和饮食餐具，也用于仪式和典礼。这种历经千年的做法赋予阿瓦珲妇女一种表达自身个性的方式。这个原理其实跟我们中国的非遗是一样的，只有把它作为一个文化来对待，你才会去想到它的文化意义。

第六，非遗不存在“抢注”，各国既能各自申报，也能联合申报。谈到各国的非遗申请及其保护工作进程，需要特别澄清一个误区：非遗的申报与商标注册、原产地标志和专利申请等不一样，没有排他性，不问最早出处，没有“抢注”一说。在人类文明的发展交融中，很多文化遗产是多个民族、多个区域共同享有的，或者是你中有我，我中有你，彼此交融。比如，我国有送王船的非遗，马来西亚也有送王船的非遗；我们有端午节，韩国也有端午节，他们也申报端午节，既可以各自申报，也可以联合申报。所以在非遗申遗的问题上，抢注、抢报、抢夺文化遗产，争夺所有权、争夺发明权、争夺文化主权、别国申遗导致我国文化遗产他国化等等，这些说法都是不科学的。文化遗产在一个地方的存续，与有没有申遗没有什么联系。非物质文化遗产的申报，本质上是为了提高遗产的可见度，体现人类文化的多样性和创造力，并宣示保护的责任和义务，增强保护遗产的自觉性。

2003 年联合国教科文组织大会通过《保护非物质文化遗产公约》，2004 年我国人大常委会即批准加入该公约。2005 年，国务院办公厅印发《关于加强我国非物质文化遗产保护工作的意见》；2011 年，《中华人民共和国非物质文化遗产法》颁布施行；2021 年 8 月，中共中央办公厅、国务院办公厅印发《关于进一步加强非物质文化遗产保护工作的意见》。这些国际、国内公约及法律与政策文件的出台，集中反映了各方面对遗产保护工作的认识和态度，并为相应的机构建设、名录制度、工作部署提供了基本依据。

我国的非遗保护工作是在工业化、城镇化快速推进的背景下开展的，其本质是文化传承如何应对自然和社会环境变化的挑战。非遗研究和保护工作中近几年来的重点，一是非遗的系统性保护，二是非遗的整体性保护。前者是以保护非遗的整体要素为抓手，后者以文化生态保护区为抓手，《“十四五”非物质文化遗产保护规划》中就提到，要坚持系统性保护。围绕新时代新任务，统筹协调非遗保护传承与经济发展、城乡建设、社会治理、民生改善等的关系，主动服务和融入国家发展战略，坚持系统观念，全局性谋划非遗保护的各项政策措施，做好各项工作的衔接配合，推动非遗为经济社会可持续发展发挥更大作用。

（根据 2021 年 12 月 23 日会议录音整理）

## 学习“两办文件”心得——关注文化生态保护区建设

刚刚听了项兆伦部长的发言，我感触颇多，想就非物质文化遗产的整体性保护，从历时性和共时性以及人这三项要素出发，谈谈非物质文化遗产的整体性保护工作溯源和未来的一些畅想。

首先，从 1972 年《保护世界文化与自然遗产公约》起始，我们就了解其实世界各国的文化是多样性的。到 1989 年，由各国学者提交给联合国教科文组织的建议书开始，非遗的保护开始列入各国文化保护的范畴。从 1989 年到 2001 年出现了一个非常重要的文献，叫作《世界文化多样性宣言》，我们中国也参与其中。宣言指出，人类所构建的各个国家是平等的，我们都在文化上有自己的贡献，我们每一个民族的文化创造应该是整个人类文化的多样性的一个体现。2002 年有一个各国文化部部长的会议，形成了《伊斯坦布尔宣言》，这个宣言明确指出，非物质文化遗产是文化多样性的一种体现，并且联合国教科文组织提出并推行的非物质文化遗产保护工作中始终贯穿着一种整体论思想，不仅将非物质文化遗产本身视为一个综合整体，而且提出要保护非物质文化遗产及其环境。如《保护非物质文化遗产公约》要求缔约国竭力采取种种必要手段，以促进对非物质文化遗产

刘魁立

中国社会科学院荣誉学部委员
国家非物质文化遗产展览展示研究中心专家委员会主任

的空间环境和传承人群的整体保护。《伊斯坦布尔宣言》指出政府有必要“采取坚决行动来保护非物质文化遗产得以表现和传播的环境”。所以，我们对于非物质文化遗产的保护应该有一个整体性的原则。从整体上加以认识，在整体上进行关注和保护。“既要保护文化事物本身，也要保护它的生命之源；既要重视文化的‘过去时’形态，也要关注它的‘现在时’形态和发展；既要重视文化的价值观及其产生的背景和环境，又要整合和协调各方面的关系及其利益诉求；还要尊重文化共享者的价值认同和文化认同等。”这是做好民族民间文化保护和抢救工作的重要保证。

就非物质文化遗产保护工作中需要考虑的各个方面，我主要提出以下四点见解。

第一，要对非物质文化遗产进行整体性保护，不再是对单一个体的保护，而是对一个具体文化表现形式的完整保护。在不同时代，人们对非遗的考察对象的认识是不一样的，曾经人们认为非遗保护的对象就好比船工做的船、厨子做的汤，代表着“物”的本身。但其实船并非船，汤也并非汤，乃是指在一个社会空间里这些“物”所诞生的整个过程。例如船工造船制造工艺，整个过程流露出的智慧传承又处于一定的场域之中，船的设计、船的制作方法、船在人民生活中的地位和应用，这种物和非物的关系，都属于非遗的整体性体现。非物质文化遗产的显著特性则是活态流变性，本质上是条流动的文化“河”，是过去的记忆、现在的实录和未来的表征，反映的是人类的过去、现在和未来的创造力。因此，保护非物质文化遗产不能像保护物质类文化遗产那样简单地以博物馆和档案馆的形式进行记录式保护，应该既重视其历史变迁，又关注其现时状态，需要对具体项目进行具体分析；既重视其时间向度上的历史内涵和演变规律，又关注其空间维度上各个方面、各道工序互相配合的复杂性；既不割裂其发展和流变，也不人为将其复杂存在过程简单化、平面化。

第二，要对非物质文化遗产进行整体性保护。因为它不是僵化固定的，而是流变伴随着发展的，联系着“昨天、今天和明天”。对“传承”的保护，正是这种时间轴线的体现。在过去所有学科里面，很少有“传承”这个词出现。我和叶涛老师都是讲民俗学的，过去我们关注的是昨天的结果是什么样子的，我们通过研究把这个结果呈现给大家，这叫学问；总结出它是什么，把昨天的事情做一个普适性的结论，以期它能对未来发生的事起到一定的帮助，也叫学问。传承是从昨天考虑到明天，昨天的事情通过我们的努力之后有了明天。

在此之中，传承人起到了重要的作用，非物质文化遗产一说到传承和保护的时候，就是从今天开始走到明天。所以，非物质文化遗产传承人一只手拉着历史，另外一只手伸向明天。所以传承人是可敬的，他们是这个链条中间的一个纽带。所以“传承”这个词在非物质文化遗产的研究里面，是个关键词。如果从时间的角度看，非物质文化遗产一定是从过去到今天，眼睛朝向明天的。在联合国教科文组织出台的公约中，谈到弘扬谈到振兴，就是要有一个发展的视角，否则就没有办法进步。联合国教科文组织有人类非物质文化遗产代表作这样一个名录出现，实际上也是告诉大家每一个民族都有贡献，你可以在那里得到某种启示，这也是你的遗产的一部分，因为你也是人类的一分子。

非物质文化遗产的整体性保护希望从时间上全面考察保护对象的过去、现在和未来，这不是提倡重新恢复非物质文化遗产的所有历史，更不是主张全盘复古。面对我们宝贵的非物质文化遗产，我们更应该坚持用发展的眼光。非物质文化遗产的本质特征是活态流变性，它会随着周围环境和人的不断变化而发生着绝对的改变。我们保护非物质文化遗产，一方面是为保护好传统文化的优秀基因，保护好文化的特质；另一方面则是为未来提供创造的动力，促进社会文化的可持续发展。

刚才项部长也谈到社区，“社区”这个词是提醒我们研究非遗一定要考虑我们周围的环境。比如一个故事在我们的口头传统和表现形式的名录里面，但实际上是社区的产物，没有周围的群众，没有那个环境，就没有这个故事的存在。所以从一定的意义上说，社区是文化的园地、生态环境，而这个环境一旦没有了，非物质文化遗产的具体对象也就跟着没有了。

第三，对非遗进行整体性保护，还体现在它承载着广大民众积蕴已久的情感需求和价值观念，与我们的整个生活密不可分。非物质文化遗产非常重要的特点就在于它的发生和构成中的混合性、现实存在的共生性以及和人们生活不可分割的关系。并且在这个过程之中，它的当下价值为人们提供了认同感、自豪感以及幸福感。泰安是黄河和大运河的交汇之处，是二龙戏珠的地方，当我们站在泰安这片土地上，就会有一种自豪感，这种自豪感在人与人之间就构成了一种非常亲密的联系。例如我是在这一片土地生下来的，我和这一片土地上的其他人是好朋友，所以我有自信，有自豪，有依靠，所以我就能够立于不败之地。在群体中间的这种认同感是非物质文化遗产的一个非常重要的当下价值。又比如二十四节气是人类作为命运共同体的一个最基本的物理性基础，就是根据中国人认识太阳的周年变化来制定的时间制度，又使古往今来的中国劳动人民据此进行劳作和生活，这使我们有非常明确的共同观念和认同感。例如在冬至的时候，人们吃饺子会感到幸福；在其他节庆的场域里，人们跳舞、唱歌也会感到幸福。例如，我在展览中看到年画的展示空间就会想到春节的气氛，而当在其中看到秦琼和敬德两位门神，就有一种强烈的幸福感。非遗带来的幸福就基于共同的认知，它是一种人民群众在自己生活的空间内、在特定的时间里，表达自身与集体情感的方式，这也是它当下价值的体现。

最后，整体性保护理念可以作为一种认识论和方法论，为我们提供整体的思维和方法，可以有效帮助我们避免狭隘的目光而获得宽广的思路。从时间和空间的角度，将宏观与微观相结合，人类学家坚持用整体论思想来观察人类社会文化，取得了举世瞩目的成果，对人类科学和社会、文化的发展影响深远。我们也要将非物质文化遗产的整体性保护理念作为一个重要的原则来指导我们的思考和工作。

（根据 2021 年 12 月 23 日会议录音整理）

## 泰山与中华民族精神

在中国文化的历史长河中，泰山享有崇高的声誉，它被誉为中华民族精神的象征，被称作“东方文物的宝库”。从传说中的三皇五帝，到历史上的秦皇汉武，历代帝王通过到泰山封禅告祭宣扬其“受命于天”“功德卓著”，从而确立了泰山在整个中国历史中不可替代的地位。自隋唐以来，封建帝王又通过对东岳泰山的封王封帝尊崇日隆，使泰山逐步神灵化、神圣化、国家化。东岳大帝最终被纳入国家正祀的系统之中，成为国家奉祀的重要神灵之一。

泰山文化中凝聚着中华民族的生死观、宇宙观、人生观，山岳崇拜、神灵信仰及其典章仪式。山岳崇拜致使封禅仪典制度化、神圣化，泰山封禅成为历代帝王追崇的国家政治行为；神灵信仰导致了东岳大帝、碧霞元君等泰山神灵的出现，使国家与民众都可以在泰山寻求到崇祀对象，开启了中国历史上国家与民众共享泰山的先河。

提到泰山，人们津津乐道的常常是帝王的封禅大典。帝王到泰山封禅具有悠久的历史，据《史记·封禅书》记载，汉武帝之前，已有七十二家帝王到泰山举行过封禅。更早的文字资料，如《尚书·舜典》中记有舜在接受了尧禅让后的第一个春天巡狩泰山、

叶　涛

中国民俗学会会长、山东大学特聘教授

举行祭祀的情况。汉唐时期，许多有名的帝王都曾到过泰山举行封禅仪式。

“封禅”一词，初见于《管子·封禅篇》，惜已佚，今本《管子》中的《封禅篇》是从《史记》引补录的。《史记》的《封禅书》和《齐太公世家》中都有关于“封禅”的较为详细的记述。何谓“封禅”？唐代张守节在《史记正义》中做过如下解释：

> 此泰山上筑土为坛以祭天，报天之功，故曰封。此泰山下小山上除地，报地之功，故曰禅。言禅者，神之也。《白虎通》云：“或曰封者，金泥银绳，或曰石泥金绳，封之印玺也。”《五经通义》云：“易姓而王，致太平，必封泰山，禅梁父，何？天命以为王，使理群生，告太平于天，报群神之功。”

据此，我们可以对封禅有如下两点认识：首先，封禅的方式是在泰山顶上筑坛以祭天，在泰山下的小山上除地以祭地；其次，封禅的目的是“报天之功”“报地之功”“报群神之功”。《史记·封禅书》引管仲的话说，在秦以前有七十二个帝王曾行封禅之事，不过文中也只提到十二个帝王，而且还多语焉不详，叙述模糊。也有学者认为，所说七十二帝只是约数，极言其多。自秦以来，秦、汉、唐、宋诸朝均有帝王亲临泰山封禅。到了宋代，自从宋真宗举行封禅，王钦若导演了降天书闹剧之后，作为中国古代最具有代表意义的官方祭祀仪式——封禅大典便戛然而止。此后，虽然仍有许多帝王到过泰山，但封禅大典再也没有举行。遇有大事，帝王也要举行告祭泰山的仪式。所谓“告祭”，就是帝王不亲自到泰山，而是派大臣代替帝王去泰山举行有关祭祀仪式。清代，康熙、乾隆等帝王都曾多次到泰山，但却没有举行封禅。虽然不举行封禅，但帝王或亲临拜祭，或遣官员代祭，对于泰山的礼遇却始终不衰。

这一在泰山上举行的重要仪式性活动，相传起源于上古的泰山封禅大典，自宋元以来便被民众广泛参与的泰山庙会所替代。关于泰山庙会的起源，有的学者将它追溯到汉唐时期，甚至更早。泰山庙会的真正繁荣应该是在宋代之后，这可以从明清小说、文人笔记中得到证明。《水浒传》是明代人以宋代为背景创作的优秀作品，其中所描写的泰山庙会极为生动。《醒世姻缘传》《金瓶梅》《老残游记》，以张岱笔记为代表的明清笔记中均有泰山庙会的记述。宋真宗的泰山封禅和对东岳泰山的封王封帝，对庙会成为定制起到了重要作用。

唐末五代时期，泰山信仰迅速发展，除五行观念、泰山治鬼说深入人心以外，帝王的封禅对泰山崇拜更起到了极大的推动作用。宋真宗的封禅更是大造舆论，天下普见吉兆无形中在民间起到了宣扬泰山的作用。宋真宗封禅后，封泰山帝号，各地大建东岳庙，泰山岱庙地位日隆，成为各地东岳庙的祖庙。同时，两宋时期，东岳诞辰渐渐固定为三月二十八日，并为各地民众所遵循。这些都是泰山庙会兴起和发展的基本保证。金元时期，道教继续在泰山发展，全真派的著名弟子在泰山多有活动，南天门的一组庙宇就是全真教道士张志纯发起募捐而修建起来的。元代，每逢东岳大帝诞辰，“天下之人不远千数百里，各有香帛牲牢来献”。小说《水浒传》中对于泰山庙会的描写，大概写的这个时期的情况。至于元代短篇小说和元杂剧中对泰山庙会的描写，更是直接以当时的现实活动为背景的。

道教在明清时期已无法和其前期的繁盛相比，但此时泰山民间信仰的基础已经相当深厚，碧霞元君信仰自明初兴起以来，迅速发展，深入人心。明清时期，泰山庙会在原有东岳大帝的基础上，又加入碧霞元君这一后来居上的泰山女神，形成了极其兴盛的壮观场景。庙会也从单一的东岳大帝诞辰，进而发展为碧霞元君、王母娘娘、玉皇大帝等多神灵共主的局面，形成了中国庙会史上独具特色的泰山庙会群，其会期自春节至农历的四月份，形成了跨越整个春季的“万古长春会”。除春香庙会外，还有秋香庙会延续一年的盛况。

泰山庙会自宋代形成以来，因其所蕴涵的深厚的民间信仰文化基础，以及长期所形成的民众自发参与的热情，经过了明清时期的繁盛，至清末民初继续保持良好的发展。

在早期帝王的巡守和封禅泰山的礼仪中，泰山只是作为一个自然实体而存在，巡守和封禅的主要目的是对天、对地的告祭，泰山只是告祭的场所。不过，在长达数千年的巡守和封禅仪礼的举行过程中，泰山也因为它的特殊位置而完成了神灵化和人格化的过程。

帝王的封禅泰山发展到秦汉，已经不是单纯意义上的与“天”的沟通，而具有了“求仙”“不死”的成分，这与后期的泰山主死而治鬼的观念形成鲜明对比。从战国至两汉，冥界的主宰从天帝转变为泰山神，泰山成为众鬼的归宿。早期泰山神被称作“泰山府君”，这个称呼最早见于晋干宝的《搜神记》卷四“胡母班”条。

在泰山神人格化逐渐确立之后，从唐代开始，随着对泰山神不断的加封，出现了泰山神的国家化和帝王化的倾向，泰山神灵的地位在国家和民众中最终得以确立。唐代武则天封东岳为神岳天中王，后又尊为天齐君。唐玄宗封泰山为天齐王。宋真宗在大中祥符元年（1008）泰山封禅后，加封泰山为仁圣天齐王；祥符五年（1012），又加封为天齐仁圣帝。宋真宗不仅加封泰山，还加封泰山夫人为淑明皇后，加封泰山的五子为侯、为王，加封泰山女儿为玉仙娘娘。到了元代，元世祖又加封泰山为天齐大生仁圣帝。

泰山石刻

泰山东岳庙会习俗

从传说时代，在泰山上就举行封禅这种典章制度上最隆重的大典，到宋代之后的帝王致祭泰山；从将泰山作为人间帝王与上天沟通的场所，到对泰山封王、封帝，兼封其妻子儿女，在数千年的历程中，泰山完成了其神灵化和人格化的过程。泰山神的人格化，使其具备了中国民俗神灵所具有的一般性质，同时，其安邦定国、通天告地的显赫本领，又使其具有了普通神灵所不具备的威力。历代帝王对泰山的加封和推崇，必然对民众的泰山信仰起到推动作用，加快了泰山信仰在地域上的扩布。

碧霞元君是中国历史上影响最大的女神之一，尤其是明清以来，她在民间的影响已经大大超过了泰山主神东岳大帝，以至于当时的文人士子对元君势力的发展颇有微词，明人谢肇淛的一段话最能说明当时的情形：

> 岱为东方，主发生之地，故祈嗣者必祷于是，而其后乃傅会为碧霞元君之神，以诳愚俗。故古之祠泰山者为岳也，而今之祠泰山者为元君也。岳不能自有其尊，而令它姓女主，偃然据其上，而奔走四方之人，其倒置亦甚矣。

关于泰山女神碧霞元君的称号，过去一般认为是宋真宗所封，此说有谬。根据笔者对泰山玉女和碧霞元君称号的考察，可以比较肯定地说，元代末期，道教信徒开始把泰山玉女纳入道教神灵体系；到明代，皇帝和后妃们崇奉泰山女神，道教信徒趋炎附势而给泰山女神加上了封号。泰山女神有“天仙玉女碧霞元君”的封号，时间应该在明代前期。到明中期的弘治、正德年间，碧霞元君的封号已经非常普及，并通过民间宗教利用宝卷的形式广为传播，而为广大民众所熟知。

明代初期，朱元璋整顿祀典，洪武三年（1370）就下诏书罢去泰山“东岳天齐仁圣帝”的封号，单称“东岳泰山之神”。为什么去掉“王”“帝”这些封号呢？按朱元璋的说法是：“因神有历代封号，予起寒微，详之再三，畏不敢效。盖神与穹同始，灵镇一方，其来不知岁月几何？神之所以灵，人莫能测，其职受命于上天后土，为人君者何敢预焉！惧不敢加号，特以‘东岳之神’名其山。”削去泰山神的帝王封号，无形中把东岳大帝和碧霞元君原来的差别（一主一从）缩小了，他们同为泰山神灵，一男一女，平起平坐，这就为民间崇奉碧霞元君提供了机缘。从洪武三年罢去泰山神的封号，到弘治十六年（1503）皇帝派员致祭碧霞元君，在这 130 多年的时间里，碧霞元君已从宋代的默默无闻，经元末明初的陪祀东岳，最后发展成为声名显赫的、与东岳大帝并驾齐驱的泰山主神。尤其是到了明代中后期的嘉靖、万历年间，碧霞元君信仰深入民间，民众在泰山的进香活动进入历史上最繁盛的时期。这种繁盛景象一直持续到清代的康熙、乾隆时代，余波至于光绪年间，时间长达 400 余年。

碧霞元君从最初配祀东岳，就与泰山信仰的基本功能——“育化万物，始生乾坤”结合在一起。因此，把碧霞元君最初的职司定位于生育神应该是恰当的。碧霞元君生育神的职司最晚于明朝初年就已经具备。因为到嘉靖年间拓建岱顶碧霞祠时，就有了碧霞元君的副神子孙娘娘殿的辟建。嘉靖十一年（1532），皇太后曾遣太子太保到泰山“致祭于天仙玉女碧霞元君之神”，为嘉靖皇帝求子，御祝文中讲道：“皇帝临御海宇，十有二载，皇储未见，国本尚虚，百臣万民，无不仰望。兹特遣官敬诣祠下，祗陈醮礼，洁修禋祀，仰祈神贶，默运化机，俾子孙发育，早锡元良，实宗社无疆之庆，无任垦悃之至。”上述资料表明，碧霞元君所具有的能致人生育的职司，已经得到宫廷上层的认可。这种功能的具备必然是在民众之中经过一段较长时间的发展之后，才会从民间而进入上层、进入宫廷，又经过宫廷的认可、提倡（为皇帝来泰山求子就是最好的提倡），而这种认可和提倡又必然会反过来对广大民众产生重要影响。

实际上，碧霞元君信仰发展到明嘉靖、万历年间，其职司已经从单一的生育神演变为无所不能的神灵。万历二十一年（1593）王锡爵《东岳碧霞宫碑》铭记云：

> 齐鲁道中，顶斋戒弥陀声闻数千里，策敝足茧而犹不休，问之，曰：有事于碧霞。问故，曰：元君能为众生造福如其愿。贫者愿富，疾者愿安，耕者愿岁，贾者愿息，祈生者愿年，未子者愿嗣，子为亲愿，弟为兄愿，亲戚相厚，靡不交相愿。而神也亦靡诚弗应。

贫者、疾者、耕者、贾者、祈生者、未子者……不同的阶层，愿富、愿安、愿岁、愿息、愿年、愿嗣……不同的愿望，一起汇集到泰山，民众虔诚地向碧霞元君祈祷，元君则“靡诚弗应”。正如有的学者指出的：“泰山碧霞元君的信仰，是各种关于生育成长神话传说的综合，最后集中到‘泰山娘娘’身上。宋真宗筑‘昭真祠’供奉的只是玉女，但因祠建在与生育成长观念密切的泰山，成为我国古代妇女信仰的主要偶像。”

碧霞元君信仰功能的扩展，对于碧霞元君这个女神而言有着特殊的意义，它为不同阶层、不同性别的人士进香于元君提供了依据，在相当大的程度上扩大了它的信众的范围，其结果便是民众进香泰山活动的兴盛和民间信仰组织香社活动的繁盛。

进入21世纪，泰山一如既往代表着中华民族的风骨。正如《我们是黄河我们是泰山》歌中唱到的那样：“我登上泰山之巅，天风浩荡向我呼唤。中华的风骨像泰山千秋耸立，铭刻多少功绩多少荣耀多少尊严。泰山向我呼唤，要做中华好汉！”泰山寄托着中华民族数千年来国泰民安、风调雨顺的美好愿望，继续延续着作为中华民族“拔地通天”、气贯长虹的神圣场域的光荣。

（根据 2021 年 12 月 23 日会议录音整理）

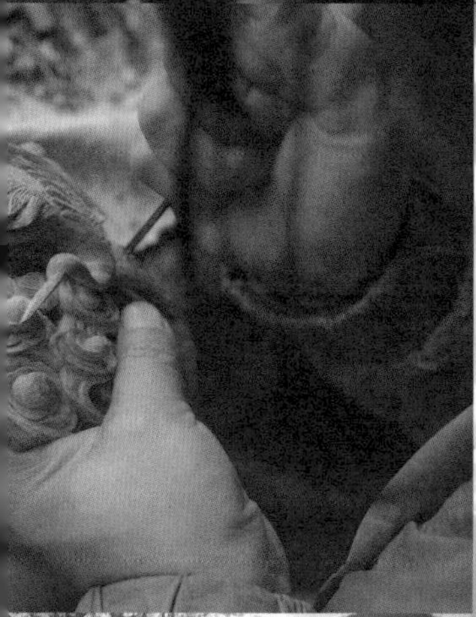
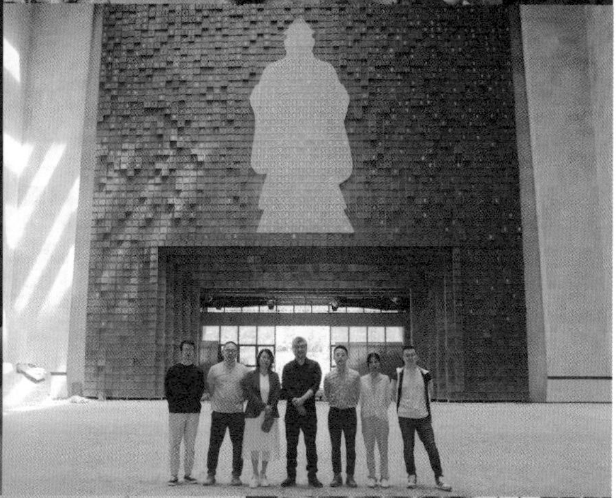
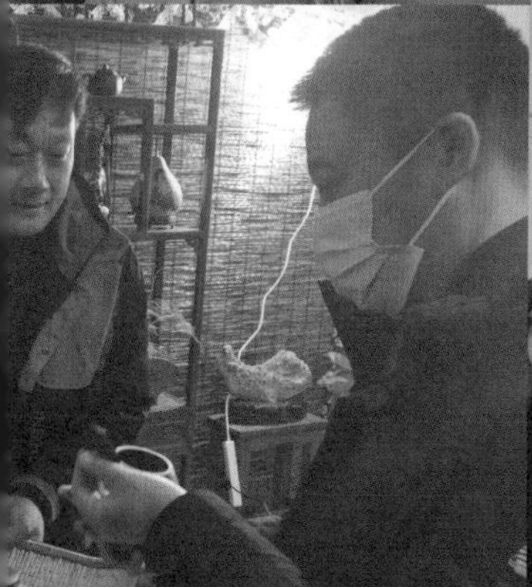

雲
龍
會
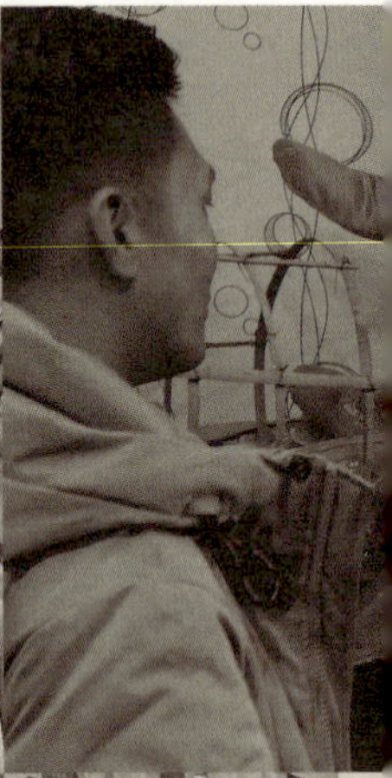

台兒莊大戰纪念館
台兒莊大戰紀念碑

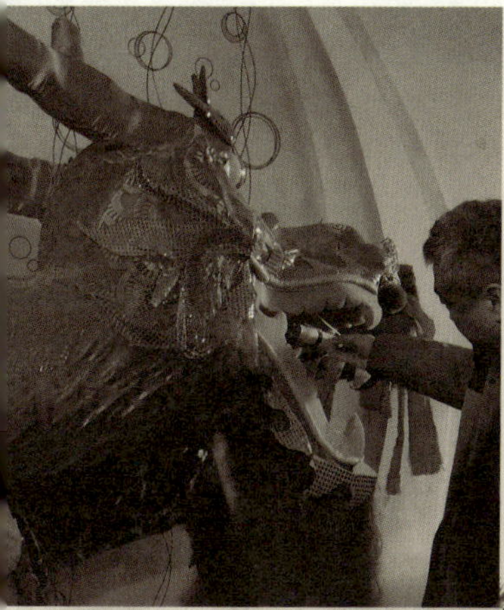

“河和之契——黄河流域、大运河沿线非物质文化遗产交流展示周”高端论坛现场

河和之契：黄河流域、大运河沿线非物质文化遗产交流展示周组织委员会、策展工作人员合影留念

## “河和之契：黄河流域、大运河沿线非物质文化遗产交流展示周”组织委员会简介及工作指导文件

### | 工作机构简介 |

“河和之契：黄河流域、大运河沿线非物质文化遗产交流展示周”作为全国唯一聚焦黄河、大运河非遗交流展示的特色活动品牌，由文化和旅游部非物质文化遗产司指导，山东省文化和旅游厅主办，国家非物质文化遗产展览展示研究中心总策展，2021 年 12 月 23 日在山东泰安启动，充分展示了黄河流域、大运河沿线非物质文化遗产的独特艺术魅力，展现了中华优秀传统文化积淀千年最深沉的精神追求和生生不息、延续不止的历史文脉，引发了强烈的社会反响。

为持续打造“河和之契”黄河流域、大运河沿线非遗交流传播品牌，2022 年 3 月 17 日，由山东省文化和旅游厅组织成立“河和之契：黄河流域、大运河沿线非物质文化遗产交流展示周”组织委员会及相关工作机构，由国家非物质文化遗产展览展示研究中心牵头相关高等院校、科研单位成立了“河和之契”组委会策展专家委员会。

组委会及相关工作机构是按照习近平总书记在深入推动黄河流域生态保护和高质量发展座谈会上的重要讲话精神，进一步落实《关于推进黄河流域、大运河沿线非物质文化遗产保护传承弘扬的意见》的有关要求，在文化和旅游部非物质文化遗产司的指导下，弘扬“河和之契”品牌活动独创性、唯一性、区域性价值的权威工作平台，力求精准选取非遗在黄河流域、大运河沿线的应用实例，展览展示非物质文化遗产项目在实践中振兴、在生活中弘扬的盛况，诠释中华优秀传统文化的创造性转化和创新性发展。

### | 组委会秘书处 |

山东省文化和旅游厅非物质文化遗产处

### | 专家委员会秘书处 |

国家非物质文化遗产展览展示研究中心齐鲁展示基地

中国传统工艺振兴计划协同创新中心齐鲁研究基地

黄河流域、大运河沿线非物质文化遗产交流展示周组织委员会

Organizing Committee of Intangible Cultural Heritage Exhibition Week Along The Yellow River Basin And The Grand Canal

## | 工作指导文件 |

◎山东省文化和旅游厅关于成立“河和之契：黄河流域、大运河沿线非物质文化遗产交流展示周”组织委员会及相关工作机构的通知（2022 年 3 月 17 日）

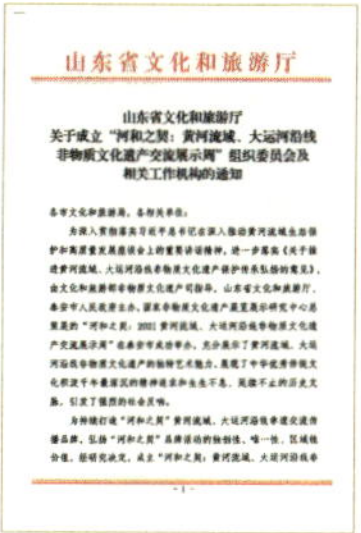

山东省文化和旅游厅

山东省文化和旅游厅
关于成立“河和之契：黄河流域、大运河沿线非物质文化遗产交流展示周”组织委员会及相关工作机构的通知

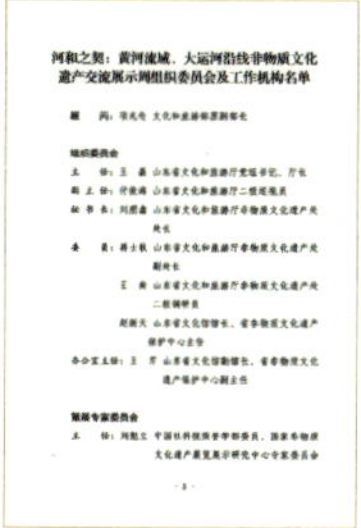

河和之契：黄河流域、大运河沿线非物质文化遗产交流展示周组织委员会及工作机构名单

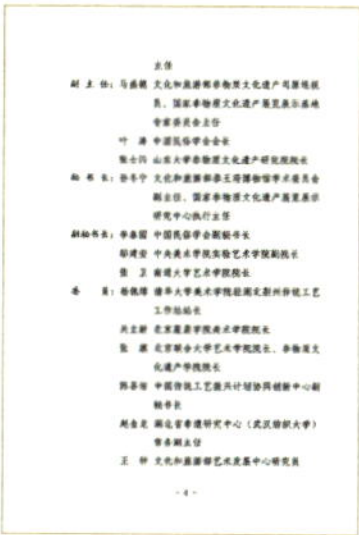

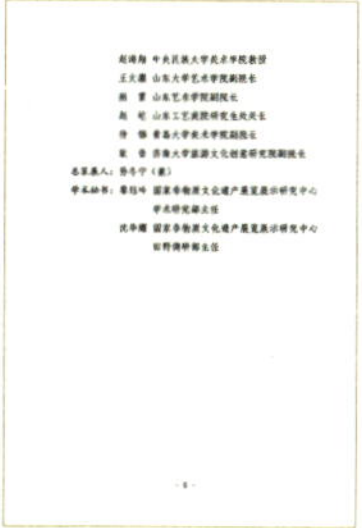

◎山东省文化和旅游厅关于聘请孙冬宁同志担任“河和之契：黄河流域、大运河沿线非物质文化遗产交流展示周”展览项目总策展人的函（2021 年 5 月 6 日）

山东省文化和旅游厅

山东省文化和旅游厅关于聘请孙冬宁同志担任“河和之契：首届黄河流域、大运河沿线非物质文化遗产交流展示周”展览项目总策展人的函

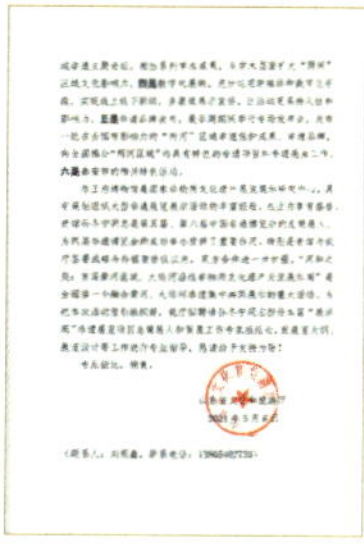

# 大运河板块展览项目清单

| 邹鲁文化生态保护实验区板块 | | | |
|---|---|---|---|
| 序号 | 类别 | 项目名称 | 申报地区 |
| 1 | 民俗 | 祭孔大典 | 曲阜市 |
| 2 | 传统音乐 | 韶乐（箫韶乐舞） | 曲阜市 |
| 3 | 民间文学 | 孔子诞生的传说 | 曲阜市 |
| 4 | 传统技艺 | 曲阜琉璃烧制技艺 | 曲阜市 |
| 5 | 传统技艺 | 桑皮纸制作技艺 | 曲阜市 |
| 6 | 传统技艺 | 徐弓坊弓箭制作技艺 | 曲阜市 |
| 7 | 传统技艺 | 曲阜扶兴和毛笔制作技艺 | 曲阜市 |
| 8 | 传统美术 | 木雕（曲阜楷木雕刻） | 曲阜市 |
| 9 | 传统技艺 | 曲阜尼山砚制作技艺 | 曲阜市 |
| 10 | 传统技艺 | 曲阜拓片制作技艺 | 曲阜市 |
| 11 | 传统技艺 | 蒸馏酒传统酿造技艺<br>（孔府家酒传统酿造技艺） | 曲阜市 |
| 12 | 传统技艺 | 仲尼古琴制作技艺 | 曲阜市 |
| 13 | 传统技艺 | 孔府菜烹饪技艺 | 曲阜市 |
| 14 | 传统技艺 | 鲁柘澄泥砚 | 泗水市 |
| 15 | 民俗 | 邹鲁礼乐 | 邹城市 |
| 16 | 民间文学 | 孟氏家谱 | 邹城市 |
| 17 | 民间文学 | 孟母教子传说 | 邹城市 |
| 18 | 民间文学 | 孟子林柏树的传说 | 邹城市 |
| 19 | 传统技艺 | 邹鲁酱醋传统酿造技艺 | 邹城市 |
| 20 | 传统技艺 | 孟府菜、孟府酒 | 邹城市 |

（续表）

| 序号 | 类别 | 项目名称 | 申报地区 |
|---|---|---|---|
| 21 | 传统音乐 | 峄山道乐 | 邹城市 |
| 22 | 民俗 | 峄山会 | 邹城市 |
| 23 | 民间文学 | 峄山梁祝的传说 | 邹城市 |
| 24 | 传统音乐 | 峄阳古琴 | 邹城市 |
| 25 | 传统戏剧 | 柳琴戏 | 邹城市 |
| 26 | 传统舞蹈 | 火虎 | 邹城市 |
| 27 | 传统舞蹈 | 舞龙舞狮 | 邹城市 |
| 28 | 传统音乐 | 唢呐艺术（邹城平派鼓吹乐） | 邹城市 |
| **泰山文化生态保护实验区板块** | | | |
| **序号** | **类别** | **项目名称** | **申报地区** |
| 1 | 传统美术 | 泰山唐氏木刻画 | 泰山区 |
| 2 | 传统美术 | 娄氏灰烧土陶 | 市直 |
| 3 | 传统美术 | 泥塑（东原泥塑） | 东平县文学艺术界联合会 |
| 4 | 传统美术 | 泥塑（肥城王氏泥塑） | 肥城市文化馆 |
| 5 | 传统技艺 | 大汶口彩陶 | 岱岳区文化馆 |
| 6 | 传统技艺 | 宁阳吴氏陶塑 | 宁阳县 |
| 7 | 传统技艺 | 宁阳玄氏陶艺 | 宁阳县 |
| 8 | 传统技艺 | 全形拓技艺 | 泰安市奉高文化研究院 |
| 9 | 传统技艺 | 木雕（肥城桃木雕刻技艺） | 肥城市正港木业工艺品厂 |
| 10 | 传统技艺 | 肥城聂氏铜器铸造技艺 | 肥城市 |
| 11 | 传统技艺 | 宋氏葫芦烙画技艺 | 泰安市泰山大讲堂文化交流中心 |
| 12 | 传统技艺 | 泰山豆腐宴食俗（豆腐传统制作技艺） | 泰安市泰山东岳豆腐宴研究院 |

| 序号 | 类别 | 项目名称 | 申报地区 |
| --- | --- | --- | --- |
| 13 | 传统技艺 | 泰安玉祥老银匠 | 泰山区 |
| 14 | 传统技艺 | 泰山香传统制作技艺 | 泰山会展研究中心 |
| 15 | 传统技艺 | 泰山茶制作技艺 | 泰山茶文化有限公司 |
| 16 | 传统戏剧 | 泰山皮影戏 | 泰安市泰山皮影艺术保护研究中心 |

**大运河（临清）文化生态保护实验区板块**

| 序号 | 类别 | 项目名称 | 申报地区 |
| --- | --- | --- | --- |
| 1 | 传统技艺 | 贡砖烧制技艺 | 聊城市 |
| 2 | 传统音乐 | 金氏古筝 | 聊城市 |
| 3 | 传统技艺 | 竹器制作技艺 | 聊城市 |
| 4 | 传统技艺 | 礼服呢布鞋制作技艺 | 聊城市 |
| 5 | 传统技艺 | 李氏炒勺锻造技艺 | 聊城市 |
| 6 | 传统技艺 | 张记聋子青碗市口香油制作技艺 | 聊城市 |
| 7 | 传统技艺 | 托板豆腐制作技艺 | 聊城市 |
| 8 | 传统技艺 | 进京腐乳手工技艺 | 聊城市 |
| 9 | 传统医药 | 健脑补肾丸制作工艺 | 聊城市 |
| 10 | 传统技艺 | 由家喜铺中式糕点制作技艺 | 聊城市 |
| 11 | 传统技艺 | 什香面制作技艺 | 聊城市 |
| 12 | 民俗 | 歇马亭庙会 | 聊城市 |
| 13 | 传统音乐 | 临清驾鼓 | 聊城市 |
| 14 | 传统体育、游艺与杂技 | 肘捶 | 聊城市 |
| 15 | 传统体育、游艺与杂技 | 临清潭腿 | 聊城市 |
| 16 | 传统技艺 | 阳谷木雕 | 聊城市 |
| 17 | 传统技艺 | 道口铺龙灯制作工艺 | 聊城市 |

| 台儿庄文化生态保护实验区板块 | | | |
| --- | --- | --- | --- |
| 序号 | 类别 | 项目名称 | 申报地区 |
| 1 | 传统技艺 | 鲁班锁制作技艺 | 滕州市 |
| 2 | 传统技艺 | 枣庄泥塑 | 枣庄市山亭区 |
| 3 | 传统美术 | 年画（滕县木版年画） | 滕州市 |
| 4 | 传统技艺 | 传统手工蚕丝制作技艺 | 枣庄市台儿庄区 |
| 5 | 传统技艺 | 峄县传统青铜器技艺 | 枣庄市峄城区 |
| 6 | 传统技艺 | 伏里土陶 | 枣庄市山亭区 |
| 7 | 传统技艺 | 毛笔制作技艺（阴平毛笔制作技艺） | 枣庄市峄城区 |
| 8 | 传统技艺 | 台儿庄狮子龙灯游艺、蓑衣 | 枣庄市台儿庄区 |
| 9 | 传统技艺 | 蓝印花布印染技艺（泥沟青花布印染技艺） | 枣庄市台儿庄区 |
| 10 | 传统技艺 | 枣庄民间缝绣技艺 | 枣庄市 |
| 11 | 传统技艺 | 肉食传统制作技艺（枣庄辣子鸡烹饪技艺） | 枣庄市市中区 |
| 12 | 传统技艺 | 枣庄砂陶烧制技艺 | 枣庄市市中区 |
| 13 | 传统技艺 | 宋师傅黄花牛肉面制作技艺 | 枣庄市台儿庄区 |
| 14 | 传统技艺 | 冯家驴肉烹饪技艺 | 枣庄市台儿庄区 |
| 15 | 传统技艺 | 李氏传统布艺 | 枣庄市市中区 |
| 16 | 传统音乐 | 台儿庄船娘 | 枣庄市台儿庄区 |
| 17 | 传统戏剧 | 鼓儿词 | 枣庄市市中区 |
| 18 | 传统戏剧 | 鲁南花鼓 | 枣庄市台儿庄区 |
| 19 | 传统戏剧 | 皮影戏（山亭皮影戏） | 枣庄市山亭区 |
| 20 | 传统戏剧 | 柳琴戏 | 枣庄市 |

# "河和之契：2021 黄河流域大运河沿线非物质文化遗产交流展示周"参展（演）传承人名单

| 序号 | 姓名 | 性别 | 参展（演）项目名称 | |
|---|---|---|---|---|
| 1 | 李振豪（领队） | 男 | 省图书馆 | 雕版印刷技艺【省级】 |
| 2 | 王鑫鑫 | 女 | 省图书馆 | |
| 3 | 韦亚宁 | 女 | 省图书馆 | |
| 4 | 鹿左芳子 | 女 | 省图书馆 | |
| 5 | 郭庆（领队） | 男 | 济南市文化和旅游局科长 | |
| 6 | 王闯 | 男 | 济南市 | 章丘铁锅锻打技艺【国家级】 |
| 7 | 朱华 | 男 | 济南市 | |
| 8 | 冯全永 | 男 | 济南市 | |
| 9 | 王玉海 | 男 | 济南市 | |
| 10 | 王绪贤 | 男 | 济南市 | 锡雕【国家级】 |
| 11 | 毕钰 | 女 | 济南市 | |
| 12 | 王乐利 | 男 | 济南市 | 王银匠银饰制作技艺【省级】 |
| 13 | 刘春 | 女 | 济南市 | |
| 14 | 王敦海 | 男 | 济南市 | 锡镶铜技艺【市级】 |
| 15 | 亓柏刚 | 男 | 济南市 | |
| 16 | 石桂利 | 男 | 济南市 | 木版年画（莱芜木版年画）【省级】 |
| 17 | 张秀华 | 女 | 济南市 | 平阴玫瑰酒酿造技艺【市级】 |
| 18 | 张允城 | 男 | 济南市 | |
| 19 | 朱高红 | 女 | 济南市 | |
| 20 | 姚东振 | 男 | 济南市 | 泺口醋酿造技艺【省级】 |
| 21 | 周士奇 | 男 | 济南市 | |

（续表）

| 序号 | 姓名 | 性别 | 参展（演）项目名称 | |
|---|---|---|---|---|
| 22 | 谭红霞 | 女 | 济南市 | 泥塑（济阳黄河泥塑）【市级】 |
| 23 | 周秉生 | 男 | 济南市 | 泥塑（泥塑兔子王）【省级】 |
| 24 | 颜世洪 | 男 | 济南市 | 龙山黑陶制作技艺【省级】 |
| 25 | 刘德功 | 男 | 济南市 | |
| 26 | 李云卿 | 女 | 济南市 | 皮影戏（济南皮影戏）【国家级】 |
| 27 | 刘倩倩 | 女 | 济南市 | |
| 28 | 吕焕岭 | 男 | 济南市 | 吕剧（马大宝喝醉了酒）【国家级】 |
| 29 | 戚海防 | 男 | 济南市 | 京剧（门神）【国家级】 |
| 30 | 白洪亮 | 男 | 济南市 | |
| 31 | 孔凡林 | 男 | 济南市 | |
| 32 | 蒋义东 | 男 | 淄博市 | 周村铜响乐器制作技艺【省级】 |
| 33 | 齐惠君 | 女 | 淄博市 | |
| 34 | 陈洪海 | 男 | 淄博市 | 扳倒井白酒传统酿造技艺【省级】 |
| 35 | 毕娟 | 女 | 淄博市 | 王村醋传统酿造技艺【省级】 |
| 36 | 邱贻化 | 女 | 淄博市 | |
| 37 | 高静 | 女 | 淄博市 | 淄博陶瓷釉烧制技艺（博山鲁花釉制作技艺）【市级】 |
| 38 | 张道勇 | 男 | 淄博市 | |
| 39 | 许洪良 | 男 | 淄博市 | 淄博陶瓷釉烧制技艺（淄博美术陶瓷釉制作技艺）【市级】 |
| 40 | 周冠丞 | 男 | 淄博市 | 博山雨点釉制作技艺【市级】 |
| 41 | 孙云浩 | 男 | 淄博市 | 博山琉璃灯工制作技艺【省级】 |
| 42 | 薛中正 | 男 | 淄博市 | 博山琉璃铺丝制作技艺【市级】 |

（续表）

| 序号 | 姓名 | 性别 | 参展（演）项目名称 | |
|---|---|---|---|---|
| 43 | 张琴 | 女 | 淄博市 | 琉璃烧制技艺（博山仿玉琉璃烧制技艺、博山胭脂红琉璃烧制技艺）【市级】 |
| 44 | 侯宗浚 | 男 | 淄博市 | |
| 45 | 李芳 | 女 | 淄博市 | 琉璃烧制技艺（博山琉璃花球）【市级】 |
| 46 | 徐峰 | 男 | 淄博市 | 琉璃烧制技艺（博山鸡油黄与鸡肝石琉璃烧制技艺）【省级】 |
| 47 | 刘建华 | 男 | 淄博市 | 琉璃烧制技艺（琉璃鼻烟壶）【市级】 |
| 48 | 朱光明 | 女 | 淄博市 | 内画（鲁派内画）【国家级】 |
| 49 | 张雁 | 女 | 淄博市 | |
| 50 | 张云通 | 男 | 淄博市 | 青瓦琉璃瓦烧制技艺【市级】 |
| 51 | 徐金玉 | 女 | 淄博市 | 徐氏泥塑【市级】 |
| 52 | 包继生 | 男 | 淄博市 | |
| 53 | 杨涛 | 男 | 淄博市 | 室内展演：锔艺（淄博锔瓷）【省级】 |
| 54 | 王峰 | 男 | 东营市 | 传统刀具制作技艺（双王刀锻造技艺）【市级】 |
| 55 | 秦炳涛 | 男 | 东营市 | |
| 56 | 高贵禄 | 男 | 东营市 | 木版年画（高天木板年画）【省级】 |
| 57 | 韩超 | 男 | 东营市 | 韩门家酒【市级】 |
| 58 | 徐凤 | 女 | 东营市 | 酒传统酿造技艺（黄氏酒坊酿造技艺）【省级】 |
| 59 | 张国刚 | 男 | 东营市 | 酒传统酿造技艺（兴隆酒坊酿造技艺）【省级】 |
| 60 | 李建兴 | 男 | 东营市 | 佛头寺陶艺【市级】 |
| 61 | 张金霞 | 女 | 东营市 | 黄河澄泥陶印【区级】 |
| 62 | 张华伟 | 男 | 东营市 | |

| 序号 | 姓名 | 性别 | 参展（演）项目名称 | |
|---|---|---|---|---|
| 63 | 于景宝 | 女 | 东营市 | 黄河滩泥塑【市级】 |
| 64 | 宋玉娥 | 女 | 东营市 | |
| 65 | 张玉青 | 男 | 烟台市 | 黄金溜槽堆石砌灶冶炼技艺【国家级】 |
| 66 | 宁学磊 | 男 | 烟台市 | |
| 67 | 迟孟文 | 男 | 烟台市 | |
| 68 | 张玉德 | 男 | 烟台市 | |
| 69 | 迟学喜 | 男 | 烟台市 | 黄金溜槽堆石砌灶冶炼技艺【国家级】 |
| 70 | 张玉田 | 男 | 烟台市 | |
| 71 | 迟进奎 | 男 | 烟台市 | |
| 72 | 迟进超 | 男 | 烟台市 | |
| 73 | 王德凤 | 女 | 烟台市 | |
| 74 | 宫玉莲 | 女 | 烟台市 | |
| 75 | 张晓辉 | 男 | 潍坊市 | 金银细工制作技艺（梦金园金首饰制作技艺）【省级】 |
| 76 | 杨静 | 女 | 潍坊市 | 杨家埠木版年画【国家级】 |
| 77 | 杨科委 | 男 | 潍坊市 | |
| 78 | 吴宝祥（领队） | 男 | 潍坊市 | 景芝酒传统酿造技艺【国家级】 |
| 79 | 孙杰 | 男 | 潍坊市 | |
| 80 | 闫守臣 | 男 | 潍坊市 | |
| 81 | 王文丽 | 女 | 潍坊市 | 馏酒传统酿造技艺（云门春酒传统酿造技艺）【省级】 |
| 82 | 冀鹏晓 | 女 | 潍坊市 | |
| 83 | 罗光栋 | 男 | 潍坊市 | |
| 84 | 薛俊跃 | 男 | 潍坊市 | |

（续表）

| 序号 | 姓名 | 性别 | 参展（演）项目名称 | |
|---|---|---|---|---|
| 85 | 聂臣希 | 男 | 潍坊市 | 聂家庄泥塑【省级】 |
| 86 | 王永芹 | 女 | 潍坊市 | 泥塑（安丘泥人）【省级】 |
| 87 | 张彦昌 | 男 | 潍坊市 | |
| 88 | 董现行 | 男 | 济宁市 | 传统兵器制作技艺（董氏古兵器制作技艺）【省级】 |
| 89 | 董照贤 | 男 | 济宁市 | |
| 90 | 张立会 | 女 | 济宁市 | |
| 91 | 陶运航 | 男 | 济宁市 | 木版年画 （鱼台木版年画）【省级】 |
| 92 | 戚元民 | 男 | 济宁市 | 钢山牌白酒传统酿造技艺【市级】 |
| 93 | 张召芹 | 女 | 济宁市 | |
| 94 | 李振文 | 男 | 济宁市 | 陶器制作技艺（郭里土陶）【市级】 |
| 95 | 冯建武 | 男 | 济宁市 | 展演：梁山武术【省级】 |
| 96 | 齐成祥 | 男 | 济宁市 | |
| 97 | 王连阳 | 男 | 泰安市 | 泰山木版年画【市级】 |
| 98 | 玄绪东 | 男 | 泰安市 | 泰山泥塑【省级】 |
| 99 | 马守美 | 女 | 泰安市 | |
| 100 | 刘福祥 | 男 | 临沂市 | 苍山泥塑【省级】 |
| 101 | 刘建刚 | 男 | 临沂市 | |
| 102 | 唐万武 | 男 | 德州市 | 木刻刀笔书画【省级】 |
| 103 | 祝烨 | 女 | 德州市 | 传统酿造技艺（古贝春酒传统酿造技艺）【省级】 |
| 104 | 张志杰 | 女 | 德州市 | |

（续表）

| 序号 | 姓名 | 性别 | 参展（演）项目名称 | |
|---|---|---|---|---|
| 105 | 胡述云 | 男 | 德州市 | 燕陵蜜酒传统酿造技艺【市级】 |
| 106 | 胡安发 | 男 | 德州市 | |
| 107 | 董娜 | 女 | 德州市 | |
| 108 | 霍攀双 | 女 | 德州市 | |
| 109 | 刘旋 | 男 | 德州市 | 齐河黑陶制作工艺【省级】 |
| 110 | 马树芬 | 女 | 德州市 | |
| 111 | 刘睿川 | 男 | 德州市 | 陶瓷印章制作技艺【省级】 |
| 112 | 刘宇 | 女 | 德州市 | 德州窑红绿彩【市级】 |
| 113 | 刘文利 | 男 | 德州市 | |
| 114 | 曲建坤 | 男 | 德州市 | 陶器烧制技艺（德州黑陶烧制技艺）【省级】 |
| 115 | 孙卫东 | 男 | 聊城市 | 老东昌孙氏锔艺【市级】 |
| 116 | 马先明 | 男 | 聊城市 | 东昌府铜铸雕刻制作技艺【市级】 |
| 117 | 马凯 | 男 | 聊城市 | |
| 118 | 郭贵阳 | 男 | 聊城市 | 冠县木版年画【市级】 |
| 119 | 郭春奎 | 男 | 聊城市 | 木版年画（东昌府木版年画）【国家级】 |
| 120 | 栾占海 | 男 | 聊城市 | |
| 121 | 郭玉香 | 女 | 聊城市 | |
| 122 | 荣维坤 | 男 | 聊城市 | 茂盛斋高粱老醋制作技艺【市级】 |
| 123 | 秦石钰 | 男 | 聊城市 | |

| 序号 | 姓名 | 性别 | 参展（演）项目名称 | |
|---|---|---|---|---|
| 124 | 李强 | 男 | 聊城市 | 临清龙灯【省级】 |
| 125 | 邢亮 | 男 | 聊城市 | |
| 126 | 董迎新 | 男 | 聊城市 | |
| 127 | 解辉 | 男 | 聊城市 | |
| 128 | 徐哲 | 男 | 聊城市 | |
| 129 | 张自庆 | 男 | 聊城市 | |
| 130 | 王志坤 | 男 | 聊城市 | |
| 131 | 洪晨 | 男 | 聊城市 | |
| 132 | 宋存超 | 男 | 聊城市 | |
| 133 | 闫永顺 | 男 | 聊城市 | |
| 134 | 张晓冰 | 男 | 聊城市 | |
| 135 | 张呈志 | 男 | 聊城市 | |
| 136 | 张光祖 | 男 | 聊城市 | |
| 137 | 解磊 | 男 | 聊城市 | |
| 138 | 杨瑞丰 | 男 | 聊城市 | |
| 139 | 吕安东 | 男 | 聊城市 | |
| 140 | 李正越 | 男 | 聊城市 | |
| 141 | 石正豪 | 男 | 聊城市 | |
| 142 | 张耀祖 | 男 | 聊城市 | |
| 143 | 贾树双 | 女 | 聊城市 | |
| 144 | 王丽 | 女 | 聊城市 | |
| 145 | 牛玉娟 | 女 | 聊城市 | |
| 146 | 黄俭博 | 男 | 聊城市 | |
| 147 | 李占祥 | 男 | 聊城市 | |
| 148 | 汪金成 | 男 | 聊城市 | |

| 序号 | 姓名 | 性别 | 参展（演）项目名称 | |
|---|---|---|---|---|
| 149 | 闫路祥 | 男 | 聊城市 | 临清龙灯【省级】 |
| 150 | 秦德华 | 男 | 聊城市 | 临清龙灯【省级】 |
| 151 | 沙俊波 | 男 | 聊城市 | 临清龙灯【省级】 |
| 152 | 沙延波 | 男 | 聊城市 | 临清龙灯【省级】 |
| 153 | 李林生 | 男 | 聊城市 | 临清龙灯【省级】 |
| 154 | 张继东 | 男 | 聊城市 | 临清龙灯【省级】 |
| 155 | 马建忠 | 男 | 聊城市 | 临清龙灯【省级】 |
| 156 | 张树昌 | 男 | 聊城市 | 临清龙灯【省级】 |
| 157 | 沙清波 | 男 | 聊城市 | 临清龙灯【省级】 |
| 158 | 王浦 | 男 | 聊城市 | 临清龙灯【省级】 |
| 159 | 杨鹏（领队） | 男 | 滨州市惠民县文化馆副馆长 | 滨州市惠民县文化馆副馆长 |
| 160 | 魏炳贤 | 男 | 滨州市 | 锡壶制作技艺【省级】 |
| 161 | 王圣亮 | 男 | 滨州市 | 清河镇木版年画【省级】 |
| 162 | 孙伯悟 | 男 | 滨州市 | 酒传统酿造技艺（月河老五甑酿酒技艺）【省级】 |
| 163 | 王伟东 | 男 | 滨州市 | 酒传统酿造技艺（月河老五甑酿酒技艺）【省级】 |
| 164 | 韩云朋 | 男 | 滨州市 | 酒传统酿造技艺（孙武酒酿造技艺）【市级】 |
| 165 | 朱广东 | 男 | 滨州市 | 酒传统酿造技艺（孙武酒酿造技艺）【市级】 |
| 166 | 张凯 | 男 | 滨州市 | 惠民泥塑【国家级】 |
| 167 | 任银来 | 男 | 菏泽市 | 皮影制作技艺【市级】 |
| 168 | 高爱贤 | 男 | 菏泽市 | 郓城水浒纸牌及雕版印刷工艺【省级】 |
| 169 | 李鹏飞 | 男 | 菏泽市 | 郓城水浒纸牌及雕版印刷工艺【省级】 |
| 170 | 王金亮（领队） | 男 | 菏泽市 | 蒸馏酒传统酿造技艺（花冠酒传统酿造技艺）【省级】 |
| 171 | 陈连凤 | 女 | 菏泽市 | 蒸馏酒传统酿造技艺（花冠酒传统酿造技艺）【省级】 |
| 172 | 好强 | 男 | 菏泽市 | 黄泥古陶制作技艺【省级】 |
| 173 | 王新博 | 男 | 菏泽市 | 黄泥古陶制作技艺【省级】 |

| 序号 | 姓名 | 性别 | 参展（演）项目名称 | |
|---|---|---|---|---|
| 174 | 王保祥 | 男 | 菏泽市 | 成武黑陶【市级】 |
| 175 | 冯显 | 男 | 菏泽市 | |
| 176 | 谢新建 | 男 | 菏泽市 | 砖塑（鄄城砖塑）【国家级】 |
| 177 | 康志敏 | 男 | 菏泽市 | 泥塑（曹州泥偶）【省级】 |
| 178 | 康志刚 | 男 | 菏泽市 | |
| 179 | 刘超峰 | 男 | 菏泽市 | |
| 180 | 赵东民 | 男 | 菏泽市 | 菏泽泥塑【市级】 |
| 181 | 闫冬霞 | 女 | 菏泽市 | 菏泽泥塑【市级】 |

## “流动的文化”山东省大运河沿线省级文化生态保护区成果展参展（演）人员名单

| 邹鲁文化生态保护实验区板块 | | | |
|---|---|---|---|
| 序号 | 姓名 | 性别 | 参展（演）项目名称 |
| 1 | 周庆玉 | 男 | 曲阜琉璃烧制技艺 |
| 2 | 郑友明 | 男 | 桑皮纸制作技艺 |
| 3 | 申华（领队） | 男 | 曲阜扶兴和毛笔制作技艺 |
| 4 | 徐明坤 | 男 | 徐弓坊弓箭制作技艺 |
| 5 | 褚德胜 | 男 | 曲阜楷木雕刻 |
| 6 | 李飞 | 男 | 曲阜尼山砚制作技艺 |
| 7 | 马长君 | 男 | 曲阜拓片制作技艺 |
| 8 | 宋方伟 | 男 | 孔府家酒传统酿造技艺 |
| 9 | 杨景河 | 男 | 仲尼古琴制作技艺 |

| 序号 | 姓名 | 性别 | 参展（演）项目名称 |
| --- | --- | --- | --- |
| 10 | 杨庆芹 | 女 | 鲁柘澄泥砚 |
| 11 | 侯相 | 男 | 孟母教子传说 |
| 12 | 王崇印 | 男 | 邹鲁礼乐 |
| 13 | 张学忠 | 男 | |
| 14 | 孙西田 | 男 | |
| 15 | 孟令强 | 男 | |
| 16 | 姜峰 | 男 | |
| 17 | 吴康康 | 男 | |
| 18 | 姜召军 | 男 | |
| 19 | 柴兵 | 男 | |
| 20 | 孙青 | 女 | |
| 21 | 吕秋悦 | 女 | |
| 22 | 庞馨香 | 女 | |
| 23 | 朱程程 | 女 | |
| 24 | 张晋 | 男 | 邹鲁酱醋传统酿造技艺 |
| 25 | 范昭民 | 男 | 孟府菜、孟府酒 |
| 26 | 齐晴 | 女 | 峄阳古琴 |
| 27 | 孙玉望 | 男 | 柳琴戏 |
| 28 | 高凯（领队） | 男 | |
| 29 | 贾东清 | 男 | 唢呐艺术（邹城平派鼓吹乐） |
| 30 | 贾祥仁 | 男 | |
| 31 | 贾东山 | 男 | |

（续表）

| 泰山文化生态保护实验区板块 | | | |
| --- | --- | --- | --- |
| 序号 | 姓名 | 性别 | 参展（演）项目名称 |
| 1 | 王震 | 男 | 泰山石刻 |
| 2 | 周磊 | 男 | |
| 3 | 张亚明 | 男 | 泰山石刻碑拓技艺 |
| 4 | 张子尧 | 女 | |
| 5 | 唐荣田 | 男 | 泰山唐氏木刻画 |
| 6 | 唐继勇 | 男 | |
| 7 | 娄伟 | 男 | 娄氏灰烧土陶 |
| 8 | 姚力 | 男 | |
| 9 | 赵洪亮 | 男 | 泥塑（东原泥塑） |
| 10 | 王成恩 | 男 | |
| 11 | 王士荣 | 男 | 泥塑（肥城王氏泥塑） |
| 12 | 孙美英 | 女 | |
| 13 | 刘安 | 男 | 大汶口彩陶 |
| 14 | 马国强 | 男 | |
| 15 | 吴锡光 | 男 | 宁阳吴氏陶塑 |
| 16 | 王娟娟 | 女 | |
| 17 | 玄家琦 | 男 | 宁阳玄氏陶艺 |
| 18 | 张秀香 | 女 | |
| 19 | 姜齐男 | 女 | 全形拓技艺 |
| 20 | 宋民 | 男 | |
| 21 | 程银贵 | 男 | 木雕（肥城桃木雕刻技艺） |
| 22 | 朱伟 | 男 | |
| 23 | 董桂环 | 女 | 肥城聂氏铜器铸造技艺 |
| 24 | 周华 | 女 | |

| 序号 | 姓名 | 性别 | 参展（演）项目名称 |
| --- | --- | --- | --- |
| 25 | 宋其顺 | 男 | 宋氏葫芦烙画技艺 |
| 26 | 王丽莉 | 女 | |
| 27 | 王文强 | 男 | 泰山豆腐宴食俗（豆腐传统制作技艺） |
| 28 | 王小刚 | 男 | |
| 29 | 张君伟 | 男 | 泰安玉祥老银匠 |
| 30 | 张科清 | 男 | |
| 31 | 孙振礼 | 男 | 泰山香传统制作技艺 |
| 32 | 孙筱棫 | 女 | |
| 33 | 田俊 | 女 | 泰山茶制作技艺 |
| 34 | 刘桂玲 | 女 | |
| 35 | 范正安 | 男 | 泰山皮影戏 |

**临清运河文化生态保护实验区板块**

| 序号 | 姓名 | 性别 | 参展（演）项目名称 |
| --- | --- | --- | --- |
| 1 | 刘亚婷（领队） | 女 | 临清运河文化生态保护实验区 |
| 2 | 刘红涛 | 男 | 贡砖烧制技艺 |
| 3 | 贾生长 | 男 | |
| 4 | 曲玉双 | 女 | 临清面塑 |
| 5 | 王阳 | 女 | |
| 6 | 刘庆林 | 男 | 临清剪纸 |
| 7 | 王艳丽 | 女 | 临清驾鼓 |
| 8 | 洪玉华 | 男 | |
| 9 | 洪玉海 | 男 | |
| 10 | 马建民 | 男 | |
| 11 | 李克超 | 男 | 金氏古筝 |

| 序号 | 姓名 | 性别 | 参展（演）项目名称 |
| --- | --- | --- | --- |
| 12 | 湛丽丽 | 女 | 由家喜铺 |
| 13 | 常明霞 | 女 | |
| 14 | 徐捷 | 男 | 健脑补肾丸制作技艺 |
| 15 | 田恩荣 | 男 | |
| 16 | 李冬立 | 男 | 竹器制作技艺 |
| 17 | 张广生 | 男 | 张记香油 |
| 18 | 张东国 | 男 | 礼服呢布鞋 |
| 19 | 陈振强 | 男 | 陈氏万应膏制作技艺 |
| 20 | 李尚勤 | 男 | 李氏炒勺锻造技艺 |
| 21 | 侯少坤 | 男 | 龙灯制作工艺 |
| 22 | 刘志超 | 男 | 康庄挂面 |
| 23 | 张国庆 | 男 | 肘捶 |
| 24 | 薛子龙 | 男 | |
| 25 | 周广普 | 男 | 济美进京腐乳 |
| 26 | 李东华 | 男 | |
| 27 | 宋益景 | 男 | 刘垓子白仁 |
| 28 | 王传成 | 男 | 阳谷木雕 |
| 29 | 杨春菊 | 男 | |

**台儿庄运河文化生态保护实验区板块**

| 序号 | 姓名 | 性别 | 参展（演）项目名称 |
| --- | --- | --- | --- |
| 1 | 李猛（领队） | 男 | 枣庄市文化和旅游局非遗科副科长 |
| 2 | 王新权 | 男 | 枣庄辣子鸡传统烹饪技艺 |
| 3 | 李安玲 | 女 | 李氏传统布艺 |
| 4 | 项云芳 | 女 | 枣庄砂陶烧制技艺 |

| 序号 | 姓名 | 性别 | 参展（演）项目名称 |
| --- | --- | --- | --- |
| 5 | 马洪奎 | 男 | 鼓儿词 |
| 6 | 刘柄显 | 男 | 峄县传统青铜器 |
| 7 | 刘畅 | 男 | 毛笔制作技艺（阴平毛笔制作技艺） |
| 8 | 李常平 | 男 | 蓝印花布印染技艺（泥沟青花布印染技艺） |
| 9 | 冯陆兴 | 男 | 冯家驴肉烹饪技艺 |
| 10 | 尤娜娜 | 女 | 传统手工蚕丝制作技艺 |
| 11 | 王丙侠 | 女 | 传统手工蚕丝制作技艺 |
| 12 | 龙雪梅 | 女 | 鲁南花鼓 |
| 13 | 杨玲 | 女 | |
| 14 | 荣红 | 女 | |
| 15 | 贺利 | 女 | |
| 16 | 李景泉 | 男 | |
| 17 | 龙广林 | 男 | |
| 18 | 谢彬 | 男 | |
| 19 | 陈守科 | 男 | 山亭皮影戏 |
| 20 | 刘进潮 | 男 | 枣庄泥塑 |
| 21 | 宋于娇 | 女 | 鲁班锁 |
| 22 | 王振军 | 男 | 滕县木版年画 |
| 23 | 章成伟 | 男 | 台儿庄黄花牛肉面制作技艺 |
| 24 | 苏刚山 | 男 | |
| 25 | 王嘉璐 | 女 | |
| 26 | 刘聪聪 | 女 | 台儿庄船娘 |
| 27 | 梁强 | 男 | 柳琴戏《芳林嫂》 |
| 28 | 刘秀娟 | 女 | |
| 76 | 王晓丽 | 女 | 滨州市阳信县文化馆馆长 |

**图书在版编目（CIP）数据**

河和之契：黄河流域、大运河沿线非物质文化遗产交流展示周优秀策展案例. 流动的文化：山东省大运河沿线省级文化生态保护区成果展示卷 / 孙冬宁主编. -- 济南：济南出版社, 2022.5

ISBN 978-7-5488-5078-6

Ⅰ. ①河… Ⅱ. ①孙… Ⅲ. ①非物质文化遗产－介绍－山东 Ⅳ. ①G127.52

中国版本图书馆CIP数据核字(2022)第068288号

河和之契——黄河流域、大运河沿线非物质文化遗产交流展示周优秀策展案例

HE HE ZHI QI—HUANGHE LIUYU DAYUNHE YANXIAN FEIWUZHI WENHUA YICHAN JIAOLIU ZHANSHIZHOU YOUXIU CEZHAN ANLI

流动的文化——山东省大运河沿线省级文化生态保护区成果展示卷

---

**出 版 人：** 田俊林
**责任编辑：** 林小溪　苗静娴
**装帧设计：** 王国政　韩　君
**出版发行：** 济南出版社
**地　　址：** 山东省济南市二环南路1号（250002）
**编辑热线：** 0531-86131722
**发行热线：** 0531-86131701　86131728
**印　　刷：** 济南新先锋彩印有限公司
**版　　次：** 2022年5月第1版
**印　　次：** 2022年8月第1次印刷
**成品尺寸：** 140 mm × 213 mm　32开
**印　　张：** 12
**字　　数：** 435千字
**定　　价：** 360.00元（全三册）

---

# 文明的赓续——山东省黄河流域振兴传统工艺集萃展示卷

## Continuation of Civilization— Exhibition Volume of Revitalization of Traditional Crafts Along The Yellow River Basin of Shandong Province

主编 孙冬宁

山东城市出版传媒集团·济南出版社

黄河文化是中华文明的重要组成部分，是中华民族的根和魂。要推进黄河文化遗产的系统保护，守好老祖宗留给我们的宝贵遗产。要深入挖掘黄河文化蕴含的时代价值，讲好“黄河故事”，延续历史文脉，坚定文化自信，为实现中华民族伟大复兴的中国梦凝聚精神力量。

——节选自 2019 年 9 月 18 日习近平总书记
在黄河流域生态保护和高质量发展座谈会上的讲话

山东手造

2021黄河流域、大运河沿线
RIVER HARMONY : 2021 INTANGIBLE CULTURAL HERITAGE EXHIBITION
ALONG THE YELLOW RIVER BASIN AND THE GRAND CANAL

## 河和之契：黄河流域、大运河沿线非物质文化遗产交流展示周组织委员会

| 顾　　问 |

项兆伦　文化和旅游部原副部长

| 组织委员会 |

**主　　任：**王　磊　山东省文化和旅游厅党组书记、厅长

**副 主 任：**付俊海　山东省文化和旅游厅二级巡视员

**秘 书 长：**刘朋鑫　山东省文化和旅游厅非物质文化遗产处处长

**委　　员：**蒋士秋　山东省文化和旅游厅非物质文化遗产处副处长

王　尚　山东省文化和旅游厅非物质文化遗产处二级调研员

赵新天　山东省文化馆馆长、省非物质文化遗产保护中心主任

**办公室主任：**王　芹　山东省文化馆副馆长、省非物质文化遗产保护中心副主任

| 策展专家委员会 |

**主　　任：**刘魁立　中国社会科学院荣誉学部委员、国家非物质文化遗产展览展示研究中心专家委员会主任

**副 主 任：**马盛德　文化和旅游部非物质文化遗产司原巡视员、国家非物质文化遗产展示保护基地专家委员会主任

叶　涛　中国民俗学会会长

张士闪　山东大学非物质文化遗产研究院院长

**秘 书 长：**孙冬宁　文化和旅游部恭王府博物馆学术委员会副主任、国家非物质文化遗产展览展示研究中心执行主任

**副秘书长：**李春园　中国民俗学会副秘书长

邬建安　中央美术学院实验艺术学院副院长

张　卫　南通大学艺术学院院长

**委　　员：**杨佩璋　清华大学美术学院驻湖北荆州传统工艺工作站站长

关立新　北京服装学院美术学院院长

张　旗　北京联合大学艺术学院、非物质文化遗产学院院长

陈荟洁　中国传统工艺振兴计划协同创新中心副秘书长

赵金龙　湖北省非遗研究中心（武汉纺织大学）常务副主任

王　钟　文化和旅游部艺术发展中心研究员

赵海翔　中央民族大学美术学院教授

王文灏　山东大学艺术学院副院长

荆　雷　山东艺术学院副院长

赵　屹　山东工艺美院研究生处处长

待　锦　青岛大学美术学院副院长

耿　佳　济南大学旅游文化创意研究院副院长

**总策展人：**孙冬宁（兼）

**学术秘书：**黎珏吟　国家非物质文化遗产展览展示研究中心学术研究部主任

沈华耀　国家非物质文化遗产展览展示研究中心田野调研部主任

黄河流域、大运河沿线非物质文化遗产交流展示周优秀策展案例
《文明的赓续——山东省黄河流域振兴传统工艺集萃展示卷》

|编辑委员会|

顾　　问：项兆伦　刘魁立

出 品 人：崔　刚

主　　编：孙冬宁

副 主 编：沈华菊　卢　坤　黎珏吟

编　　辑：袁叶子　武书宇　杨钰烽　刘潞欣

河和之契：2021 黄河流域、大运河沿线非物质文化遗产交流展示周

|组织机构|

指导单位：文化和旅游部非物质文化遗产司

主办单位：山东省文化和旅游厅

泰安市人民政府

学术支持：国家非物质文化遗产展览展示研究中心

中国传统工艺振兴计划协同创新中心

承办单位：山东省文化馆（省非物质文化遗产保护中心）

泰安市文化和旅游局

总策展人：文化和旅游部恭王府博物馆学术委员会副主任、

国家非物质文化遗产展览展示研究中心执行主任　孙冬宁

支持单位：济南出版有限责任公司

国家非物质文化遗产展览展示研究中心齐鲁（邹城）展示基地

山东非物质文化遗产研究中心展示设计研究所

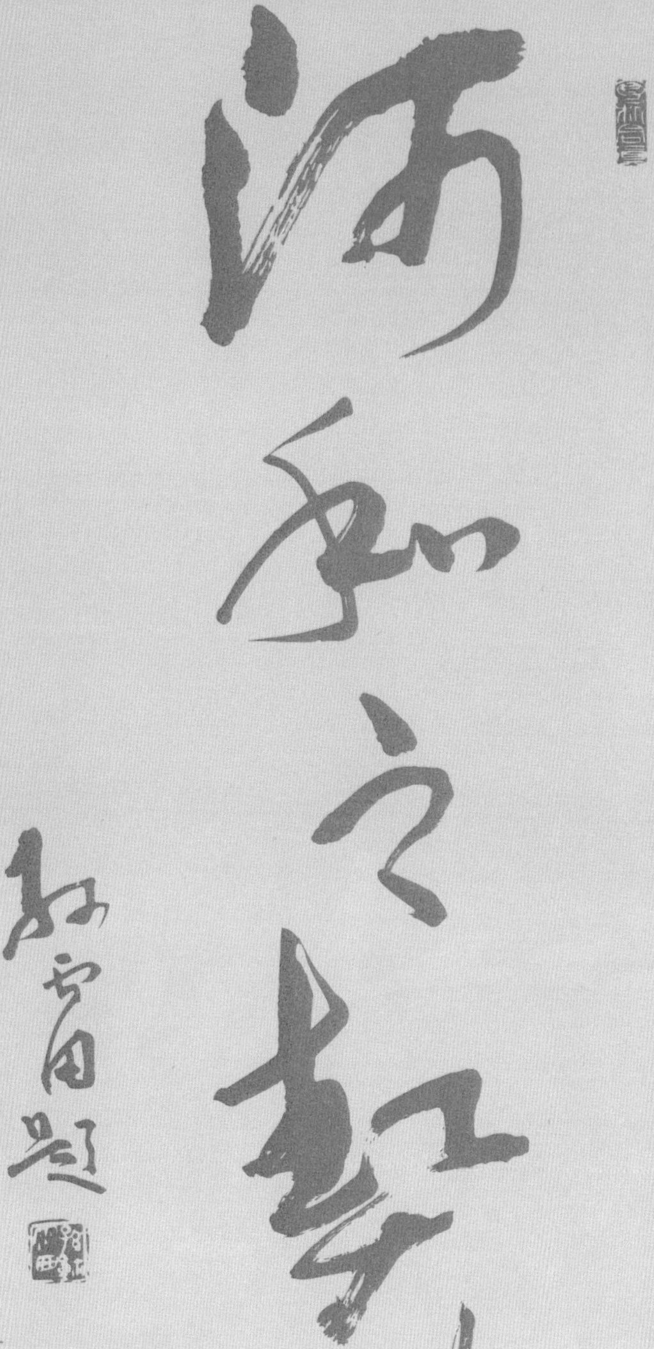

## 本卷书法作品艺术家简介

### 孙雨田

当代著名中国画家、书法家。文化和旅游部中国艺术科技研究所研究员。中央美术学院客座教授，《中国书画研究》主编，中国美术家协会会员，国家一级美术师。

“河出图，洛出书，圣人则之。”（《易·系辞上》）河图洛书出于黄河。“人更三圣，世历三古”而后创作的《易经》成为黄河流域最早孕育出的文化思想，是中华民族的大道之源、文化之根。黄河文化孕育出的“木火土金水”五行之学说，得五行相生之理，天地生成之道，成为影响中华文化形成、演变和发展的中国古代朴素唯物论，深嵌于生活中各个领域，是重要的黄河文化符号代表。

# 黄河

## 文明的赓续

山东省黄河流域振兴传统工艺集萃展

临清火龙展演现场

黄河
文明的赓续
黄河流域振兴传统工艺集萃展

展厅现场主装置——双龙戏珠

文化和旅游部原副部长项兆伦（右六），山东省文化和旅游厅厅长王磊（右七），中国社会科学院荣誉学部委员、国家非物质文化遗产展览展示研究中心专家委员会主任刘魁立（右五），山东省文化和旅游厅二级巡视员付俊海（左二）等合影留念

会议时间：2021年12月23日周四15：00—18：00

会议地点：泰安市泰山宝盛大酒店二楼鲁韵厅

会议主持：国家非物质文化遗产展览展示研究中心执行主任 孙冬宁

会议议程：

01 介绍嘉宾

02 山东省泰安市政府党组成员、副市长唐传营致欢迎辞

03 邹城市市委常委、市委办公室主任徐相斌致辞

04 国家非物质文化遗产展览展示研究中心齐鲁（邹城）展示基地颁牌

# 仪式

“河和之契”2021黄河流域、大运河沿线非物质文化遗产交流展示周高端论坛
暨国家非物质文化遗产展览展示研究中心齐鲁（邹城）展示基地颁牌仪式

## “河和之契”2021黄河流域、大运河沿线非物质文化遗产交流展示周高端论坛暨国家非物质文化遗产展览展示研究中心齐鲁（邹城）展示基地颁牌仪式

2021年12月23日，“河和之契”2021黄河流域、大运河沿线非物质文化遗产交流展示周高端论坛暨国家非物质文化遗产展览展示研究中心齐鲁（邹城）展示基地颁牌仪式在山东省泰安市泰山开幕。仪式开篇是来自邹城的“邹鲁礼乐”展演。

本次“河和之契”系列活动由文化和旅游部非物质文化遗产司指导，山东省文化和旅游厅、泰安市人民政府主办，山东省文化馆（山东省非物质文化遗产保护中心）、泰安市文化和旅游局承办，国家非物质文化遗产展览展示研究中心齐鲁（邹城）展示基地等单位协办。活动以“推动传统手工艺振兴、强化非遗系统性保护”为主题，分为“文明的赓续”山东省黄河流域振兴传统工艺集萃展、“流动的文化”山东省大运河沿线省级文化生态保护区成果展、高端论坛三大部分。

文化和旅游部原副部长项兆伦，中国社会科学院荣誉学部委员、国家非物质文化遗产展览展示研究中心专家委员会主任刘魁立，中国民俗学会会长、山东大学特聘教授叶涛，中国民俗学会副秘书长李春园，山东省文化和旅游厅二级巡视员付俊海，非

“河和之契”2021 黄河流域、大运河沿线非物质文化遗产交流展示周高端论坛
暨国家非物质文化遗产展览展示研究中心齐鲁（邹城）展示基地颁牌仪式

物质文化遗产处处长刘朋鑫，泰安市政协主席郭德文，泰安市政府党组成员、副市长唐传营，泰安市文化和旅游局党组书记侯卫国，邹城市市委常委、市委办公室主任徐相斌等嘉宾出席仪式并共同见证。

仪式由国家非物质文化遗产展览展示研究中心执行主任孙冬宁主持，泰安市政府党组成员、副市长唐传营和邹城市市委常委、市委办公室主任徐相斌分别致辞。随后中国社会科学院荣誉学部委员、国家非物质文化遗产展览展示研究中心专家委员会主任刘魁立，山东省文化和旅游厅二级巡视员付俊海，共同为国家非遗展览展示研究中心齐鲁（邹城）展示基地颁牌。学术论坛由中国民俗学会会长、山东大学特聘教授叶涛主持。项兆伦、刘魁立、叶涛分别以《关于非遗保护的认识与实践》《学习“两办文件”心得——关注文化生态保护区建设》《泰山与中华民族精神》为题进行了主旨演讲。

（国家非物质文化遗产展览展示研究中心供稿）

国家非物质文化遗产展览展示研究中心齐鲁（邹城）展示基地颁牌仪式

## 践行黄河讲话精神　推动齐鲁非遗传承

尊敬的各位嘉宾、各位同仁以及新闻媒体的朋友们：

非常荣幸受主办单位山东省文化和旅游厅、泰安市人民政府的委托来主持本次活动。大家共同相聚在泰安参加本次的高端论坛并见证国家非物质文化遗产展览展示研究中心齐鲁（邹城）展示基地的成立仪式。我代表国家非物质文化遗产展览展示研究中心，向各位领导和嘉宾的莅临以及支持中心工作发展的朋友们表示最衷心的感谢。

国家非物质文化遗产展览展示研究中心于 2018 年 3 月由文化和旅游部非遗司批复在文化和旅游部恭王府博物馆正式成立，共承担五项工作职能，分别是：研究非物质文化遗产展陈规范和有关政策；举办非物质文化遗产展陈活动；研究论证文化和旅游部主办和支持的展陈活动；开设非物质文化遗产展陈研修班；协助建设非物质文化遗产策展队伍。

2020 年 9 月 18 日，在习近平总书记在深入推动黄河流域生态保护和高质量发展座谈会上的重要讲话一周年的时间节点上，我们与山东省文化和旅游厅展开战略合作，以实际行动践行总书记的讲话精神，落实发挥山东半岛作为城市群的龙头带动作用、推动联通地区中心城市以及城市群的高质量发展要求，讲好黄河故事，延续历史文脉，坚定文化自信，促进文旅融合，推进沿黄流域及大运河沿线各个地区非物质文化遗产

孙冬宁

国家非物质文化遗产展览展示研究中心执行主任
中国传统工艺振兴计划协同创新中心主任

的生产性保护和传承发展。

我们将跟山东省文化和旅游厅共建国家非遗展览展示研究中心的黄河主题展示基地和齐鲁主题展示基地，中国传统工艺振兴计划协同创新齐鲁（研究）基地，同时在山东省与相关的地方政府、高等院校、科研机构展开协作。在邹城市人民政府申请下，山东省文化和旅游厅正式设立了齐鲁（邹城）展示基地，并于 2021 年 5 月在北京孔庙和国子监博物馆召开了专家论证会，对这个基地的建设提出了很好的建议。

“河和之契”黄河传统工艺展示板块是以金、木、水、火、土五大主题内容呈现山东省黄河流域九个地市的金属工艺、木版水印、传统酿造、陶瓷琉璃烧造、泥塑制作等专题。大运河沿线的四个板块是以流动文化把山东省划分出四个生态保护区，分别是泰山——锦绣江山 国泰民安；临清——临城中烟火 清水运人生；台儿庄——运河我家乡 英雄台儿庄；邹鲁——风近邹鲁 礼乐中华，特别体现了传统的儒学文化礼仪的内容。

我们打造的这种非遗展示范式——“四展四研”，即静态的展览、动态的展示、活态的展演、传承人的现场展销，同时把学术的研究、专题的研讨、研修以及未来的非遗文创研发完全结合在一起，形成了工作的闭环。

也希望这次展览活动的举办，能够带动和推动齐鲁大地上非物质文化遗产项目系统性保护工作的开展，希望能看到山东省非遗项目在传承与保护方面走在全国的前列。

（根据 2021 年 12 月 23 日会议录音整理）

## 两河非遗相聚泰山　共同助力文旅融合

尊敬的各位来宾、各位朋友：

今天在泰山脚下举办“河和之契”2021 黄河流域、大运河沿线非物质文化遗产交流展示周高端论坛，研讨非物质文化遗产的挖掘、保护、传承。这是泰安文化旅游的一件大事、喜事。在此，我对各位领导和来宾的莅临表示热烈的欢迎和衷心的感谢！

本次活动的举办旨在深入贯彻习近平总书记关于非物质文化遗产保护的系列重要指示精神，促进山东省黄河流域、大运河沿线非物质文化遗产的挖掘、保护、利用、弘扬，推动山东省黄河流域、大运河沿线非物质文化遗产的交流互鉴、融合发展。

泰安素有“国泰民安”的美好寓意，黄河与大运河在泰山脚下交汇，河和之契，江山无恙。本次展示周以“河和之契”为线索，选取山东省黄河流域金、木、水、火、土五大主题的传统工艺项目以及大运河沿线泰山、临清运河、台儿庄运河、邹鲁四个省级文化生态保护区相关非物质文化遗产项目，深入挖掘黄河、大运河文化蕴涵的时代价值，展现中华民族生生不息、延续不止的历史文脉。

文化旅游一直是泰安的特色、优势和潜力所在。今年以来，在文化和旅游部、山

唐传营

山东省泰安市政府党组成员、副市长

东省文化和旅游厅的指导支持下，我市将精品旅游和文化创意纳入新旧动能转换十强产业，紧紧抓住省会经济圈、济泰一体化、“山水圣人”、“中华文化枢轴”等战略机遇，围绕打造“文旅胜地”和富有文化底蕴的世界级旅游景区目标定位，以旅游供给侧结构改革为主线，以重大文旅项目建设为载体，强力推动旅游产业新产品、新业态、新模式迭代更新，发展质效进一步提升。据统计，今年前三季度，全市接待国内外游客4843.88 万人次，同比增长 99.2%，实现旅游总收入 518.29 亿元，同比增长 71.05%。在今年中国旅游景区欢乐指数“十一”排名中，泰山景区再次登上了自然景观类榜单榜首。泰山秀城・老街入选第一批国家夜间文旅消费集聚区；道朗镇荣获第一批全国乡村旅游重点镇（乡）称号；“泰安市精品旅游产业集群”“青青岱岳精品旅游产业集群”等 3 个集群入选全省“十强”产业“雁阵形”集群等。今天，泰安市精品旅游促进会的成立，更为我市“文旅胜地”建设注入了新的活力。

下一步，我们将按照山东省委、省政府战略部署，紧紧围绕“文旅胜地”建设，不断加大推进力度，全力为文旅产业融合、非物质文化遗产发展、品质旅游服务提升、新旧动能转换创造更好的外部环境，提供更有利的政策扶持，全面推动文旅高质量发展。

（根据 2021 年 12 月 23 日会议录音整理）

## 建设国家非遗展示基地　促进邹鲁文化传播与弘扬

尊敬的各位领导、各位嘉宾：

非常感谢文化和旅游部、山东省文化和旅游厅领导关心支持，将“国家非物质文化遗产展览展示研究中心齐鲁（邹城）展示基地”这一国字号招牌落户邹城市。我们将不辱使命，坚决完成基地建设任务。今天，邹城展示基地作为协办单位参加“河和之契”2021 黄河流域、大运河沿线非物质文化遗产交流展示周活动，我们倍感骄傲和自豪，精心准备了孟母教子传说、邹鲁礼乐、平派鼓吹乐等 16 项非遗项目参与展示。

邹城是孟子故里、千年古县，素有“邹鲁圣地”之美誉，是中国优秀旅游城市，文化旅游资源独具特色，现有各类文物古迹 517 处，各级非遗项目 173 项（国家级 3 项，省级 10 项），4A 级、3A 级景区达到 18 处。

2021 年 4 月，山东省文化和旅游厅同意在邹城市设立国家非物质文化遗产展览展示研究中心齐鲁（邹城）展示基地。同年 5 月，邹城市邀请相关专家在北京举办“齐鲁（邹城）展示基地规划和品牌定位专家论证会”。2012 年 6 月，邹城市人民政府办公室印发《国家非物质文化遗产展览展示研究中心齐鲁（邹城）展示基地建设工作方案》。具体开展了以下工作：

徐相斌

邹城市市委常委、市委办公室主任

一、组建一支队伍。成立以邹城市政府主要负责同志为主任、相关市级领导为副主任、市直相关部门单位为成员的工作委员会，下设以分管副市长为主任的执行工作委员会，扎实推动基地建设。将基地建设和相关活动开展纳入财政预算，每年列支不低于 500 万元的专项资金。

二、打造一处阵地。拟利用现有场馆——孟子研究院，打造集办公、科研、会议为一体的文化空间，开展学术研究、专题研讨、培训研修、文创研发“四研”。利用特定区域来打造展览展示空间。

三、创建一个品牌。2021 年已邀请有关专家多次到邹城实地调研，初步确定基地规划和 2022 年度工作计划。将“风近邹鲁 · 礼乐中华”作为齐鲁（邹城）展示基地品牌，有机融入母教文化、邹鲁文化、礼乐文化、伏羲文化以及各类非物质文化遗产项目，全力打造国家级文化品牌。

下一步，邹城市人民政府将以建设基地为契机，全力提升系统性非遗保护传承工作能力和水平，努力实现优秀传统文化创造性转化、创新性发展。同时，正式向山东省文化和旅游厅提出申办“河和之契” 黄河流域、大运河沿线非物质文化遗产交流展示周。

（根据 2021 年 12 月 23 日会议录音整理）

中国非物质文化遗产
CHINA INTANGIBLE CULTURAL HERITAGE

# 第一板块

# 金

# 千锤百炼
# 金石可镂

金须百炼始知精，
水鉴何如人鉴明。

——〔宋〕邵雍《代书吟》

《说文解字》:“金，五色金也。黄为之长。久埋不生衣，百炼不轻，从革不违。西方之行。”《汉官仪》卷上:“金取坚刚，百炼不耗。”因此，金代表坚固、坚守。“千锤百炼，金石可镂”意指只要通过千锤百炼，经过锲而不舍的刀刻，就连金属和石头这样坚硬的东西也可以雕刻成花饰。全国各地人民正是在这千百年坚持不懈的精神的感染下，通过精巧技艺创造出了一项项非物质文化遗产。

## 金板块展厅空间

作为黄河“金木水火土”整个展示空间的开篇，金板块入口处结合黄河文明的赓续主海报的色彩基调，空间设计色彩以金属的黄色为主要背景。其中在重点区域展示陈列具有代表性的传统十八般兵器，即能够结合武术展演，同时也呈现出一定的仪式感。

安全通道
SAFE PASSAGE
黄河
文明的赓续
山东省黄河流域振兴传统工艺集萃展

## 传统兵器制作技艺（董氏古兵器制作技艺）【济宁市】

济宁董氏古兵器制作技艺起源于济宁的红炉业。红炉业是济宁手工业的代表，明清时期尤为兴盛。据相关史料记载，清代中期，济宁董氏古兵器的第一代传人刘永勤在济宁李氏铜器作坊当学徒，后师成艺满，于 1871 年在济宁打铜街创办了“永兴铜器”老店。济宁董氏古兵器均系手工打造而成，主要以关公大刀、蛇矛、开山斧等长兵器为主，剑、镖等短兵器为辅。

目前，传统兵器制作技艺（董氏古兵器制作技艺）已列入山东省省级非物质文化遗产代表性项目名录。

## 梁山武术【济宁市】

济宁市梁山县是中国古典名著《水浒传》的故事发祥地，是全国首批命名的“武术之乡”。梁山武术源远流长，民间尚武、习武之风盛行，素有“喝梁山的水，都会伸伸胳膊踢踢腿”之说。梁山县拥有子午门、梅花拳、少林拳、太极拳、洪拳等百余种武术门类。同时，它汲取当年梁山众好汉的功夫之长，形成了自己独特的技术风格特点和武术文化特色，如武松拳、林冲枪、李逵斧、杨志刀、燕青拳、梅花拳、子午门功夫等拳功的规范套路。

目前，梁山武术已列入山东省省级非物质文化遗产代表性项目名录。

## 老东昌孙氏锔艺【聊城市】

锔艺，又称“锔瓷”，是一门古老的民间手艺，就是把打碎的瓷器用像订书钉一样的金属“锔子”再修复起来的技术。“没有金刚钻，别揽瓷器活”说的就是锔艺。老东昌孙氏锔艺工序繁杂，包含锔件、补件、配饰、镶饰等 70 多种方法、100 多道工序，并且创造了独龙锔、无缝扣接壶盖、走水密封、壶盖内双向拉伸、包马蹄嘴、水火交融技法等独门绝技。

目前，老东昌孙氏锔艺已列入聊城市市级非物质文化遗产代表性项目名录。

金

## 黄金溜槽堆石砌灶冶炼技艺【烟台市】

招远市的黄金生产历史悠久，该市素有“金城天府”的美称。黄金溜槽堆石砌灶冶炼技艺是招远人民发明创造并传承使用逾千年的文化遗产。这一技艺的最早记载见于《宋史》，宋代的山东登莱两州已开始使用木制溜槽大规模采金。这一使用铁锤、石臼、石磨、石碾、溜槽、陶尊（坩埚）等当时先进工具，通过手工操作的破碎、磨粉、拉流和熔炼采冶黄金的传统技艺，被后来黄金史学家称为“溜槽堆石砌灶冶炼法”。这实际上就是通过重力选矿，再经高温熔炼提取黄金的冶炼方法，其原理仍广泛应用于现代黄金生产技术中。

2008 年，黄金溜槽堆石砌灶冶炼技艺被列入第二批国家级非物质文化遗产代表性项目名录。

金

## 周村铜响乐器制作技艺【淄博市】

周村铜响乐器生产已有 400 余年历史。据记载，周村明代就有了铜响乐器作坊，清朝时冶铸水平已相当高超。乾隆初年，周村出现了规模较大的铜响器作坊聚合成。清代京剧艺术的产生和传播推动了铜响乐器的发展。周村铜响乐器发音圆润、清脆，音量持久，从材料工艺到音响效果形成了独特风格，被京剧界赞誉为“周村派”。诸多京剧名流所在的戏班都先后来周村购买虎音锣，当时一度有京剧舞台必用周村锣的讲究。

目前，周村铜响乐器制作技艺已列入山东省省级非物质文化遗产代表性项目名录。

金

## 传统刀具制作技艺（双王刀锻造技艺）【东营市】

东营市麻湾曾为黄河岸边繁盛一时的商贸码头，其中以王氏为代表的铁匠因打制农具、菜刀等用料扎实而受到百姓喜爱。据《龙居镇志》记载，清末王氏第三代传人王增寿曾为义和团打制过刀制武器等，以刀快、顺手而被称为麻湾“双王刀”，其锻打工艺已传承百余年。“铜铁炉中翻火焰，千锤百炼出精钢”，龙居麻湾刀坚固耐用，刃口锋利，具有切肉过白、切姜不毛、切葱不散的特点。

目前，传统刀具制作技艺（双王刀锻造技艺）已列入东营市市级非物质文化遗产代表性项目名录。

金

## 金银细工制作技艺（梦金园金首饰制作技艺）【潍坊市】

金银细工制作技艺（梦金园金首饰制作技艺）由潍坊传统的金属工艺发展而来，已有200多年历史。20世纪90年代前，这一技艺以作坊式的师徒传承和家庭祖辈相传为主。在潍坊的大街小巷，常常会见到挑着秤、锤、凿、钳、挫、镊、剪刀、錾刀、刻刀等家伙什的手艺人。他们走街串巷，以加工、翻新金、银、铜首饰为生计。后来，规模化的金首饰加工厂逐渐发展起来，梦金园就是在这一基础上形成的。梦金园金首饰制作技艺工序繁复精细，工艺多样，制作的作品凸显金银的富丽堂皇、古香古色，散溢着浓郁的富贵气息。

目前，金银细工制作技艺（梦金园金首饰制作技艺）已列入山东省省级非物质文化遗产代表性项目名录。

金

## 王银匠银饰制作技艺【济南市】

王银匠银饰制作技艺起源于济南市莱芜区杨庄镇孟官庄村，已有100多年的传承历史。1885年，王升堂赴内蒙古期间与草原蒙镶艺人结识，学习银饰打制技艺。1890年回到莱芜，他便以此为生，因其打制的银饰工艺精致、品种齐全，被称为“王银匠”。此后，王银匠银饰制作技艺一直传承至今。

目前，王银匠银饰制作技艺已列入山东省省级非物质文化遗产代表性项目名录。

金

金

# 金

# 金

# 金

济宁水泊梁山民俗博物馆铁匠空间

## 铜器制作技艺（东昌府铜铸雕刻制作技艺）【聊城市】

铜是人类最早使用的金属之一，我国铸铜历史十分悠久，东昌府道口铺马庄村铜铸雕刻制作技艺已有 100 多年的历史。马氏铸铜雕刻技艺的先辈最早经营银器制作，技艺精湛，但由于农村受众较少，遂将兴趣转移到铜器上。传承人马先明及其兄长经过四处游学，寻访古迹，求师问友，不断精进铜铸雕刻技艺，制作的马踏飞燕、关公像、观音像、金蟾、十二生肖、简仪等都非常逼真，享誉四方。

目前，铜器制作技艺（东昌府铜铸雕刻制作技艺）已列入山东省省级非物质文化遗产代表性项目名录。

## 锡雕【济南市】

锡雕工艺历史悠久。据史料记载，清初莱芜锡制品就已受到朝廷青睐而成为贡品。清中期，莱芜制锡艺术高度发展，当时从事锡雕加工制作的艺人主要分布在莱城西关、杨庄、寨里一带，而艺术水平较高的首推莱城西关王氏一家。据相关史料记载："乾隆女婚嫁至曲阜，由京派人于莱芜定制。"

2008 年，锡雕被列入第二批国家级非物质文化遗产代表性项目名录。

## 锡壶制作技艺【滨州市】

锡是古老金属，锡之为器，自上古而延绵至今。阳信锡器制作历史悠久，20 世纪 20 年代至 60 年代，魏发祥一家以家庭式的小作坊传承锡器制作，自第三代传承人魏振山时，创立字号“顺盛祥”，除打制锡壶外，还为紫砂壶装置锡嘴，在紫砂壶的壶嘴底部粘贴上虎嘴、狮嘴等图样的锡质装饰。“顺盛祥”产品因精巧别致、别具一格而远近闻名，甚至远销海外。

目前，锡壶制作技艺已列入山东省省级非物质文化遗产代表性项目名录。

金

## 金属锻制技艺（章丘铁锅锻打技艺）【济南市】

章丘自古以冶铁、制铁而闻名，《山东通志》等相关史料均有记载。清朝末年，曹盛永将打锅技艺由京城传至济南。民国初年，吴运甲、吴运茂等章丘匠人先后拜曹盛永为师，章丘铁锅由此开始传承，当时蜚声遐迩的鲁菜饭店如汇泉楼、聚丰德、燕喜堂等所用的铁锅都是章丘铁锅。章丘铁锅锻打技艺是“打座炉”的典型代表，有“锻打三万六千锤，勺底铮明颜色白”之美誉。

目前，金属锻制技艺（章丘铁锅锻打技艺）已列入山东省省级非物质文化遗产代表性项目名录。

金

## 皮影戏（济南皮影戏）【济南市】

济南皮影戏是山东皮影戏的一个分支，主要流布于山东省境内，至少已有500年的历史。清末艺人张盛旺专门从事皮影戏演出，其徒李克鳌传承技艺后，于1915年将皮影戏自邹县带入济南，后经李福增、李兴堂、李兴时等人的继承和发展，形成了地域特色鲜明的济南皮影戏。济南皮影戏表演声情并茂，一人负责操作和说唱，一人负责伴奏。演唱初期唱腔单一，后吸收五音戏、西河大鼓、山东琴书等戏曲音乐而形成了清新流畅的丰富曲调。

2008年，皮影戏（济南皮影戏）被列入第二批国家级非物质文化遗产代表性项目名录。

金

## 银铜器皿制作技艺【德州市】

山东省德州市平原县银铜器皿制作技艺历史悠久。传承人李庆峰的舅舅在平原县是远近闻名的翻砂铸造手艺人。李庆峰从小就在舅舅身边学艺谋生，不仅学会了传统的日常器具的制作，还学会了银器的打造。经其发展，平原县银铜器皿类型更加丰富，有传承锤击的日常煮水提梁银壶，还有巧妙构思设计、用灵活技法锻打的一体化套系银器饮具。

目前，银铜器皿制作技艺已列入德州市市级非物质文化遗产代表性项目名录。

金

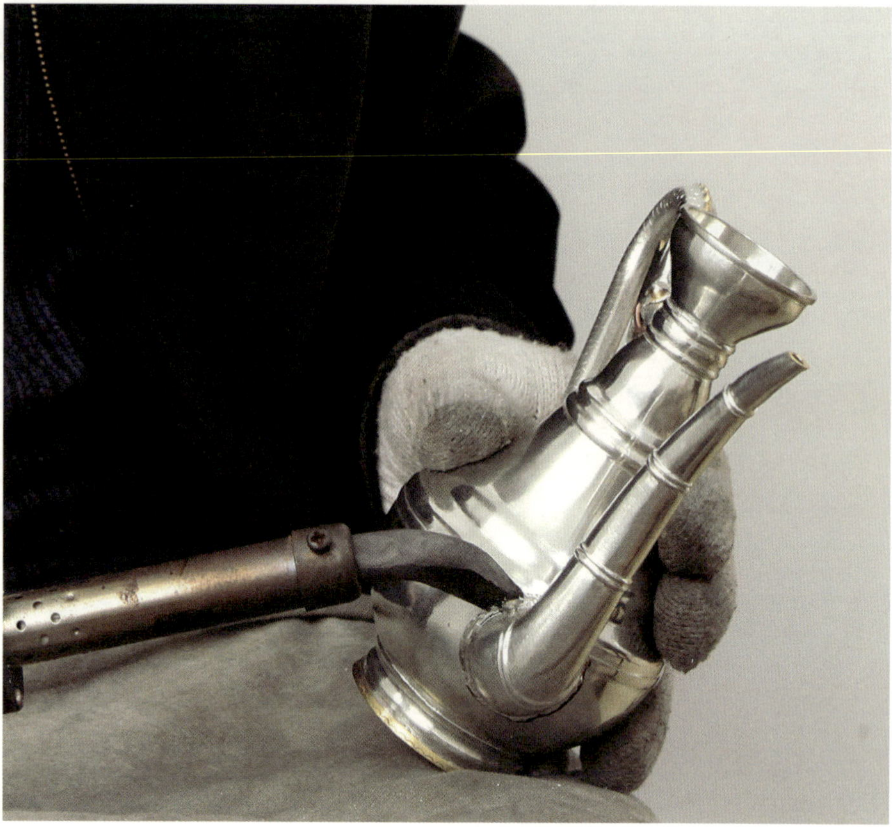

## 锡镶铜技艺【济南市】

济南市莱芜区锡镶铜技艺已有 200 多年的历史，自清代传承至今未曾间断。莱芜锡镶铜技艺以金属锡与铜为主要原料，融入莱芜地区传统文化精神内涵，常做礼器、饮具、灯烛具、摆件、实用器物等。锡镶铜技艺主要传承于徐家河王氏家族。

目前，锡镶铜技艺已列入济南市市级非物质文化遗产代表性项目名录。

金

## 皮影制作技艺【菏泽市】

菏泽市曹县皮影是我国皮影艺术的一个重要地方分支。皮影制作技艺起源于曹县常乐集乡任庄村，其皮影多用牛皮制作，风格质朴粗犷，色泽古拙，刻工劲健，很接近当地的剪纸风格，地方特色浓烈。曹县皮影制作的人物道具多为历史演义、武侠公案、神话寓言、民间传说及诸多戏剧中的人物，无论人物形象还是其他影件都充分体现了粗中有细、豪放有致的艺术风格。

目前，皮影制作技艺已列入菏泽市市级非物质文化遗产代表性项目名录。

金

# 金

# 金

# 金

# 金

第二板块

# 木

# 劫劫长存
# 生生不息

拙工砺器雕不已，
印版传书差可贵。

——［宋］苏籀《雕木工》

木，代表树木、花草，寓意生命中生的根源，代表生发、勃勃生机。“劫劫长存，生生不息”，选自宋代冯取洽的《沁园春·二月二日寿玉林》，原句为“劫劫长存，生生不息，宁极深根秋又春”，指树木的生长变化，也寓指群体变化或新生事物的发生没有终止。寓意黄河文化传续百年、劫劫长存，也表示非遗传承生生不息。

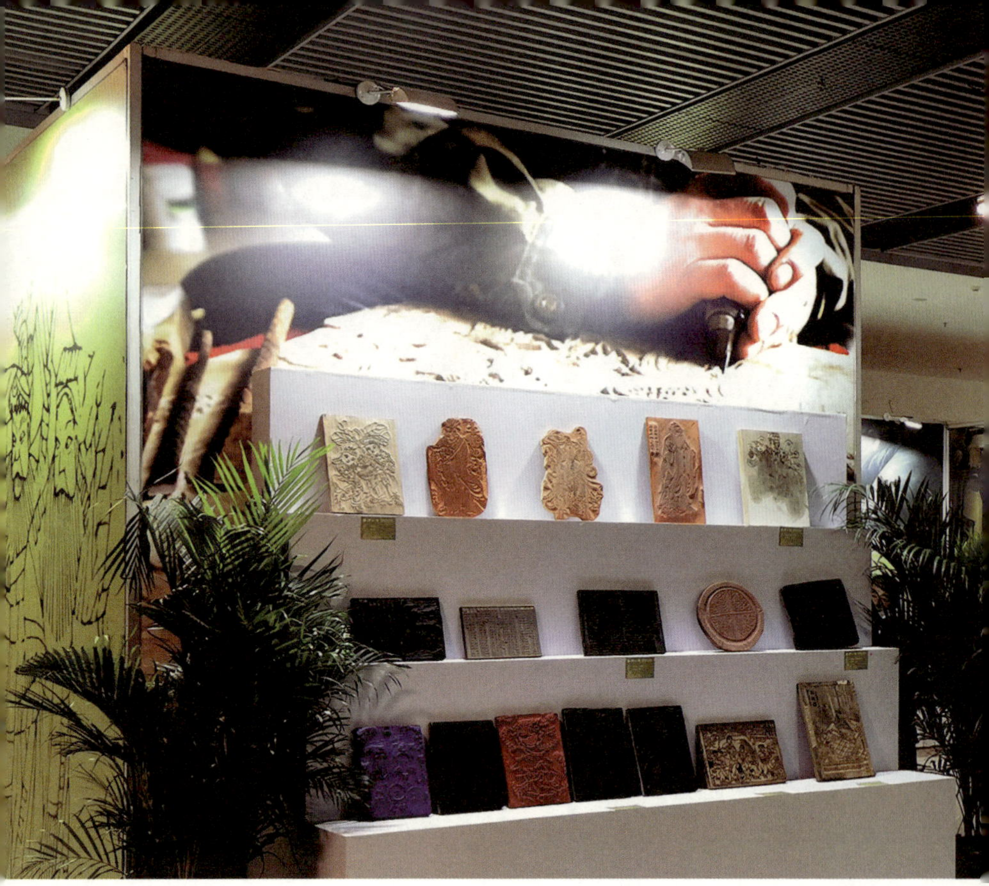

## 木板块展厅空间

黄河“金木水火土”木板块展厅以木在五行中所属的颜色——绿色为主题背景色调，在入口处陈列展示传统木版年画及木版水印的精选雕刻画版，其展示类型有半成品画版、老版、新版等。展厅中有饰有杨家埠木版年画的门神图案和东昌府木版年画的对金抓图案的红色幔帐，红绿相间，映衬木版年画的民俗气氛。

四書集註

## 展演：京剧造型的秦琼与敬德

在传统的木版年画中，门神是重要的表现题材，其中在中国流传最广和最受广大百姓喜爱的莫过于唐朝名将秦叔宝（秦琼）和尉迟恭（尉迟敬德）。《三教搜神大全》中曾记载："门神乃唐朝秦叔保（宝）、胡敬德（尉迟恭）二将军也"。古典名著《西游记》第十回"二将军宫门镇鬼 唐太宗地府还魂"，更使二位门神家喻户晓。展厅现场京剧造型的秦琼、敬德如同门神从年画中走出，祈福纳祥。

## 泰山木版年画【泰安市】

泰安市泰山木版年画始于清代。当时的贡仕王允忠创办了一个家族式的作坊，其年画作品很受各地客户的喜欢，所以带动了泰安很多地方如徐家庄、高家庄、迓庄村、北王庄、城里的大观街等一起创作年画。徐家庄木版年画主要以泰山文化为主，如东岳大帝、碧霞元君等，同时创作了很多具有山东特色的灶王爷、门神、财神画。

该项目已列入泰安市市级非物质文化遗产代表性项目名录。

木

## 郓城水浒纸牌及雕版印刷工艺【菏泽市】

郓城县水堡乡一带是水浒故事的发源地，素有“梁山一百单八将，七十二名在郓城”之说，更有“水堡村里喊一声，东京汴梁奏丧钟”的戏曲道白。水浒纸牌雕版印刷是山东省郓城县水堡乡的特产，起源于元代，至今已有600多年的历史。此牌起始于民间，兴盛于民间，当地又称“老妈妈牌”“婆婆牌”。水浒纸牌雕版印刷工艺是与历史上的水浒英雄联系在一起的，对水浒文化的研究有很高的历史和文化价值。

该项目已列入山东省省级非物质文化遗产代表性项目名录。

木

## 木版年画（莱芜木版年画）【济南市】

据有关史料记载，莱芜木版年画可溯源至清末，迄今有 120 余年的历史。其内容题材有历史故事、民俗风情等多个种类。莱芜木版年画制作继承了传统的雕版印刷工艺，兼用人工着色和彩色套版，成品形式主要有门画、中堂、条屏等。

该项目已列入山东省省级非物质文化遗产代表性项目名录。

木

## 雕版印刷技艺【济南市】

山东雕版印刷历史悠久。明清以来，山东官刻、私刻、坊刻典籍纷至迭出，无论是官方刊定的儒家经典、地方志，还是私家著述文集，抑或坊刻，都留存了许多精品。其中以海源阁最具代表，山东省图书馆曾把海源阁古籍、雕版收入馆内，也聘用刻工入馆，诸多古籍书方能流传。

该项目已列入山东省省级非物质文化遗产代表性项目名录。

木

## 杨家埠木版年画【潍坊市】

潍坊杨家埠木版年画兴于明初，盛于清代的乾隆年间，迄今已有600 多年的历史。杨家埠木版年画经过多年的发展，形成了独有的基本特征：一是不受自然的约束，以丰富的想象力，用概括、浪漫主义、象征和寓意的手法表现主题；二是构图完整、饱满、匀称；三是造型夸张、简练、粗犷、朴实，形象俊美、鲜明、易接受。

杨家埠木版年画是中国四大木版年画之一，2006 年入选首批国家级非物质文化遗产代表性项目名录。

木

# 木

木

# 木

东昌府木版年画传统颜料及工具

## 木版年画（东昌府木版年画）【聊城市】

东昌府木版年画始于明朝初年，其年画作坊分布于聊城的堂邑、阳谷、寿张、东阿等二十几个城镇和数百个乡村。清代东昌府以“羲盛恒”“同顺和”“同兴昌”为代表。东昌府木版年画取材范围非常广泛，有门神、人物画、耕织图、戏曲故事、民间传说等。

2008 年 6 月，东昌府木版年画被列入第二批国家级非物质文化遗产代表性项目名录。

殷交
孫
太公

## 木版年画（鱼台木版年画）【济宁市】

鱼台县木版年画始于清光绪年间，历史悠久，形成了独具特色的本土风格并在李阁镇、鱼城镇形成较大的产业形态，20 世纪 30 年代曾盛极一时。其年画题材多以神话人物、民俗故事、吉祥图案、辟邪迎祥、戏曲故事、历史演义为主。

该项目已列入山东省省级非物质文化遗产代表性项目名录。

## 木刻刀笔画【德州市】

中国是木刻画的故乡，明清时期竹、木浅平刻技艺已日趋成熟。木刻刀笔画是以木为纸，以刀代笔，以民间木刻技法表现中国书画风韵，借鉴漆画、重彩岩画、国画技法精制而成。颂古意、承古法是刀笔画的精髓所在。

该项目已列入山东省省级非物质文化遗产代表性项目名录。

## 清河镇木版年画【滨州市】

清河镇木版年画产于山东省惠民县清河镇，距今有 300 多年的历史，是鲁北地区民众喜爱的艺术形式。鼎盛时期，其画店发展到 60 多家，流传到滨州、阳信、无棣、济阳、商河、章丘等地。清河镇年画立意简明扼要、鲜明突出，寓意深远，造型美观且题材广泛。

该项目已列入山东省省级非物质文化遗产代表性项目名录。

木

## 古籍印刷技艺【曲阜市】

古籍印刷技艺是指衍圣公府为保存、印制儒家经典而采用的一种传统的宣纸装帧、修复手工技艺。这种手工技艺为保存和收藏孔府内大量的文物资料起到了重要作用，以其装帧精美、历时久远而受到人们重视。正因为有了曲阜市古籍印刷技艺，孔府许多名碑拓片、历史资料、谱牒志书才能够延续至今。

目前，古籍印刷技艺已列入曲阜市市级非物质文化遗产代表性项目名录。

木

## 冠县木版年画【聊城市】

聊城市冠县定远寨乡黄寨子村刻版技艺大约起源于清代中期，至今已传至第八代，约200多年。据《东昌府志》记载：民国时期，东昌府的图书刻印行业闻名全国，不少技艺高超者从事书籍、年画的刻版工作，刻版工人大部分来自三奶奶庙、黄寨子村一带。

目前，冠县木版年画已列入聊城市市级非物质文化遗产代表性项目名录。

木

## 木版年画（高天木版年画）【东营市】

高天木版年画是东营市比较受大众喜爱的传统美术项目。它是在天津杨柳青、山东杨家埠等木版年画传统艺术的基础上，又加入了手绘年画和新年画的特点，并形成了以东营市河口区为核心的分布区域，以此扩展到河口、利津多个街道乡镇后，影响力不断扩大。

目前，木版年画（高天木版年画）已列入东营市市级非物质文化遗产代表性项目名录。

# 木

# 木

# 木

# 木

# 木

中国非物质文化遗产
CHINA INTANGIBLE CULTURAL HERITAGE

# 第三板块

# 水

# 万里奔腾 源远流长

酒用林花酿，
茶将野水煎。

——【唐】姚合《和元八郎中秋居》

水，代表流动性，川流不息。“万里奔腾，源远流长”形容黄河水奔腾万里，穿梭于万千河山之中，而以黄河之水灌溉的土地、哺育的中华儿女，创造了无数源远流长的优秀文化。本板块展示的是勤劳的中国人民以奔腾不息的黄河之水为源，精酿出的坛坛美酒。

## 水板块展厅空间

黄河“金木水火土”的水板块展厅设定蓝色为空间主色调，重点展示涵盖酒、醋等传统酿造技艺项目。展板以介绍技艺流程为重点，迎门处有传统酒坊、酒空间的场景还原，展厅内部兼顾展示和销售，在介绍传统技艺的同时还有对不同酒的现场品鉴等环节。

## 酒传统酿造技艺（黄氏酒坊酿酒技艺）【东营市】

东营市黄氏酒坊酿酒技艺生产的酒属重酿酒，是以五谷为酒基，用近 200 年的传家宝老窑泥，顺时令融入天然植物花深度酿造而成，为北方白酒酿酒工艺的典型代表。要经过原料粉碎、配料、蒸料、糊化、加曲、加酒母、入池糖化发酵、出池、陈化、提取等多个步骤方可出酒。黄氏酒坊酿酒技艺深受群众喜爱，并在一定的组织和发展下形成了固定的产业规模，带动了部分劳动力的就业和经济的发展，现已成为当地扶贫助困工作的主要力量。

该项目已列入山东省省级非物质文化遗产代表性项目名录。

## 展演：吕剧《马大保喝醉了酒》

现场的展演选自经典吕剧《借亲》的《马大保喝醉了酒》唱段。《借亲》是一部山东吕剧的传统经典剧目，情节引人入胜、风趣幽默，讲述的是程家公子孝全与赵家小姐一锭金定亲，但都无意成婚，最后成全了小商贩马大保之女金莲和长工邦喜的故事。

水

## 平阴玫瑰酒酿造技艺【济南市】

平阴人用玫瑰花酿酒历史悠久。清末，平阴城内"积盛和"生产的玫瑰酒名声享誉国内外。1956 年公私合营，"积盛和"等几家酒作坊合并成立了平阴县玫瑰酒厂。1994 年，时任酒厂生产技术厂长的李迎创办了济南玫瑰酒业有限公司，专门生产经营玫瑰花酒。平阴玫瑰酒系由传统手工酿造而成，整个制作工艺十分烦琐，共需 27 道工序，时间跨度长，工艺难度大。用此工艺酿造的玫瑰酒花香、酒香融为一体，酒体丰满细腻，醇香甘美，余味悠长。

该项目已列入济南市市级非物质文化遗产代表性项目名录。

水

## 酒传统酿造技艺(孙武酒酿造技艺)【滨州市】

孙武酒酿造技艺历史悠久。经过多年的探索和实践经验，孙武酒酿造技艺逐步得以改进，在采用高粱酿造的基础上，改为用五粮（高粱、大米、糯米、 玉米、小麦）酿造，经过粉碎、润料、配料、拌料、蒸粮、摊凉加曲、入窖、封窖、发酵、蒸酒、陈化贮存等十几道工序精酿而成。产品绵甜幽雅、甘醇净爽、陈味十足、余味悠长，盛誉鲁北大地，远销北京、天津、唐山等多个城市，深受消费者喜爱。

该项目已列入滨州市市级非物质文化遗产代表性项目名录。

水

## 韩门家酒【东营市】

韩门家酒起源于明初的山东省淄博市周村区，其酿造工艺因人口迁移于清中期传入义和镇三合村。2003 年，该技艺传承人韩其军在河口经济开发区开厂立业，重新启用韩门家酒名号，使存续数百年的传统技艺得以复活。韩门家酒选用黄河三角洲地区的优质高粱、大米、糯米、玉米、小麦为原料，破碎后按不同比例混合、搅拌入池发酵，共经过数十道工序，包括原料除杂、原料粉碎、稻壳清蒸、配料、蒸馏、打量水、用粉碎机粉碎大曲、撒曲、发酵等。该产品窖香优雅、绵甜爽净、柔和协调、尾净香长、风格典型，深受广大消费者喜爱。

该项目已列入东营市市级非物质文化遗产代表性项目名录。

水

水

# 水

# 水

水

酒

济宁水泊梁山民俗博物馆传统酒坊

## 酒传统酿造技艺（月河老五甑酿酒技艺）【滨州市】

酒传统酿造技艺（月河老五甑酿酒技艺）是由邹平市杨寨村张氏家族世代传承的该地区独特的纯粮食酒酿造工艺。杨寨村酒业发端于明，其产生、发展、兴盛有着深远的历史文化背景，深受当地地理环境和经济社会发展的影响。这一酿造技艺的主要特点是“五层起窖，五甑蒸酒”。当地依据环境、气候、水质、原料的特点，历经数百年的探索、实践、总结，形成了独具地方特色的浓香型纯粮食酒酿造工艺，其主要工艺流程包含制曲与酿酒等。

该项目已列入山东省省级非物质文化遗产代表性项目名录。

## 扳倒井白酒传统酿造技艺【淄博市】

扳倒井白酒传统酿造技艺又称“井窖工艺”，创发于宋代，当时主要应用于酿制官家用酒。后经明清两代的有序传承，尤其是清雍正年间隆祥酒坊的发展使用，使该工艺得已推广。民国时期，井窖酿酒法主要集中在城关、河西、丁夏一带传承使用，所酿之酒远近闻名。扳倒井白酒传统酿造技艺在传承发展的过程中形成了独有的特点：1. 井型窖池发酵；2. 独特的窖泥配方；3.“五步培曲法”，包括主酵、潮火、炼菌、后火、储存五个阶段；4. 高温堆积发酵；5. 分段摘酒，分级储存；6. 用古老的木海储存原酒。及至今天，扳倒井传统酿造技艺在山东扳倒井股份有限公司的传承保护下实现着更大的社会价值、科学价值、工艺价值等。

该项目已列入山东省省级非物质文化遗产代表性项目名录。

## 蒸馏酒传统酿造技艺（花冠酒酿造技艺）【菏泽市】

花冠酒传统酿造技艺历史悠久，工艺独特。花冠酒的酿造主要采用优质高粱为原料，粉碎后用地下 500 米深井水加热至 90° C润粮，以牡丹春曲为糖化发酵剂，在天香窖池中固态发酵 60 ~ 90 天，然后上甑，采取缓气蒸馏方式将蒸酒与蒸粮同时进行，酿酒师一边品尝一边摘酒。看花摘酒共分 8 段，入库后经过感官和理化检验，按照不同段别分别用陶坛储存并根据不同酒质的要求储存 1 ~ 3 年，然后灌装出厂。花冠酒传统酿造技艺历经百年传承，一直延续至今。其中牡丹的用量、火候的掌握等主要通过以师带徒、心口相传的方式传承。

该项目已列入山东省省级非物质文化遗产代表性项目名录。

水

## 酒传统酿造技艺（兴隆酒坊酿酒技艺）【东营市】

酒传统酿造技艺（兴隆酒坊酿酒技艺）主要分布于东营区龙居镇。兴隆酒以芝麻香为主体香气，兼有浓香型、清香型和酱香型三种香型，既有浓香型的芬芳，也有清香型的幽雅，还有酱香型的细腻，享有“一口三香”之赞誉。其发酵池以黄河淤泥做窖底、泥砖做壁，关键的技艺是“七必”发酵工艺，即“粮必实、水必甘、工必细、曲必陈、器必洁、储必久、管必严”。经过长达60多天的高温配料堆积、高温发酵、高温馏酒、分段接酒、勾调贮存等独特的工艺过程，形成醇厚甘洌、回味悠长、香气独特的原浆白酒。

该项目已列入山东省省级非物质文化遗产代表性项目名录。

水

## 传统酿造技艺（古贝春酒传统酿造技艺）【德州市】

传统酿造技艺（古贝春酒传统酿造技艺）是流传于鲁西北的一项白酒古法酿造技艺。晚清至今，古贝春酒传统酿造技艺有记载的传承人有五代，但古法技艺始终不变。古贝春酒优选高粱、小麦、大米、玉米、糯米等原料，采用甘美的运河水，经粉碎、拌料、蒸煮、发酵、蒸馏、储存等 30 多道工序精酿，其工艺特征为“三高一低一长”，即入池淀粉高、酸度高、温度高、用糠量低、发酵时间长。

该项目已列入山东省省级非物质文化遗产代表性项目名录。

## 燕陵蜜酒传统酿造技艺【德州市】

燕陵蜜酒传统酿造技艺是指采用优质枣花蜂蜜，通过纯发酵酿造工艺生产蜂蜜纯发酵酒的过程。酿造时，不调糖，不调酸，不勾兑酒精，不添加任何食品添加剂，酿造工艺解决“全发酵、液体菌种、全封闭生产、多级发酵”的关键技术难点。燕陵蜜酒具有极高的营养价值，蜂蜜酒的酒质基本保留了枣花蜜原有的营养价值。

该项目已列入德州市市级非物质文化遗产代表性项目名录。

水

# 水

水

水

水

## 钢山牌白酒传统酿造技艺【济宁市】

金钢山酒业公司酿酒历史久远，其规模生产可上溯至清光绪十三年（1887）的恒盛公酒馆，距今130多年。钢山亦称“缸山”“糠山”，因历史流传山脚下酒缸多、糟糠多而得名。钢山酒沿用中国白酒传统工艺生产，使用当地糯高粱为原料，以全小麦、大曲为糖化发酵剂，用深水井汲取的地下泉水润料。老窖池由当地制作贡用鲁砚的黄黏土垒砌而成。

该项目已列入济宁市市级非物质文化遗产代表性项目名录。

酒
酒

## 王村醋传统酿造技艺【淄博市】

王村醋传统酿造技艺以山地小米为主要原料，辅以麦曲发酵，经煮米出锅、摊地散热、试温加曲、入瓮发酵等 21 道工序，在一年的节气更替中，历时一年周期酿造而成。严格的手工工艺，漫长的时间等待，使王村醋的色、香、味有别于其他醋种，“色泽褐，入口酸，落喉香，回味不绝，酸香绵甜”。王村醋含有有机酸和氨基酸等营养物质，以“醇香色淡、营养健康”的产品风格广为消费者所喜爱。

该项目已列入山东省省级非物质文化遗产代表性项目名录。

## 蒸馏酒传统酿造技艺（景芝酒传统酿造技艺）【潍坊市】

景芝白干酒，古称“景芝高烧”。在长期的传承实践中，景芝酒形成了这样的酿酒秘诀：原料（高粱、小麦、玉米、大米、江米）粉碎要呈“梅花瓣，无跑生”，配料“无团糟、无白眼”，入池发酵根据季节与气温变化，合理调整水分和酸度，装甑“轻、松、匀、薄、准、平”，“缓气蒸馏，大气追尾”，糊化“熟而不粘，内无生心”。其中，酿造有“三字经”：粮必精、水必甘、器必洁、曲必陈、贮必久、工必细、管必严。

目前，该项目已列入第五批国家级非物质文化遗产代表性项目名录。

## 蒸馏酒传统酿造技艺（云门春酒传统酿造技艺）【潍坊市】

青州为古九州之一，历史悠久，文化灿烂，被誉为“海岱明珠”。同时，这里又是一处酒文化的摇篮，清康熙《益都县志》有“酒之上品以露为上，清香醇厚”的记载。

云门春酒传统酿造技艺独特，主要过程如下：用石磨将小麦碾成麦皮，温水拌料，采用槐木做成的大曲模人工踩制出浆，移入土制曲房，盖稻草、洒水，进行室内培养，期间翻仓 2 次，40 天出房。成品颜色金黄，酱香焦香味浓。

该项目已列入山东省省级非物质文化遗产代表性项目名录。

水

## 泺口醋酿造技艺【济南市】

泺口醋历史悠久。1956 年，泺口信诚等 19 家老字号醋坊合并，组建公私合营玉兴酱园。1966 年，玉兴酱园改称历城县泺口酿造厂。1980 年又改称济南市泺口酿造厂，隶属济南市供销合作社。2000 年，改制为济南市泺口酿造有限责任公司。

精选高粱、地瓜干、麦麸等原材料，采用传统手工扒缸工艺，经过一系列工序，将其中的淀粉、蛋白质转化为糖类、氨基酸，部分被酵母、醋菌所耗用，部分仍留在醋液中（因此洛口醋富含糖分和氨基酸），再经春夏日晒、秋冬霜冰，形成四季陈酿。泺口醋酯香浓郁，酸甜柔美，醋色美如琥珀，具有酸、甜、清、亮、香的特点，食其味者无不交口称赞，有“济南府的酱油，泺口的醋”的民间口碑。

该项目已列入山东省省级非物质文化遗产代表性项目名录。

# 水

## 酿醋工艺（茂盛斋高粱老醋制作技艺）【聊城市】

高粱老醋是老字号“茂盛斋”的当家产品，解放后公私合营归济美酱园，其制作手艺通过济美酱园传承至今。自 1862 年建园起，创始人马致斋独创了适应北方人口味的高粱老醋，经过第一代传人马洪春进一步发扬光大。

茂盛斋高粱老醋工艺独特，选用河西下堡寺一带碱土地里产出的红高粱、河北威县产的小米糠为原料，人工踩曲，先经 28 天酒发酵，再经 21 天醋发酵，淋出的高粱醋经一年的日晒夜露，冬天捞冰，再经一年的储存，成熟后的高粱老醋浓香扑鼻、酸甜适口。

该项目已列入聊城市市级非物质文化遗产代表性项目名录。

水

## 通德醋传统酿造技艺【德州市】

通德醋酿造技艺始于 1901 年。创始人任金栋于 1901 年在县城顺达街开了一家以黑米、枸杞、高粱为主料的酿醋作坊，起名“通德号”，寓意为通力合作、以德经营。

通德醋传统酿造技艺有 24 字要诀，即料精量准、主辅静配，浆温则高、熟料必响，翻醅必匀、适时降火。主要生产原料为优质红高粱、小麦、大麦、黑米、枸杞子、豌豆，辅料为谷壳、麸皮、糖、蜂蜜。通德醋采用前稀后固开放式生产工艺，成熟醋醅采用封闭式存放陈酿，部分醋醅再经熏制阶段，然后浸淋，再经一年以上室外自然脂化老熟，拼格配兑出售。产品风味醇厚，浓郁的清香别具一格。

该项目已列入山东省省级非物质文化遗产代表性项目名录。

水

# 水

水

# 水

# 水

第四板块

# 火

# 薪火相传
# 文脉相承

明炉重为彩红加，
釉料全凭火色华。

——【宋】龚鉽《景德镇陶歌》

火，代表由火而产生的热能、能量。“薪火相传”取自《庄子·养生主》：“指穷放于薪，火传也。不知其尽也。”原意为柴烧尽，火种仍可留传。古时候比喻形骸有尽而精神不灭，后人用来比喻学问和技艺代代相传。讲好“黄河故事”，延续历史文脉，“薪火相传，文脉相承”，一是指对黄河文化的传承延续，二是指对非物质文化遗产的传承发展。

## 火板块展厅空间

黄河“金木水火土”火板块展厅重点展示传统烧造技艺。展厅主色调为红色，重点展示项目为山东省有关地市的陶、瓷、琉璃等器物的制作技艺，其中以淄博琉璃制品、德州黑陶为主要展示内容。

火相传
脉相承
炉重为彩红加，
料全凭火色华。
火，代表由火而产生的热能，能量，向上。"薪火相传"取自《庄子·养生主》："指穷于为薪，火传也。不知其尽也。"原意柴烧尽，火种仍可留传。古时候比喻形骸有尽而精神不灭；后人用来比喻学问和技艺代代相传、讲好"黄河故事"，延续历史文脉，"薪火相传，文脉相承"，一是指对黄河文化的传承延续，二是指对非物质文化遗产的传承发展。

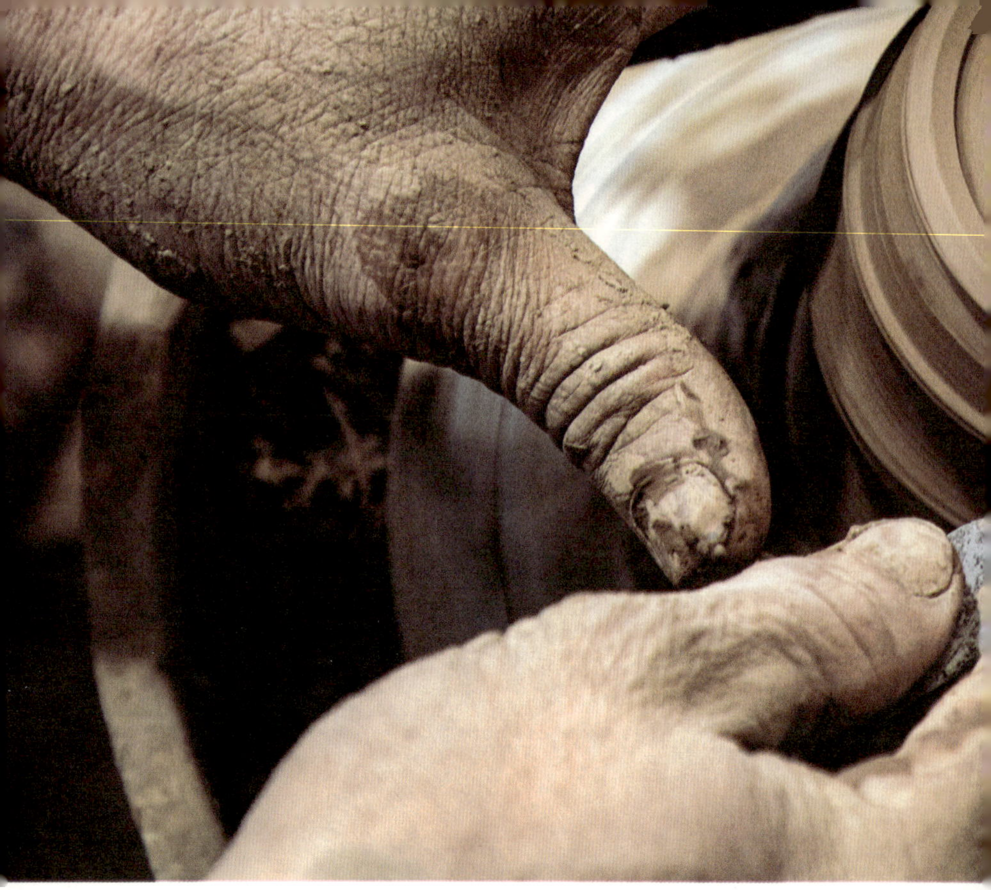

## 佛头寺陶艺【东营市】

佛头寺陶艺主要分布在山东省东营市、滨州市及其周边地区，是在泥陶的基础上发展起来的。泥陶在佛头寺村历史悠久，兴盛时期家家有制陶作坊，农忙种田，农闲从事泥陶生产，主要生产花盆、面瓮、黄盆、水罐等，在周围村镇小有名气。

佛头寺陶艺工艺烦琐，造型千姿百态、端庄优美，质感细腻润泽，光泽沉着典雅。常见器型有碗、盆、罐、瓮、豆、单耳杯和鼎等多个品种。

目前，佛头寺陶艺已列入东营市市级非物质文化遗产代表性项目名录。

## 锔艺（淄博锔瓷）【淄博市】

锔，既是修补，也是点缀，是一种变残缺为美、使脆弱得长久的技艺，对保存传统手工艺以及文物修缮有重要意义。锔瓷作为传统老行当中的一员，其主要功能是将破碎瓷器修复再生，其使用价值在于对瓷器本身的修复，而“锔活秀”更是将破碎的瓷器在修复基础上转换成具有独特审美价值的工艺美术品。锔瓷在传承过程中，在继承老手艺的基础上，总结出锔件、补件、配饰、镶饰中的 72 种方法、136 道工序，并创新出独龙锔等多种修复方法。

目前，锔艺（淄博锔瓷）已列入山东省省级非物质文化遗产代表性项目名录。

## 琉璃烧制技艺（博山仿玉琉璃烧制技艺、博山胭脂红琉璃烧制技艺）【淄博市】

琉璃，古代写作“流离”，最早见于西汉桓宽的《盐铁论》。又称“壁琉璃”，见于东汉班固著《汉书·地理志》。仿玉琉璃烧制技艺是以琉璃仿制玉器，制作的作品古朴、典雅，具有玉的质感与色泽。

胭脂红是博山琉璃中最为名贵的色料之一，是以金属为着色剂的呈胭脂红色的琉璃料，光泽晶莹，温润凝重；抛光后，似被蜡质浸过，滋润欲滴。胭脂红颜色稳定性较差，是最易跑色的琉璃色料之一，故而成品率极低，非常难得。

目前，琉璃烧制技艺（博山仿玉琉璃烧制技艺、博山胭脂红琉璃烧制技艺）已列入淄博市市级非物质文化遗产代表性项目名录。

# 史

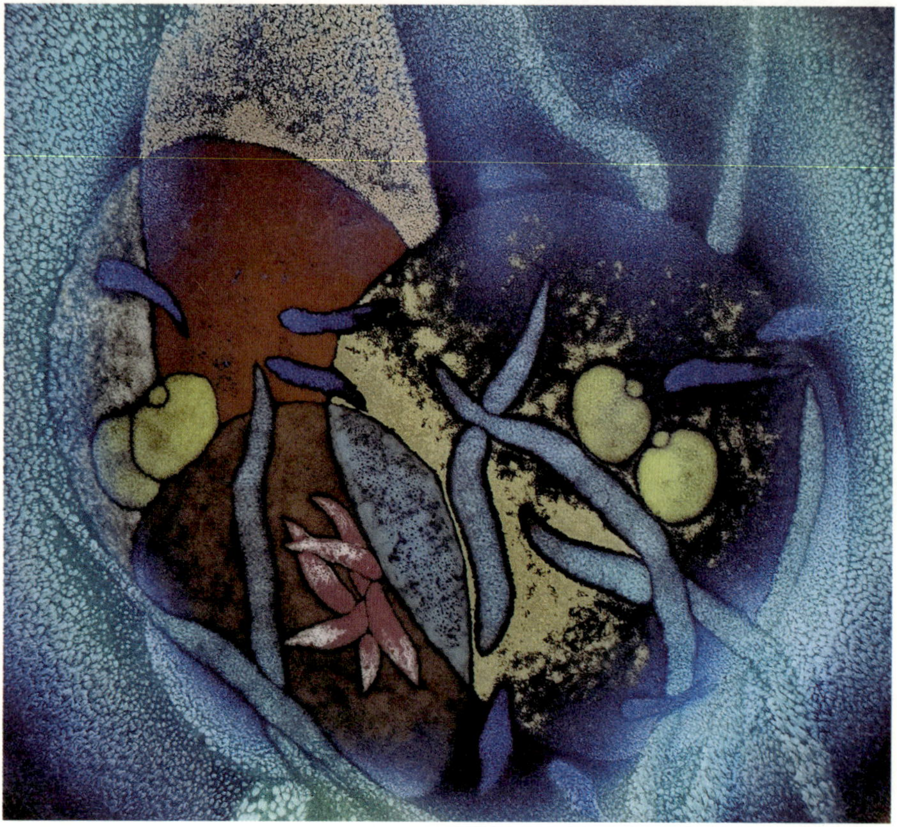

## 淄博陶瓷釉烧制技艺（淄博美术陶瓷釉制作技艺）【淄博市】

淄博美术陶瓷釉是在黑色釉基础上发展起来的一种艺术釉。釉面上，两种以上的色彩相互交融，或为色块，或为相互交融的流纹，自然生动，绚丽多彩。这种陶瓷釉具有抗酸、抗碱、不透水、不透气、质地致密光滑、有光泽、硬度大等特点，同时呈现多种色彩及光亮析晶、乳浊、消光、裂纹、窑变等视觉效果。

目前，淄博陶瓷釉烧制技艺（淄博美术陶瓷釉制作技艺）已列入淄博市市级非物质文化遗产代表性项目名录。

史

## 博山琉璃灯工制作技艺【淄博市】

博山琉璃灯工制作技艺是利用琉璃的热塑性和热熔性特点，对其进行加热、塑型的技术，实现了琉璃的变形及琉璃与其他部件的焊接。它以五颜六色的琉璃料条为主要材料，对其进行再塑型，技艺精湛，体现了博山琉璃灯工的艺术价值和文化内涵。

琉璃灯工充分利用了当地的资源优势，通过吹、按、焊等加工成型的技艺手法，以柔美的曲线、绚丽的色彩、多变的形体，展示了琉璃灯工高超的制作技艺。

该项目现已列入山东省省级非物质文化遗产代表性项目名录。

火

## 博山雨点釉制作技艺【淄博市】

雨点釉是淄博传统陶瓷釉种，又名“油滴釉”，古称“滴珠”。雨点釉属于铁系结晶釉，因釉中布满具有银色金属光泽的放射状圆形结晶、形似雨点坠入水中溅出的水圈花纹而得名，其实是铁氧化物在黑釉表面析晶后形成的斑点状花纹。雨点釉风格独特，所制茶具及瓶、尊、钵、盏等器皿情趣高雅，具有沉静、优雅、凝重、高贵的艺术风格。

目前，博山雨点釉制作技艺已列入淄博市市级非物质文化遗产代表性项目名录。

火

# 火

# 史

# 火

火

## 龙山黑陶制作技艺【济南市】

龙山黑陶主要利用陶轮轮制的方法，经过拉坯、修整、打光、雕刻等手工制作工序，在高温环境下焙烧而成。其器型匀称、规整，做工精细，质地坚硬。在艺术表现形式上，用刻刀以线、面、点、印文等形式在黑陶表面进行雕刻，同时融入书法、绘画等艺术形式，使得龙山黑陶艺术承载力更加丰富。

2013 年，龙山黑陶制作技艺被列入山东省省级非物质文化遗产代表性项目名录。

## 齐河黑陶制作工艺【德州市】

齐河黑陶选用黄河下游冲积平原纯净细腻的胶土为原料，经手工淘洗、拉坯等数十道工艺，采用独特的封窑熏烟渗碳法烧制而成。齐河黑陶不以装饰取胜，而是以造型见长，讲究工具和技法的创新。其作品多为陈设器具，主要分为传统器型与创作器型两大类，器表呈现黑色光泽，朴素无华。

2016 年，齐河黑陶制作工艺被列入山东省省级非物质文化遗产代表性项目名录。

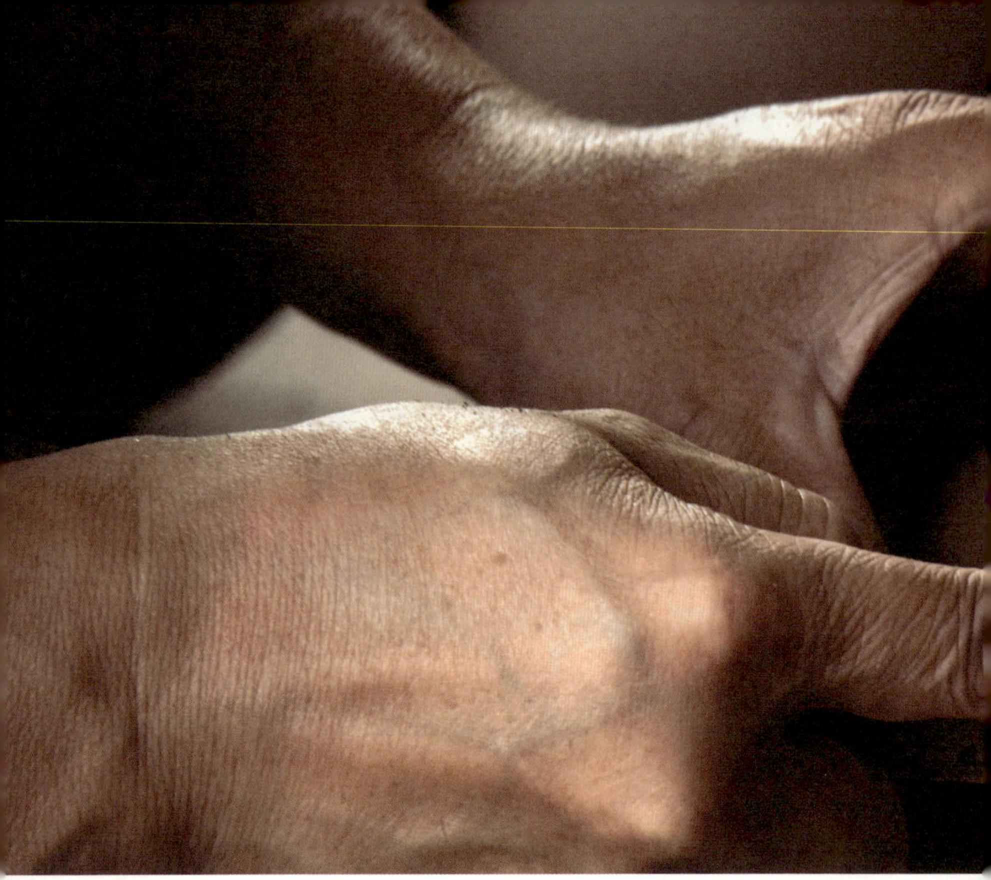

## 陶器烧制技艺（德州黑陶烧制技艺）【德州市】

陶器烧制技艺（德州黑陶烧制技艺）是分布于山东省德州市的一种民间传统黑陶烧制技艺。它以独特的高温焙烧渗碳还原法为特色，流传至今。德州黑陶烧制历史悠久，以德州特有的质地细腻的红胶泥为原料，采用手工轮制成型、手工无釉压光、手工雕刻、高温焙烧、渗碳还原等传统方法进行烧制。

2014 年 7 月，陶器烧制技艺（德州黑陶烧制技艺）被列入第四批国家级非物质文化遗产代表性项目名录。

## 黄河澄泥陶印【东营市】

陶瓷印是中国传统印章艺术的一种，以瓷土、紫砂泥、澄泥等为原料。黄河澄泥陶印因其独特的原料（黄河滩澄泥）以及独特的烧成方式（还原渗碳烧、氧化窑烧、柴窑烧等）而蕴含着浓厚的地域文化。其原料黄河澄泥取自黄河下游山东省济南市历城区，细腻柔韧，烧成后质感和颜色独特，可以满足篆刻艺术创作中不同艺术风格的需求。

目前，黄河澄泥陶印已列入东营市河口区非物质文化遗产代表性项目名录。

火

## 陶瓷印章制作技艺【德州市】

陶瓷印章是篆刻的一个门类，是以陶泥或瓷泥为印坯刻制烧成的。陶瓷印章采用玉琮的形态，以文字装饰，注重线条的节奏感，并关注肌理、釉色、刀法的变化和对比。陶土的干、湿与烧制时加温的高低使得制品呈现不同质感，加之制作者不同的构思以及多种用刀技法的处理，便产生出不同的艺术效果。

目前，陶瓷印章制作技艺已列入山东省省级非物质文化遗产代表性项目名录。

史

## 黄泥古陶制作技艺【菏泽市】

黄泥古陶制作技艺在菏泽市历史悠久。因菏泽地处黄河下游，以黄河澄泥为原料制成的泥陶制品中含有活性炭，对水有除碱滤清、吸收异味的作用，故称“黄泥古陶”。黄泥古陶制作技艺全部采用手工制作，早期烧制大件器物，现在主要烧制经济适用、美观的套件和单件泥制陶器，如茶具、茶罐、烟灰缸、蟋蟀罐、花瓶等。

2016 年，黄泥古陶制作技艺被列入山东省省级非物质文化遗产代表性项目名录。

史

## 陶器制作技艺（郭里土陶）【济宁市】

郭里土陶分布在鲁西南最大的伏羲庙遗址西庙东村内，隶属邹城市郭里镇。这一地区地质结构复杂，制陶所需的黑立土、红胶泥、白高岭土、红石等资源储量丰富。郭里土陶造型奇特，“土”的可爱，“俗”的天真、淳朴、质实，给人一种亲切感和美的享受，充满了艺术感染力。历经不断的发展与创新，其制品现有祭祀、赏玩、生活用品三大类型。

该项目现已列入济宁市市级非物质文化遗产代表性项目名录。

史

# 史

# 火

一

# 火

# 火

## 玻璃烧制技艺（博山琉璃花球）【淄博市】

博山琉璃花球出现于清代后期，经历了一个由粗而精、由单一到多样的发展过程。作品主要分为圆形花球和变形花球两类。烧制好的花球作品在透明的水晶料中包含着五色琉璃组成的花纹或造型，外面的水晶料莹彻似水、光洁如镜，里面的花纹色彩绚丽、造型各异。其内容题材小至细草虫鱼，大至天体群星，匠心运巧，状物传神，既具有观赏价值，也具有实用价值。

目前，琉璃烧制技艺（博山琉璃花球）已列入淄博市市级非物质文化遗产代表性项目名录。

## 淄博陶瓷釉烧制技艺（博山鲁花釉制作技艺）【淄博市】

博山鲁花釉是使用博山当地的原料，运用单侧或多层上釉、堆积和沥粉等手法，采用博山传统烧成工艺，根据不同的釉色耐温范围，放置在不同的窑炉位置，使釉色充分融溶，出现的花釉窑变。博山鲁花釉充分利用了博山陶瓷的资源优势，将陶瓷施釉、烧成工艺和陶瓷装饰中的浮雕、彩绘等工艺完美结合，呈现了鲜明的博山艺术特色。

目前，淄博陶瓷釉烧制技艺（博山鲁花釉制作技艺）已列入淄博市市级非物质文化遗产代表性项目名录。

## 德州窑红绿彩【德州市】

德州窑因京杭运河而兴，始于五代，兴于宋金，衰于明。德州窑红绿彩是在已烧好的白釉瓷器上用红、绿等颜料进行装饰纹样绘画，再入窑以 800℃的低温进行二次烧制而成，因此也被称为“宋加彩”“金加彩”。作为根植于德州地区的传统文化产品，德州窑红绿彩具有鲜明的区域文化特色。其色彩多为红、绿、黄三色，但每种色彩又有深浅不同的色阶，色彩纯正、鲜明，色调流畅，线条富有动力，内容题材丰富。

目前，德州窑红绿彩已列入德州市市级非物质文化遗产代表性项目名录。

## 鼻烟壶制作技艺（琉璃鼻烟壶）【淄博市】

鼻烟壶制作技艺（琉璃鼻烟壶）是以撑制而非吹制技艺来制作鼻烟壶，故其成品又称为“圆炉撑制鼻烟壶”。撑制是一种传统作法，其工艺独特，制作难度较高，用的工具有撑钳、大钳、小钳、葫芦钳、剪子、搓板、铁线等。撑制琉璃鼻烟壶一律在所做器物的底部收口，形成一个纽痕，俗称“菊花底”。

目前，鼻烟壶制作技艺（琉璃鼻烟壶）已列入淄博市市级非物质文化遗产代表性项目名录。

史

## 博山琉璃铺丝制作技艺【淄博市】

琉璃铺丝是将琉璃料在炉内熔化后，用铁杖引出缠在铁桩上拔制而成的。这种琉璃丝料匀细透明、洁白光亮，可以代替玻璃和绢丝。以琉璃铺丝制作的屏风条幅、寿屏、匾额、镜心、华灯等作品，轻薄鲜明，晶莹美艳，画面更增秀色。高超的技艺与精美的绘画内容，加上琉璃铺丝的装饰，如锦上添花，深受人们喜爱。

目前，博山琉璃铺丝制作技艺已列入淄博市市级非物质文化遗产代表性项目名录。

史

## 琉璃烧制技艺（鸡油黄与鸡肝石）【淄博市】

鸡油黄，色呈正黄色，古代称为“御黄”“黄玉”。又因其色泽、油润度酷似母鸡腹中鸡油，故称“鸡油黄”。此料多用以制成造型古朴端庄的瓶、壶、罐、盒、盘等器皿，刻以浮雕花纹，光泽晶莹，温润凝重。

鸡肝石，早年称作“鸡肝色”，是一种色如鸡肝、纹似佳石的色料。其中黑色纹理或如重峦迭嶂、云影水涣，或如老树奇石、芊草繁花，浑然天趣，气象万千。用此色料制成的笔筒、笔洗、卷筒、笔山、镇纸等成套文具和花瓶、酒杯等器皿，古朴凝重，典雅大方。

该项目现已列入山东省省级非物质文化遗产代表性项目名录。

火

## 内画（鲁派内画）【淄博市】

鲁派内画是指山东淄博的一种鼻烟壶内壁绘画技艺，与京派、冀派、粤派内画并称为中国内画四大流派。鲁派内画用特制的弯型内画毛笔，伸入壶内反向作画，将国画的皴、擦、染、点、勾、撕等技法引入内画，绘出的画面笔触精妙、细致入微，可谓“方寸之间绘大千世界”。多以历史典故、神话传说等传统题材进行创作，擅绘制百虎、百骏、百兽等内容。

2014 年，内画（鲁派内画）被列入第四批国家级非物质文化遗产代表性项目名录。

史

## 青瓦琉璃瓦制作技艺【淄博市】

青瓦和琉璃瓦是在中国古建筑中被广泛使用的建筑构件，在彰显建筑组群庄严华贵的气氛的同时，又具有优异的防水、防腐性。青瓦琉璃瓦制作技艺所制的青瓦、琉璃瓦规格齐全，配套造型优美，具有色泽均匀、不褪色、抗冻性强、耐酸碱等特点。其主要代表作品有板瓦、筒瓦、勾头、滴水、当勾、折腰、套兽、垂兽、跑兽、正吻、翘角、宝顶、龙凤脊、花脊、筒脊等。

该项目现已列入淄博市市级非物质文化遗产代表性项目名录。

火

# 火

火

# 史

# 火

第五板块

# 土

# 一方水土育一方人

工赋有情震七魄，
泥塑天巧摄六魂。

——《怀古（一）》

土，代表土地。中国人自古讲究靠山吃山靠水吃水，万里黄河灌溉之下的土地上养育了自强不息、蓬勃发展的中华民族。一方水土育一方人。正是有了黄河母亲的滋养，生活在这片土地上的民族才能安居乐业。本板块是以黄土为原料的泥塑类非物质文化遗产项目，表达了人们对土地的热爱。

## 土板块展厅空间

土板块展厅重点展示泥塑，展厅主色调为代表黄土地的褐色。贯穿展厅首尾的是一个阶梯展台，展台的最低层展示黄河土，其余阶梯展示各个地市的代表性泥塑作品。

泥塑
恭喜发财

## 泰山泥塑【泰安市】

泰山泥塑选用的原料独特，为当地下洼村神泥山特有的细黏泥土。制作过程主要包括细筛山石泥土、过滤沉淀泥浆、糅合捶实泥块、捏制图案等，工具包括筛子、铁棒、圆刀、防护漆等。泰山泥塑造型粗犷豪放，色彩凝重质朴，是泰山文化的重要组成部分。

2009 年 9 月，泰山泥塑被列入第二批山东省省级非物质文化遗产代表性项目名录。

## 泥塑（泥塑兔子王）【济南市】

济南周氏兔子王是以济南黄河细泥土干子土为原料制成的泥塑，是济南的标志性传统艺术品之一，是济南中秋拜月的吉祥物。泥塑兔子王以黄河细胶泥为原料，经 16 道工序加工完成，作品种类丰富。

2016 年 3 月，泥塑（泥塑兔子王）被列入第四批山东省省级非物质文化遗产代表性项目名录扩展项目名录。

# 土

## 砖塑（鄄城砖塑）【菏泽市】

鄄城砖塑是山东菏泽特有的传统建筑装饰构件，保持了传统民间捏塑和土陶工艺特色，其中尤以谢家砖塑技艺制作的神庙、家祠等建筑装饰构件最具代表。鄄城砖塑主要有戏曲砖塑和花鸟砖塑两类，构思巧妙完整，层次分明有序，造型生动传神，具有浓郁的鲁西南地方特色。

2008 年 6 月，砖塑（鄄城砖塑）被列入第二批国家级非物质文化遗产代表性项目名录。

土

## 徐氏泥塑【淄博市】

徐氏泥塑起源于清光绪年间，迄今历经四代传承。其制作以泥土为原料，以手工捏制成形。技艺流程主要包括：在黏土里掺入少许棉花纤维，捣匀后捏制成各种人物的泥坯，经阴干、浇上底粉，再施彩绘。作品或素或彩，以人物、动物等类别为主。徐氏泥塑的造型朴实直观，具有强烈的视觉冲击效果。徐氏泥塑较为充分地展现出一方民众的生活缩影，记载了民俗生活。

2016 年，徐氏泥塑被列入淄博市第六批市级非物质文化遗产代表性项目名录。

土

## 黄河滩泥塑【东营市】

黄河滩泥塑具有浓郁的黄河滩文化色彩。该项技艺起源于100多年前，人们以黄河滩红泥为原料，烧制砖瓦用于盖房，制作瓦盆作为生活器皿，通过脚蹬木制大转盘制作泥哨、泥猴、泥手枪等玩具。黄河滩泥塑的制作流程主要包括选土、淀泥、过滤、造型、填模、修正造型、烧制上色等。黄河滩泥塑在当地深受人们喜爱，是劳动人民智慧的结晶。

2015年6月，黄河滩泥塑被列入东营市市级非物质文化遗产代表性项目名录。

土

土

# 土

# 土

# 土

## 泥塑（曹州泥偶）【菏泽市】

曹州泥偶制作历史悠久，按形态分为微塑、动物、人物、器皿、瓦脊 5 个类别。其制作流程包括构思成形、泥料烧制、雕刻装饰、修补阴干、上釉烧制等，不仅完整保留了手工特色，还继承和发展了传统的刀塑、按塑、捏塑、贴塑 4 种方法和上釉烧制技术。曹州泥偶造型生动，胎釉浑厚，具有鲜明的地域特色和深厚的乡土气息。

2021 年 11 月，泥塑（曹州泥偶）被列入山东省第五批省级非物质文化遗产代表性项目名录扩展项目名录。

## 泥塑（惠民泥塑）【滨州市】

惠民泥塑历史悠久，题材广泛，内容丰富，有戏曲故事、各式娃娃和动物等。制作过程中强调刻画的写意性；用色强调火红、桃红、绿、黄、紫等单色或间色，少加墨色、金色。制作时，先涂带胶的白粉再着色，不主张画真色而重在美化，从而取得了五彩缤纷、协调绚丽的效果。惠民泥塑既是欣赏品，又是儿童玩具，为了适应儿童需要，还增加了音哨和局部活动功能。

2011 年 5 月，惠民泥塑被列入第三批国家级非物质文化遗产代表性项目名录。

## 苍山泥塑【临沂市】

苍山泥塑约起源于清咸丰年间，题材广泛，内容丰富，既有人物、神像，又有飞禽走兽、果蔬食品，现已发展到 100 多个类别。苍山泥塑的制作工序多达 30 多道，其中印模和彩绘是两道重要的工序。作品造型简洁而不粗俗，富有浓郁的乡土气息。其中，泥玩具的底部或背后装有芦哨，能模仿各种动物发出不同的声响，有的还能吹出简单而有节奏的音阶。苍山泥塑巧妙地把“塑”“彩”“声”有机地结合在一起，使作品形同声似，惟妙惟肖。

2007 年 1 月，苍山泥塑被列入山东省第一批省级非物质文化遗产代表性项目名录。

## 菏泽泥塑【菏泽市】

菏泽泥塑自清朝末年始创，目前已历经四代传承。它是以黄河淤积地下的胶泥为原料，运用雕、塑、捏等手法，历经晾晒、去杂质、捶打摔揉、醒放等几十道工序制作而成。所塑作品以人物、动物等形象为主。泥塑形态按照真实严谨的比例结构进行适当夸张。制作过程中，泥塑的对称性和化妆最为重要，需要包括初胚、定形、细刻、磨光、粉彩、定妆、配饰等一套严密流程。

菏泽泥塑现已被列入菏泽市市级非物质文化遗产代表性项目名录。

土

## 泥塑（安丘泥人）【潍坊市】

安丘泥塑历史悠久，其制作流程包括选料、打坯、制作、加工、着色五道环节。其中，大型泥塑喷水保湿、搭内骨架、上泥堆形、整体塑造的制作方法独具特色。安丘泥塑作品存在粗货、细货之分：手工捏制的泥人称为“细货”，模具塑制的称为“粗货”。泥塑的题材广泛，内容丰富，以塑造民间生活情趣为主。人物刻画细腻传神、形态生动、线条流畅。作品色彩以清新素淡为标准，主要巧借各种泥土的自然原色，再进行灵活搭配。

2013 年，泥塑（安丘泥人）被列入山东省第三批省级非物质文化遗产代表性项目名录。

土

## 泥塑（聂家庄泥塑）【潍坊市】

聂家庄泥塑起源于明万历年间，距今已有400多年的历史。清康熙年间，聂家庄泥塑开始由“锅子花”向泥玩具发展。原料为黄黏土和成的泥巴，工具主要包括自己烧制的各种型号的泥模具、刀具、毛笔等。聂家庄泥塑以红、黄、绿、紫、黑等颜色为主色颜料，黑色提神，紫色点缀。作品题材范围宽泛，以泥娃娃、坐狮、叫虎、叫鸡、摇猴等为主。聂家庄泥塑是全国泥塑艺术中独具型、色、声、动四大特点的泥塑品种，被誉为高密“三绝”之一。

2008年，聂家庄泥塑被列入山东省第二批国家级非物质文化遗产代表性项目名录。

土

## 泥塑（济阳黄河泥塑）【济南市】

济阳黄河泥塑起源于黄河下游沿岸地区，已有几百年历史。济阳黄河泥塑取材于黄河红胶泥，制作工具简单，主要运用雕刻、捏等塑造手法。泥塑作品造型古朴，栩栩如生。济阳黄河泥塑的特色在于及时反映人民群众的精神文化和生活状况，寄托了人民心灵深处的美好愿望。

2017 年 1 月，泥塑（济阳黄河泥塑）被列入济南市第六批市级非物质文化遗产代表性项目名录扩展项目名录。

土

土

# 土

# 土

会议时间：2021年12月23日周四15：00—18：00

会议地点：泰安市泰山宝盛大酒店二楼鲁韵厅

学术主持：中国民俗学会会长、山东大学特聘教授　叶涛

会议议程：

01　文化和旅游部原副部长项兆伦主旨演讲

02　中国社会科学院荣誉学部委员、国家非物质文化遗产展览展示研究中心专家委员会主任刘魁立主旨演讲

03　中国民俗学会会长、山东大学特聘教授叶涛主旨演讲

# 论坛

"河和之契"2021黄河流域、大运河沿线非物质文化遗产交流展示周高端论坛
暨国家非物质文化遗产展览展示研究中心齐鲁（邹城）展示基地颁牌仪式

## 关于非遗保护的认识与实践

今天上午看“河和之契”的展示，非常受启发。展览越来越体现出非物质文化遗产保护的系统性，不仅展示非遗的作品，也不光是手工艺人现场展示，展览中还还原了一些生活场景，这是比较全面的展示。下面，我就非遗的系统性保护工作做一个简要发言。

第一，非遗是一个文化现象的整体。非遗不只是一件件体现文化传统的产品或作品，更是可见、可参与的生活。非遗也不仅仅是某种文化传统的表现形式，还包括其内容本身。

第二，非遗是属于老百姓的优秀传统文化。究其根底，老百姓的传统文化有很多，其中也存在一些文化糟粕。非遗工作保护的对象是《保护非物质文化遗产公约》和《中华人民共和国非物质文化遗产法》定义范围内的文化遗产，并不是所有的文化遗产。被列为保护对象的非遗，除了需要符合相应的条件，还要符合当代价值。不具有当代价值或违反法律法规的传统，不能被认定为需要保护的非遗。经过筛选、传承而列入名录的非遗项目，是当之无愧的优秀的、值得大众去宣传保护的传统文化。

第三，非遗是非物质的，是各要素构成的一个系统。非遗的承载体，例如刺绣作

项兆伦
文化和旅游部原副部长

品中的绣片、鞋垫，都是物质的。但很多知识、实践，例如二十四节气以及我们的各类节庆，都是非物质的。很早以前，一些外国友人在中国旅游买走了许多苗绣的绣片，但这并不是买走了“非遗”，因为实际上绣片只是作为传统手工技艺的承载体，只是非遗的一部分。

第四，非遗是实践性的，是以人的参与为根本的。非遗传承是知识、技艺持有者和相关群体共同参与、密切互动的实践。不能离开大众实践、离开受众，孤立地说传承。没有人看、没有人用，是不能构成完整的文化传统的。很多非遗项目本身就是大众习俗、大众爱好，其延续主要不是依靠技艺传授，而是靠大众参与和大众实践。有些传统对个人知识和技艺的依赖程度较高，但其存在和延续也需要有受众的欣赏、分享。对于需要从事生产的文化传统来说，生产实践本身就是传统，从事生产就是在延续传统，而不是为了保护才去生产。生产、创新和进入市场开展得越好，受众越多，这项文化遗产的实践就越活跃，遗产本身就越富有活力。制定和实施《中国传统工艺振兴计划》，是这方面认识深化、理念澄清的一个重要标志。

第五，非遗是发展变化的，不是一成不变的。传统是奔流不息的历史长河，既源流分明，又不断融入新的泉源，生出新的生命，文化传统在发展中延续。只要传统还在发展，就不能人为规定哪个时间点的形态是传统的终点。所谓的原汁原味传承，如果强调过头，就不仅不符合文化传承的历史实际，也会把鲜活的文化传统变成僵化的木乃伊。那么，所谓的传承人群的研培只能在当地限定的区域开展而不能跨地区学习，这是对文化发展和交流史缺乏最起码的了解的表现。知识和技艺从来就是在长期实践中，从单一到丰富，逐步积累成长的。这个过程没有止境。一代代传承群体和个人或潜心钻研体悟，或与人切磋互鉴，或外出游历取经，在学习、交流和实践中参悟要领，取长补短，推陈出新。一种知识或技艺从甲地流传到乙地，被乙地消化吸收并增加新的元素，再流传到其他地方甚或回到甲地。在这一过程中，新的技艺、作品、风格、流派和门类不断涌现。例如，中国大部分人有过冬至吃饺子的习俗，而很多南方人冬至时候吃汤圆。但是南方人到了北方，冬至不吃汤圆，也入乡随俗吃起饺子，这就是非遗在具体的生活实践中发生了变化。不管南方人吃饺子还是汤圆，但是过冬至是中国人的传统，是华人身份的一个印记。正因如此，我们今天才能领略到优秀传统文化的多姿多彩，欣赏到人类文化多样性之树的日益枝繁叶茂。例如：手工制瓷中使用的柴火窑或电窑是特定资源、技术条件下形成的生产工具，传统的柴火窑不是手工制瓷的本质，凝聚着手工艺人智慧和经验的精湛手工技艺对生产过程的介入才是手工制瓷这一非物质文化遗产的本质所在。

传统苗绣

新苗绣

再举一个例子，在2021年联合国教科文组织非物质文化遗产名录新增项目中有“阿瓦珲人与陶器有关的价值观、知识、传说和实践”，这个表达可以给我们一个启发。在这个项目简介中，阿瓦珲人将陶器视作他们与自然和谐关系的例证。制作过程包括五个阶段：选料、造型、烧制、装饰和收尾。每个阶段都有特定的意义和价值。陶器被用作烹饪器皿和饮食餐具，也用于仪式和典礼。这种历经千年的做法赋予阿瓦珲妇女一种表达自身个性的方式。这个原理其实跟我们中国的非遗是一样的，只有把它作为一个文化来对待，你才会去想到它的文化意义。

第六，非遗不存在“抢注”，各国既能各自申报，也能联合申报。谈到各国的非遗申请及其保护工作进程，需要特别澄清一个误区：非遗的申报与商标注册、原产地标志和专利申请等不一样，没有排他性，不问最早出处，没有“抢注”一说。在人类文明的发展交融中，很多文化遗产是多个民族、多个区域共同享有的，或者是你中有我，我中有你，彼此交融。比如，我国有送王船的非遗，马来西亚也有送王船的非遗；我们有端午节，韩国也有端午节，他们也申报端午节，既可以各自申报，也可以联合申报。所以在非遗申遗的问题上，抢注、抢报、抢夺文化遗产，争夺所有权、争夺发明权、争夺文化主权、别国申遗导致我国文化遗产他国化等等，这些说法都是不科学的。文化遗产在一个地方的存续，与有没有申遗没有什么联系。非物质文化遗产的申报，本质上是为了提高遗产的可见度，体现人类文化的多样性和创造力，并宣示保护的责任和义务，增强保护遗产的自觉性。

2003 年联合国教科文组织大会通过《保护非物质文化遗产公约》，2004 年我国人大常委会即批准加入该公约。2005 年，国务院办公厅印发《关于加强我国非物质文化遗产保护工作的意见》；2011 年，《中华人民共和国非物质文化遗产法》颁布施行；2021 年 8 月，中共中央办公厅、国务院办公厅印发《关于进一步加强非物质文化遗产保护工作的意见》。这些国际、国内公约及法律与政策文件的出台，集中反映了各方面对遗产保护工作的认识和态度，并为相应的机构建设、名录制度、工作部署提供了基本依据。

我国的非遗保护工作是在工业化、城镇化快速推进的背景下开展的，其本质是文化传承如何应对自然和社会环境变化的挑战。非遗研究和保护工作中近几年来的重点，一是非遗的系统性保护，二是非遗的整体性保护。前者是以保护非遗的整体要素为抓手，后者以文化生态保护区为抓手，《“十四五”非物质文化遗产保护规划》中就提到，要坚持系统性保护。围绕新时代新任务，统筹协调非遗保护传承与经济发展、城乡建设、社会治理、民生改善等的关系，主动服务和融入国家发展战略，坚持系统观念，全局性谋划非遗保护的各项政策措施，做好各项工作的衔接配合，推动非遗为经济社会可持续发展发挥更大作用。

（根据 2021 年 12 月 23 日会议录音整理）

## 学习“两办文件”心得——关注文化生态保护区建设

刚刚听了项兆伦部长的发言，我感触颇多，想就非物质文化遗产的整体性保护，从历时性和共时性以及人这三项要素出发，谈谈非物质文化遗产的整体性保护工作溯源和未来的一些畅想。

首先，从1972年《保护世界文化与自然遗产公约》起始，我们就了解其实世界各国的文化是多样性的。到1989年，由各国学者提交给联合国教科文组织的建议书开始，非遗的保护开始列入各国文化保护的范畴。从1989年到2001年出现了一个非常重要的文献，叫作《世界文化多样性宣言》，我们中国也参与其中。宣言指出，人类所构建的各个国家是平等的，我们都在文化上有自己的贡献，我们每一个民族的文化创造应该是整个人类文化的多样性的一个体现。2002年有一个各国文化部部长的会议，形成了《伊斯坦布尔宣言》，这个宣言明确指出，非物质文化遗产是文化多样性的一种体现，并且联合国教科文组织提出并推行的非物质文化遗产保护工作中始终贯穿着一种整体论思想，不仅将非物质文化遗产本身视为一个综合整体，而且提出要保护非物质文化遗产及其环境。如《保护非物质文化遗产公约》要求缔约国竭力采取种种必要手段，以促进对非物质文化遗产

刘魁立

中国社会科学院荣誉学部委员

国家非物质文化遗产展览展示研究中心专家委员会主任

的空间环境和传承人群的整体保护。《伊斯坦布尔宣言》指出政府有必要“采取坚决行动来保护非物质文化遗产得以表现和传播的环境”。所以，我们对于非物质文化遗产的保护应该有一个整体性的原则。从整体上加以认识，在整体上进行关注和保护。“既要保护文化事物本身，也要保护它的生命之源；既要重视文化的‘过去时’形态，也要关注它的‘现在时’形态和发展；既要重视文化的价值观及其产生的背景和环境，又要整合和协调各方面的关系及其利益诉求；还要尊重文化共享者的价值认同和文化认同等。”这是做好民族民间文化保护和抢救工作的重要保证。

就非物质文化遗产保护工作中需要考虑的各个方面，我主要提出以下四点见解。

第一，要对非物质文化遗产进行整体性保护，不再是对单一个体的保护，而是对一个具体文化表现形式的完整保护。在不同时代，人们对非遗的考察对象的认识是不一样的，曾经人们认为非遗保护的对象就好比船工做的船、厨子做的汤，代表着“物”的本身。但其实船并非船，汤也并非汤，乃是指在一个社会空间里这些“物”所诞生的整个过程。例如船工造船制造工艺，整个过程流露出的智慧传承又处于一定的场域之中，船的设计、船的制作方法、船在人民生活中的地位和应用，这种物和非物的关系，都属于非遗的整体性体现。非物质文化遗产的显著特性则是活态流变性，本质上是条流动的文化“河”，是过去的记忆、现在的实录和未来的表征，反映的是人类的过去、现在和未来的创造力。因此，保护非物质文化遗产不能像保护物质类文化遗产那样简单地以博物馆和档案馆的形式进行记录式保护，应该既重视其历史变迁，又关注其现时状态，需要对具体项目进行具体分析；既重视其时间向度上的历史内涵和演变规律，又关注其空间维度上各个方面、各道工序互相配合的复杂性；既不割裂其发展和流变，也不人为将其复杂存在过程简单化、平面化。

第二，要对非物质文化遗产进行整体性保护。因为它不是僵化固定的，而是流变伴随着发展的，联系着“昨天、今天和明天”。对“传承”的保护，正是这种时间轴线的体现。在过去所有学科里面，很少有“传承”这个词出现。我和叶涛老师都是讲民俗学的，过去我们关注的是昨天的结果是什么样子的，我们通过研究把这个结果呈现给大家，这叫学问；总结出它是什么，把昨天的事情做一个普适性的结论，以期它能对未来发生的事起到一定的帮助，也叫学问。传承是从昨天考虑到明天，昨天的事情通过我们的努力之后有了明天。

在此之中，传承人起到了重要的作用，非物质文化遗产一说到传承和保护的时候，就是从今天开始走到明天。所以，非物质文化遗产传承人一只手拉着历史，另外一只手伸向明天。所以传承人是可敬的，他们是这个链条中间的一个纽带。所以“传承”这个词在非物质文化遗产的研究里面，是个关键词。如果从时间的角度看，非物质文化遗产一定是从过去到今天，眼睛朝向明天的。在联合国教科文组织出台的公约中，谈到弘扬谈到振兴，就是要有一个发展的视角，否则就没有办法进步。联合国教科文组织有人类非物质文化遗产代表作这样一个名录出现，实际上也是告诉大家每一个民族都有贡献，你可以在那里得到某种启示，这也是你的遗产的一部分，因为你也是人类的一分子。

非物质文化遗产的整体性保护希望从时间上全面考察保护对象的过去、现在和未来，这不是提倡重新恢复非物质文化遗产的所有历史，更不是主张全盘复古。面对我们宝贵的非物质文化遗产，我们更应该坚持用发展的眼光。非物质文化遗产的本质特征是活态流变性，它会随着周围环境和人的不断变化而发生着绝对的改变。我们保护非物质文化遗产，一方面是为保护好传统文化的优秀基因，保护好文化的特质；另一方面则是为未来提供创造的动力，促进社会文化的可持续发展。

刚才项部长也谈到社区，“社区”这个词是提醒我们研究非遗一定要考虑我们周围的环境。比如一个故事在我们的口头传统和表现形式的名录里面，但实际上是社区的产物，没有周围的群众，没有那个环境，就没有这个故事的存在。所以从一定的意义上说，社区是文化的园地、生态环境，而这个环境一旦没有了，非物质文化遗产的具体对象也就跟着没有了。

第三，对非遗进行整体性保护，还体现在它承载着广大民众积蕴已久的情感需求和价值观念，与我们的整个生活密不可分。非物质文化遗产非常重要的特点就在于它的发生和构成中的混合性、现实存在的共生性以及和人们生活不可分割的关系。并且在这个过程之中，它的当下价值为人们提供了认同感、自豪感以及幸福感。泰安是黄河和大运河的交汇之处，是二龙戏珠的地方，当我们站在泰安这片土地上，就会有一种自豪感，这种自豪感在人与人之间就构成了一种非常亲密的联系。例如我是在这一片土地生下来的，我和这一片土地上的其他人是好朋友，所以我有自信，有自豪，有依靠，所以我就能够立于不败之地。在群体中间的这种认同感是非物质文化遗产的一个非常重要的当下价值。又比如二十四节气是人类作为命运共同体的一个最基本的物理性基础，就是根据中国人认识太阳的周年变化来制定的时间制度，又使古往今来的中国劳动人民据此进行劳作和生活，这使我们有非常明确的共同观念和认同感。例如在冬至的时候，人们吃饺子会感到幸福；在其他节庆的场域里，人们跳舞、唱歌也会感到幸福。例如，我在展览中看到年画的展示空间就会想到春节的气氛，而当在其中看到秦琼和敬德两位门神，就有一种强烈的幸福感。非遗带来的幸福就基于共同的认知，它是一种人民群众在自己生活的空间内、在特定的时间里，表达自身与集体情感的方式，这也是它当下价值的体现。

最后，整体性保护理念可以作为一种认识论和方法论，为我们提供整体的思维和方法，可以有效帮助我们避免狭隘的目光而获得宽广的思路。从时间和空间的角度，将宏观与微观相结合，人类学家坚持用整体论思想来观察人类社会文化，取得了举世瞩目的成果，对人类科学和社会、文化的发展影响深远。我们也要将非物质文化遗产的整体性保护理念作为一个重要的原则来指导我们的思考和工作。

（根据 2021 年 12 月 23 日会议录音整理）

## 泰山与中华民族精神

在中国文化的历史长河中，泰山享有崇高的声誉，它被誉为中华民族精神的象征，被称作“东方文物的宝库”。从传说中的三皇五帝，到历史上的秦皇汉武，历代帝王通过到泰山封禅告祭宣扬其“受命于天”“功德卓著”，从而确立了泰山在整个中国历史中不可替代的地位。自隋唐以来，封建帝王又通过对东岳泰山的封王封帝尊崇日隆，使泰山逐步神灵化、神圣化、国家化。东岳大帝最终被纳入国家正祀的系统之中，成为国家奉祀的重要神灵之一。

泰山文化中凝聚着中华民族的生死观、宇宙观、人生观，山岳崇拜、神灵信仰及其典章仪式。山岳崇拜致使封禅仪典制度化、神圣化，泰山封禅成为历代帝王追崇的国家政治行为；神灵信仰导致了东岳大帝、碧霞元君等泰山神灵的出现，使国家与民众都可以在泰山寻求到崇祀对象，开启了中国历史上国家与民众共享泰山的先河。

提到泰山，人们津津乐道的常常是帝王的封禅大典。帝王到泰山封禅具有悠久的历史，据《史记·封禅书》记载，汉武帝之前，已有七十二家帝王到泰山举行过封禅。更早的文字资料，如《尚书·舜典》中记有舜在接受了尧禅让后的第一个春天巡狩泰山、

叶　涛

中国民俗学会会长、山东大学特聘教授

举行祭祀的情况。汉唐时期，许多有名的帝王都曾到过泰山举行封禅仪式。

“封禅”一词，初见于《管子·封禅篇》，惜已佚，今本《管子》中的《封禅篇》是从《史记》引补录的。《史记》的《封禅书》和《齐太公世家》中都有关于“封禅”的较为详细的记述。何谓“封禅”？唐代张守节在《史记正义》中做过如下解释：

> 此泰山上筑土为坛以祭天，报天之功，故曰封。此泰山下小山上除地，报地之功，故曰禅。言禅者，神之也。《白虎通》云：“或曰封者，金泥银绳，或曰石泥金绳，封之印玺也。”《五经通义》云：“易姓而王，致太平，必封泰山，禅梁父，何？天命以为王，使理群生，告太平于天，报群神之功。”

据此，我们可以对封禅有如下两点认识：首先，封禅的方式是在泰山顶上筑坛以祭天，在泰山下的小山上除地以祭地；其次，封禅的目的是“报天之功”“报地之功”“报群神之功”。《史记·封禅书》引管仲的话说，在秦以前有七十二个帝王曾行封禅之事，不过文中也只提到十二个帝王，而且还多语焉不详，叙述模糊。也有学者认为，所说七十二帝只是约数，极言其多。自秦以来，秦、汉、唐、宋诸朝均有帝王亲临泰山封禅。到了宋代，自从宋真宗举行封禅，王钦若导演了降天书闹剧之后，作为中国古代最具有代表意义的官方祭祀仪式——封禅大典便戛然而止。此后，虽然仍有许多帝王到过泰山，但封禅大典再也没有举行。遇有大事，帝王也要举行告祭泰山的仪式。所谓“告祭”，就是帝王不亲自到泰山，而是派大臣代替帝王去泰山举行有关祭祀仪式。清代，康熙、乾隆等帝王都曾多次到泰山，但却没有举行封禅。虽然不举行封禅，但帝王或亲临拜祭，或遣官员代祭，对于泰山的礼遇却始终不衰。

这一在泰山上举行的重要仪式性活动，相传起源于上古的泰山封禅大典，自宋元以来便被民众广泛参与的泰山庙会所替代。关于泰山庙会的起源，有的学者将它追溯到汉唐时期，甚至更早。泰山庙会的真正繁荣应该是在宋代之后，这可以从明清小说、文人笔记中得到证明。《水浒传》是明代人以宋代为背景创作的优秀作品，其中所描写的泰山庙会极为生动。《醒世姻缘传》《金瓶梅》《老残游记》，以张岱笔记为代表的明清笔记中均有泰山庙会的记述。宋真宗的泰山封禅和对东岳泰山的封王封帝，对庙会成为定制起到了重要作用。

唐末五代时期，泰山信仰迅速发展，除五行观念、泰山治鬼说深入人心以外，帝王的封禅对泰山崇拜更起到了极大的推动作用。宋真宗的封禅更是大造舆论，天下普见吉兆无形中在民间起到了宣扬泰山的作用。宋真宗封禅后，封泰山帝号，各地大建东岳庙，泰山岱庙地位日隆，成为各地东岳庙的祖庙。同时，两宋时期，东岳诞辰渐渐固定为三月二十八日，并为各地民众所遵循。这些都是泰山庙会兴起和发展的基本保证。金元时期，道教继续在泰山发展，全真派的著名弟子在泰山多有活动，南天门的一组庙宇就是全真教道士张志纯发起募捐而修建起来的。元代，每逢东岳大帝诞辰，“天下之人不远千数百里，各有香帛牲牢来献”。小说《水浒传》中对于泰山庙会的描写，大概写的这个时期的情况。至于元代短篇小说和元杂剧中对泰山庙会的描写，更是直接以当时的现实活动为背景的。

道教在明清时期已无法和其前期的繁盛相比，但此时泰山民间信仰的基础已经相当深厚，碧霞元君信仰自明初兴起以来，迅速发展，深入人心。明清时期，泰山庙会在原有东岳大帝的基础上，又加入碧霞元君这一后来居上的泰山女神，形成了极其兴盛的壮观场景。庙会也从单一的东岳大帝诞辰，进而发展为碧霞元君、王母娘娘、玉皇大帝等多神灵共主的局面，形成了中国庙会史上独具特色的泰山庙会群，其会期自春节至农历的四月份，形成了跨越整个春季的“万古长春会”。除春香庙会外，还有秋香庙会延续一年的盛况。

泰山庙会自宋代形成以来，因其所蕴涵的深厚的民间信仰文化基础，以及长期所形成的民众自发参与的热情，经过了明清时期的繁盛，至清末民初继续保持良好的发展。

在早期帝王的巡守和封禅泰山的礼仪中，泰山只是作为一个自然实体而存在，巡守和封禅的主要目的是对天、对地的告祭，泰山只是告祭的场所。不过，在长达数千年的巡守和封禅仪礼的举行过程中，泰山也因为它的特殊位置而完成了神灵化和人格化的过程。

帝王的封禅泰山发展到秦汉，已经不是单纯意义上的与“天”的沟通，而具有了“求仙”“不死”的成分，这与后期的泰山主死而治鬼的观念形成鲜明对比。从战国至两汉，冥界的主宰从天帝转变为泰山神，泰山成为众鬼的归宿。早期泰山神被称作“泰山府君”，这个称呼最早见于晋干宝的《搜神记》卷四“胡母班”条。

在泰山神人格化逐渐确立之后，从唐代开始，随着对泰山神不断的加封，出现了泰山神的国家化和帝王化的倾向，泰山神灵的地位在国家和民众中最终得以确立。唐代武则天封东岳为神岳天中王，后又尊为天齐君。唐玄宗封泰山为天齐王。宋真宗在大中祥符元年（1008）泰山封禅后，加封泰山为仁圣天齐王；祥符五年（1012），又加封为天齐仁圣帝。宋真宗不仅加封泰山，还加封泰山夫人为淑明皇后，加封泰山的五子为侯、为王，加封泰山女儿为玉仙娘娘。到了元代，元世祖又加封泰山为天齐大生仁圣帝。

泰山石刻

泰山东岳庙会习俗

从传说时代，在泰山上就举行封禅这种典章制度上最隆重的大典，到宋代之后的帝王致祭泰山；从将泰山作为人间帝王与上天沟通的场所，到对泰山封王、封帝，兼封其妻子儿女，在数千年的历程中，泰山完成了其神灵化和人格化的过程。泰山神的人格化，使其具备了中国民俗神灵所具有的一般性质，同时，其安邦定国、通天告地的显赫本领，又使其具有了普通神灵所不具备的威力。历代帝王对泰山的加封和推崇，必然对民众的泰山信仰起到推动作用，加快了泰山信仰在地域上的扩布。

碧霞元君是中国历史上影响最大的女神之一，尤其是明清以来，她在民间的影响已经大大超过了泰山主神东岳大帝，以至于当时的文人士子对元君势力的发展颇有微词，明人谢肇淛的一段话最能说明当时的情形：

> 岱为东方，主发生之地，故祈嗣者必祷于是，而其后乃傅会为碧霞元君之神，以诳愚俗。故古之祠泰山者为岳也，而今之祠泰山者为元君也。岳不能自有其尊，而令它姓女主，偃然据其上，而奔走四方之人，其倒置亦甚矣。

关于泰山女神碧霞元君的称号，过去一般认为是宋真宗所封，此说有谬。根据笔者对泰山玉女和碧霞元君称号的考察，可以比较肯定地说，元代末期，道教信徒开始把泰山玉女纳入道教神灵体系；到明代，皇帝和后妃们崇奉泰山女神，道教信徒趋炎附势而给泰山女神加上了封号。泰山女神有“天仙玉女碧霞元君”的封号，时间应该在明代前期。到明中期的弘治、正德年间，碧霞元君的封号已经非常普及，并通过民间宗教利用宝卷的形式广为传播，而为广大民众所熟知。

明代初期，朱元璋整顿祀典，洪武三年（1370）就下诏书罢去泰山“东岳天齐仁圣帝”的封号，单称“东岳泰山之神”。为什么去掉“王”“帝”这些封号呢？按朱元璋的说法是：“因神有历代封号，予起寒微，详之再三，畏不敢效。盖神与穹同始，灵镇一方，其来不知岁月几何？神之所以灵，人莫能测，其职受命于上天后土，为人君者何敢预焉！惧不敢加号，特以‘东岳之神’名其山。”削去泰山神的帝王封号，无形中把东岳大帝和碧霞元君原来的差别（一主一从）缩小了，他们同为泰山神灵，一男一女，平起平坐，这就为民间崇奉碧霞元君提供了机缘。从洪武三年罢去泰山神的封号，到弘治十六年（1503）皇帝派员致祭碧霞元君，在这130多年的时间里，碧霞元君已从宋代的默默无闻，经元末明初的陪祀东岳，最后发展成为声名显赫的、与东岳大帝并驾齐驱的泰山主神。尤其是到了明代中后期的嘉靖、万历年间，碧霞元君信仰深入民间，民众在泰山的进香活动进入历史上最繁盛的时期。这种繁盛景象一直持续到清代的康熙、乾隆时代，余波至于光绪年间，时间长达400余年。

碧霞元君从最初配祀东岳，就与泰山信仰的基本功能——“育化万物，始生乾坤”结合在一起。因此，把碧霞元君最初的职司定位于生育神应该是恰当的。碧霞元君生育神的职司最晚于明朝初年就已经具备。因为到嘉靖年间拓建岱顶碧霞祠时，就有了碧霞元君的副神子孙娘娘殿的辟建。嘉靖十一年（1532），皇太后曾遣太子太保到泰山“致祭于天仙玉女碧霞元君之神”，为嘉靖皇帝求子，御祝文中讲道：“皇帝临御海宇，十有二载，皇储未见，国本尚虚，百臣万民，无不仰望。兹特遣官敬诣祠下，祇陈醮礼，洁修禋祀，仰祈神贶，默运化机，俾子孙发育，早锡元良，实宗社无疆之庆，无任垦悃之至。”上述资料表明，碧霞元君所具有的能致人生育的职司，已经得到宫廷上层的认可。这种功能的具备必然是在民众之中经过一段较长时间的发展之后，才会从民间而进入上层、进入宫廷，又经过宫廷的认可、提倡（为皇帝来泰山求子就是最好的提倡），而这种认可和提倡又必然会反过来对广大民众产生重要影响。

实际上，碧霞元君信仰发展到明嘉靖、万历年间，其职司已经从单一的生育神演变为无所不能的神灵。万历二十一年（1593）王锡爵《东岳碧霞宫碑》铭记云：

> 齐鲁道中，顶斋戒弥陀声闻数千里，策敝足茧而犹不休，问之，曰：有事于碧霞。问故，曰：元君能为众生造福如其愿。贫者愿富，疾者愿安，耕者愿岁，贾者愿息，祈生者愿年，未子者愿嗣，子为亲愿，弟为兄愿，亲戚相厚，靡不交相愿。而神也亦靡诚弗应。

贫者、疾者、耕者、贾者、祈生者、未子者……不同的阶层，愿富、愿安、愿岁、愿息、愿年、愿嗣……不同的愿望，一起汇集到泰山，民众虔诚地向碧霞元君祈祷，元君则“靡诚弗应”。正如有的学者指出的：“泰山碧霞元君的信仰，是各种关于生育成长神话传说的综合，最后集中到‘泰山娘娘’身上。宋真宗筑‘昭真祠’供奉的只是玉女，但因祠建在与生育成长观念密切的泰山，成为我国古代妇女信仰的主要偶像。”

碧霞元君信仰功能的扩展，对于碧霞元君这个女神而言有着特殊的意义，它为不同阶层、不同性别的人士进香于元君提供了依据，在相当大的程度上扩大了它的信众的范围，其结果便是民众进香泰山活动的兴盛和民间信仰组织香社活动的繁盛。

进入21世纪，泰山一如既往代表着中华民族的风骨。正如《我们是黄河我们是泰山》歌中唱到的那样：“我登上泰山之巅，天风浩荡向我呼唤。中华的风骨像泰山千秋耸立，铭刻多少功绩多少荣耀多少尊严。泰山向我呼唤，要做中华好汉！”泰山寄托着中华民族数千年来国泰民安、风调雨顺的美好愿望，继续延续着作为中华民族“拔地通天”、气贯长虹的神圣场域的光荣。

（根据2021年12月23日会议录音整理）

黄河入海口
黄河流域非遗寻访调研

域 大运河沿线非遗寻访调研 传承人群研修
付俊海
孙冬宁
钱品辉

河我家
英雄

火

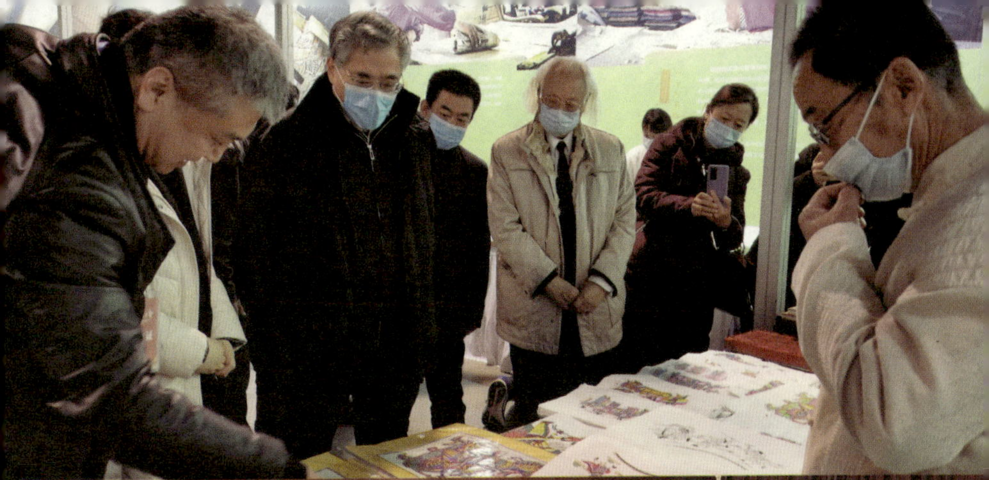

河和之契：黄河流域、大运河沿线非物质文化遗产交流展示周组织委员会、策展工作人员合影留念

## “河和之契：黄河流域、大运河沿线非物质文化遗产交流展示周”组织委员会简介及工作指导文件

### | 工作机构简介 |

“河和之契：黄河流域、大运河沿线非物质文化遗产交流展示周”作为全国唯一聚焦黄河、大运河非遗交流展示的特色活动品牌，由文化和旅游部非物质文化遗产司指导，山东省文化和旅游厅主办，国家非物质文化遗产展览展示研究中心总策展，2021年12月23日在山东泰安启动，充分展示了黄河流域、大运河沿线非物质文化遗产的独特艺术魅力，展现了中华优秀传统文化积淀千年最深沉的精神追求和生生不息、延续不止的历史文脉，引发了强烈的社会反响。

为持续打造“河和之契”黄河流域、大运河沿线非遗交流传播品牌，2022年3月17日，由山东省文化和旅游厅组织成立“河和之契：黄河流域、大运河沿线非物质文化遗产交流展示周”组织委员会及相关工作机构，由国家非物质文化遗产展览展示研究中心牵头相关高等院校、科研单位成立了“河和之契”组委会策展专家委员会。

组委会及相关工作机构是按照习近平总书记在深入推动黄河流域生态保护和高质量发展座谈会上的重要讲话精神，进一步落实《关于推进黄河流域、大运河沿线非物质文化遗产保护传承弘扬的意见》的有关要求，在文化和旅游部非物质文化遗产司的指导下，弘扬“河和之契”品牌活动独创性、唯一性、区域性价值的权威工作平台，力求精准选取非遗在黄河流域、大运河沿线的应用实例，展览展示非物质文化遗产项目在实践中振兴、在生活中弘扬的盛况，诠释中华优秀传统文化的创造性转化和创新性发展。

### | 组委会秘书处 |

山东省文化和旅游厅非物质文化遗产处

### | 专家委员会秘书处 |

国家非物质文化遗产展览展示研究中心齐鲁展示基地
中国传统工艺振兴计划协同创新中心齐鲁研究基地

河和之契

黄河流域、大运河沿线非物质文化遗产交流展示周组织委员会

Organizing Committee of Intangible Cultural Heritage Exhibition Week Along The Yellow River Basin And The Grand Canal

## | 工作指导文件 |

◎山东省文化和旅游厅关于成立“河和之契：黄河流域、大运河沿线非物质文化遗产交流展示周”组织委员会及相关工作机构的通知（2022 年 3 月 17 日）

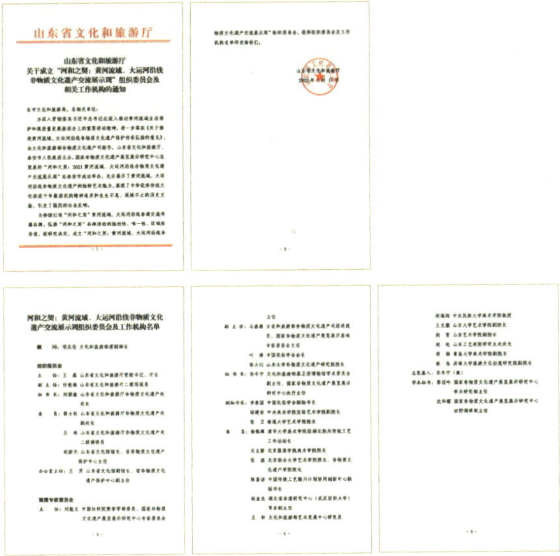


◎山东省文化和旅游厅关于聘请孙冬宁同志担任“河和之契：黄河流域、大运河沿线非物质文化遗产交流展示周”展览项目总策展人的函（2021 年 5 月 6 日）

## 河和之契黄河板块参与人员及项目花名册

### 金

金属冶锻加工技艺

| 序号 | 项目名称 | 项目类别 | 所属地市 | 参展（演）人 |
|---|---|---|---|---|
| 1 | 传统刀具制作技艺（双王刀锻造技艺） | 传统技艺 | 东营市 | 王峰、秦炳涛 |
| 2 | 锡壶制作技艺 | 传统技艺 | 滨州市 | 魏炳贤 |
| 3 | 周村铜响乐器制作工艺 | 传统技艺 | 淄博市 | 蒋义东、齐惠君 |
| 4 | 金属锻制技艺（章丘铁锅锻打技艺） | 传统技艺 | 济南市 | 朱华、冯全永、王玉海 |
| 5 | 锡雕 | 传统美术 | 济南市 | 王绪贤、毕钰 |
| 6 | 王银匠银饰制作技艺 | 传统技艺 | 济南市 | 王乐利、刘春 |
| 7 | 锡镶铜技艺 | 传统技艺 | 济南市 | 王敦海、亓柏刚 |
| 8 | 东昌府铜铸雕刻制作技艺 | 传统技艺 | 聊城市 | 马先明、马凯 |
| 9 | 老东昌孙氏锔艺 | 传统技艺 | 聊城市 | 孙卫东 |
| 10 | 传统兵器制作技艺（董氏古兵器制作技艺） | 传统技艺 | 济宁市 | 董现行、董照贤、张立会 |
| 11 | 黄金溜槽堆石砌灶冶炼技艺 | 传统技艺 | 烟台市 | 张玉青、宁学磊、迟孟文、张玉德、迟学喜、张玉田、迟进奎、迟进超、王德凤、宫玉莲 |
| 12 | 金银细工制作技艺（梦金园金首饰制作技艺） | 传统技艺 | 潍坊市 | 张晓辉 |

镂刻工艺

| 序号 | 项目名称 | 项目类别 | 所属地市 | 参展（演）人 |
|---|---|---|---|---|
| 1 | 皮影制作技艺 | 传统技艺 | 菏泽市 | 任银来 |
| 2 | 皮影戏（济南皮影戏） | 传统戏剧 | 济南市 | 李云卿、刘倩倩 |

展演项目

| 序号 | 项目名称 | 项目类别 | 所属地市 | 参展（演）人 |
|---|---|---|---|---|
| 1 | 梁山武术 | 传统体育、游艺与杂技 | 济宁市 | 冯建武、齐成祥 |

### 木

木版水印类

| 序号 | 项目名称 | 项目类别 | 所属地市 | 参展（演）人 |
|---|---|---|---|---|
| 1 | 郓城水浒纸牌及雕版印刷工艺 | 传统技艺 | 菏泽市 | 高爱贤、李鹏飞 |
| 2 | 木版年画（莱芜木版年画） | 传统美术 | 济南市 | 石桂利 |
| 3 | 木版年画（鱼台木版年画） | 传统美术 | 济宁市 | 陶运航 |

| 序号 | 项目名称 | 项目类别 | 所属地市 | 参展（演）人 |
|---|---|---|---|---|
| 4 | 木刻刀笔书画 | 传统技艺 | 德州市 | 唐万武 |
| 5 | 清河镇木版年画 | 传统技艺 | 滨州市 | 王圣亮 |
| 6 | 木版年画<br>（东昌府木版年画） | 传统美术 | 聊城市 | 郭春奎、栾占海、郭玉香 |
| 9 | 泰山木版年画 | 传统美术 | 泰安市 | 王连阳 |
| 10 | 冠县木版年画 | 传统美术 | 聊城市 | 郭贵阳 |
| 11 | 雕版印刷技艺 | 传统美术 | 济南市 | 李振豪（领队）、王鑫鑫、韦亚宁、鹿左芳子 |
| 12 | 木版年画<br>（高天木版年画） | 传统美术 | 东营市 | 高贵禄 |
| 13 | 杨家埠木版年画 | 传统美术 | 潍坊市 | 杨静、杨科委 |
| 展演项目 | | | | |
| 序号 | 项目名称 | 项目类别 | 所属地市 | 参展（演）人 |
| 1 | 京剧（门神） | 传统戏剧 | 省直 | 戚海防、白洪亮、孔凡林 |
| **水** | | | | |
| 蒸馏酒传统酿造技艺类 | | | | |
| 序号 | 项目名称 | 项目类别 | 所属地市 | 参展（演）人 |
| 1 | 酒传统酿造技艺<br>（月河老五甑酿酒技艺） | 传统技艺 | 滨州市 | 孙伯悟、王伟东 |
| 2 | 酒传统酿造技艺<br>（孙武酒酿造技艺） | 传统技艺 | 滨州市 | 韩云朋、朱广东 |
| 3 | 韩门家酒 | 传统技艺 | 东营市 | 韩超 |
| 4 | 酒传统酿造技艺<br>（黄氏酒坊酿造技艺） | 传统技艺 | 东营市 | 徐凤 |
| 5 | 扳倒井白酒传统酿造技艺 | 传统技艺 | 淄博市 | 陈洪海 |
| 6 | 蒸馏酒传统酿造技艺<br>（花冠酒传统酿造技艺） | 传统技艺 | 菏泽市 | 陈莲凤 |
| 7 | 平阴玫瑰酒酿造技艺 | 传统技艺 | 济南市 | 张秀华、张允城、朱高红 |
| 8 | 钢山牌白酒传统酿造技艺 | 传统技艺 | 济宁市 | 戚元民、张召芹 |
| 9 | 传统酿造技艺<br>（古贝春酒传统酿造技艺） | 传统技艺 | 德州市 | 祝烨、张志杰 |

| 序号 | 项目名称 | 项目类别 | 所属地市 | 参展（演）人 |
| --- | --- | --- | --- | --- |
| 10 | 燕陵蜜酒传统酿造技艺 | 传统技艺 | 德州市 | 胡述云、胡安发 |
| 11 | 景芝酒传统酿造技艺 | 传统技艺 | 潍坊市 | 孙杰、闫守臣 |
| 12 | 蒸馏酒传统酿造技艺（云门春酒传统酿造技艺） | 传统技艺 | 潍坊市 | 王文丽、冀鹏晓、罗光栋、薛俊跃 |
| 13 | 酒传统酿造技艺（兴隆酒坊酿造技艺） | 传统技艺 | 东营市 | 张国刚 |
| 酿醋技艺项目 | | | | |
| 序号 | 项目名称 | 项目类别 | 所属地市 | 参展（演）人 |
| 1 | 王村醋酿造工艺 | 传统技艺 | 淄博市 | 毕娟、邱贻化 |
| 2 | 泺口醋酿造技艺 | 传统技艺 | 济南市 | 姚东振、周士奇 |
| 3 | 茂盛斋高粱老醋制作技艺 | 传统技艺 | 聊城市 | 荣维坤、秦石钰 |
| 4 | 通德醋传统酿造技艺 | 传统技艺 | 德州市 | 董娜、霍攀双 |
| 展演项目 | | | | |
| 序号 | 项目名称 | 项目类别 | 所属地市 | 参展（演）人 |
| 1 | 吕剧（马大保喝醉了酒） | 传统戏剧 | 济南市 | 吕焕岭 |
| **火** | | | | |
| 陶瓷烧造类 | | | | |
| 序号 | 项目名称 | 项目类别 | 所属地市 | 参展（演）人 |
| 1 | 淄博陶瓷釉烧制技艺（博山鲁花釉制作技艺） | 传统美术 | 淄博市 | 高静、张道勇 |
| 2 | 淄博陶瓷釉烧制技艺（淄博美术陶瓷釉制作技艺） | 传统美术 | 淄博市 | 许洪良 |
| 3 | 博山雨点釉制作技艺 | 传统技艺 | 淄博市 | 周冠丞 |
| 4 | 佛头寺陶艺 | 传统技艺 | 东营市 | 李建兴 |
| 5 | 黄河澄泥陶印 | 传统技艺 | 东营市 | 张金霞、张华伟 |
| 6 | 黄泥古陶制作技艺 | 传统技艺 | 菏泽市 | 好强、王新博 |
| 7 | 成武黑陶 | 传统技艺 | 菏泽市 | 王保祥、冯显 |
| 8 | 龙山黑陶制作技艺 | 传统技艺 | 济南市 | 颜世洪、刘德功 |
| 9 | 陶器烧制技艺（德州黑陶烧制技艺） | 传统技艺 | 德州市 | 曲建坤 |
| 10 | 齐河黑陶制作工艺 | 传统技艺 | 德州市 | 刘旋、马树芬 |
| 11 | 陶瓷印章制作技艺 | 传统技艺 | 德州市 | 刘睿川 |

（续表）

| 序号 | 项目名称 | 项目类别 | 所属地市 | 参展（演）人 |
| --- | --- | --- | --- | --- |
| 12 | 德州窑红绿彩 | 传统技艺 | 德州市 | 刘宇、刘文利 |
| 13 | 陶器制作技艺<br>（郭里土陶） | 传统技艺 | 济宁市 | 李振文 |
| 14 | 锔艺<br>（淄博锔瓷） | 传统技艺 | 淄博市 | 杨涛 |

琉璃烧造类

| 序号 | 项目名称 | 项目类别 | 所属地市 | 参展（演）人 |
| --- | --- | --- | --- | --- |
| 1 | 博山琉璃灯工制作技艺 | 传统技艺 | 淄博市 | 孙云浩 |
| 2 | 博山琉璃铺丝制作技艺 | 传统技艺 | 淄博市 | 薛中正 |
| 3 | 琉璃烧制技艺<br>（博山仿玉琉璃烧制技艺、<br>博山胭脂红琉璃烧制技艺） | 传统技艺 | 淄博市 | 张琴、侯宗浚 |
| 4 | 琉璃烧制技艺<br>（博山琉璃花球） | 传统技艺 | 淄博市 | 李芳 |
| 5 | 琉璃烧制技艺<br>（博山鸡油黄与鸡肝石琉璃烧制技艺） | 传统技艺 | 淄博市 | 徐峰 |
| 6 | 琉璃烧制技艺<br>（琉璃鼻烟壶） | 传统技艺 | 淄博市 | 刘建华 |
| 7 | 内画<br>（鲁派内画） | 传统美术 | 淄博市 | 朱光明、张雁 |
| 8 | 青瓦琉璃瓦烧制技艺 | 传统技艺 | 淄博市 | 张云通 |

## 土

泥塑技艺类

| 序号 | 项目名称 | 项目类别 | 所属地市 | 参展（演）人 |
| --- | --- | --- | --- | --- |
| 1 | 惠民泥塑 | 传统美术 | 滨州市 | 张凯 |
| 2 | 黄河滩泥塑 | 传统技艺 | 东营市 | 于景宝、宋玉娥 |
| 3 | 泥塑（曹州泥偶） | 传统美术 | 菏泽市 | 康志敏、康志刚、刘超峰 |
| 4 | 菏泽泥塑 | 传统技艺 | 菏泽市 | 赵东民、闫冬霞 |
| 5 | 泥塑（济阳黄河泥塑） | 传统美术 | 济南市 | 谭红霞 |
| 6 | 泥塑（泥塑兔子王） | 传统美术 | 济南市 | 周秉生 |
| 7 | 泰山泥塑 | 传统美术 | 泰安市 | 玄绪东、马守美 |
| 8 | 徐氏泥塑 | 传统美术 | 淄博市 | 徐金玉、包继生 |
| 9 | 苍山泥塑 | 传统美术 | 临沂市 | 刘福祥、刘建刚 |
| 10 | 聂家庄泥塑 | 传统美术 | 潍坊市 | 聂臣希 |
| 11 | 泥塑（安丘泥人） | 传统美术 | 潍坊市 | 王永芹、张彦昌 |
| 12 | 砖塑（鄄城砖塑） | 传统美术 | 菏泽市 | 谢新建 |

图书在版编目（CIP）数据

河和之契：黄河流域、大运河沿线非物质文化遗产交流展示周优秀策展案例. 文明的赓续：山东省黄河流域振兴传统工艺集萃展示卷 / 孙冬宁主编. -- 济南：济南出版社, 2022.5

ISBN 978-7-5488-5078-6

Ⅰ. ①河… Ⅱ. ①孙… Ⅲ. ①黄河流域－传统工艺－介绍－山东 Ⅳ. ①G127.52

中国版本图书馆CIP数据核字(2022)第068286号

河和之契——黄河流域、大运河沿线非物质文化遗产交流展示周优秀策展案例

HE HE ZHI QI—HUANGHE LIUYU DAYUNHE YANXIAN FEIWUZHI WENHUA YICHAN JIAOLIU ZHANSHIZHOU YOUXIU CEZHAN ANLI

文明的赓续——山东省黄河流域振兴传统工艺集萃展示卷

出 版 人：田俊林
责任编辑：刘召燕　胡雨薇
装帧设计：袁叶子
出版发行：济南出版社
地　　址：山东省济南市二环南路1号（250002）
编辑热线：0531-86131722
发行热线：0531-86131701　86131728
印　　刷：济南新先锋彩印有限公司
版　　次：2022年5月第1版
印　　次：2022年8月第1次印刷
成品尺寸：140 mm × 213 mm　32开
印　　张：10.5
字　　数：380千字
定　　价：360.00元（全三册）